Horst Schörshusen

Homo sapiens 6.0

Die Zukunft des Menschen

Der Sinn des Ganzen

Teil I

Zum Autor

Horst Schörshusen

Diplom-Politologe und Politiker, war lange Jahre in Leitungsfunktionen in der niedersächsischen Landesverwaltung tätig. Hat Politikwissenschaften, Soziologie und Volkswirtschaftslehre in Hamburg studiert. Wohnt in Hannover, ist verheiratet und hat drei Kinder.

Er beschäftigt sich seit vielen Jahren mit wissenschaftlichen und spirituellen Themen. Hat bereits zwei Bücher zum Thema „Sinn des Ganzen" geschrieben und eine eigene Philosophie dazu entwickelt. Jetzt hat er dazu seine Trilogie veröffentlicht.

Horst Schörshusen

Homo sapiens 6.0

Die Zukunft des Menschen

Der Sinn des Ganzen

Teil I

Für

Marco, Rabea,

Lara und Christine

Impressum:

Bibliografische Information der Deutschen Nationalbibliothek:
Die Deutsche Nationalbibliothek verzeichnet diese Publikation in der Deutschen Nationalbibliografie; detaillierte bibliografische Daten sind im Internet über http://dnb.dnb.de abrufbar.

© 2021 Horst Schörshusen

Herstellung und Verlag: BoD – Books on Demand, Norderstedt

ISBN: 9783753490663

Inhaltsverzeichnis

Einleitung

Die Komplexität unserer Welt

Als Homo sapiens gehören wir nach der Taxonomie des schwedischen Forschers Carl von Linné (1707-1778) zur Gattung Homo und der Familie der Menschenaffen. Übersetzt nennen wir uns den „Weisen" und „Verstehenden". Entsprechend den alten religiösen Überlieferungen nehmen wir eine Sonderstellung in der Natur ein, da wir einen Geist, eine Seele und einen freien Willen besitzen. Das Gefühl, dass wir etwas Besonderes sind, hat uns seit unserem plötzlichen Auftauchen vor erst 60.000 Jahren nicht verlassen.

Unsere soziokulturelle Evolution, die wir selbst vorangebracht haben, hat dazu geführt, dass wir unsere zunehmend komplexere Welt mit unserem Verstand immer weniger begreifen. Durch Übernutzung der natürlichen Ressourcen unseres Planeten haben wir diesen an den Rand einer ökologischen Katastrophe manövriert. Auch unsere Gesellschaftssysteme sind aufgrund der komplexen Wechselbeziehungen faktisch unregierbar geworden. Die Zukunft des Menschen ist nicht nur ungewiss (das war sie schon immer), sondern stark gefährdet.

Vor diesem Hintergrund gibt es eine Gewissheit: Wir werden uns ändern und unser gegenwärtiges Weltbild und unser Handeln überprüfen müssen. Dabei müssen wir vorurteilsfrei Dogmen, Regeln und Werte analysieren, die uns bis heute begleitet haben. Wir werden auch unser Bild von uns Selbst auf den Prüfstand stellen, um zu erfahren, was in uns zu dieser existenziellen Krise geführt hat und welche ungenutzten Potenziale wir besitzen, die uns aus dieser Situation heraushelfen könnten.

Nach meiner Meinung stehen wir vor der 6. Stufe der Menschheitsentwicklung. Deshalb spreche ich vom Homo sapiens 6.0. Bisher haben wir in einem sich beschleunigenden Tempo 5 Stufen der kulturellen Evolution erobert. Entsprechend haben sich die Aktionsmöglichkeiten verändert, obwohl unsere Gene praktisch auf dem alten Stand geblieben sind.

Folgende **fünf Epochen** sollten wir unterscheiden:

- Jäger und Sammler
- Agrarische Gemeinschaften
- Handwerk und Handel
- Industrialisierung
- Globalisierung und Digitalisierung

Was kommt wahrscheinlich danach? Was könnte den Homo sapiens 6.0 auszeichnen? Ich bin mir sicher, dass wir einige technologische Sprünge vor uns haben, die sich jetzt schon abzeichnen. Durch die Datenverarbeitung mit Hilfe Künstlicher Intelligenzen (KI) wird die Robotik, Sensorik und autonome Systeme viele menschliche Tätigkeiten ersetzen. Die Biotechnologie wird die Ernährung und die Medizin stark verändern. Nahrungsmittel werden dann möglicherweise häufiger in Bioreaktoren erzeugt und wir werden einige

Krankheiten wie beispielsweise Krebs heilen können. Quantenphysik und Supraleiter führen vielleicht zu neuen Energietechniken und gravitativen Antriebssystemen. Wir werden dann auch Exoplaneten außerhalb unseres Sonnensystems erkunden können. Unser ökonomisches System wird diese Entwicklung fast automatisch voranbringen, weil dahinter profitable Eigeninteressen wirken.

Wir Menschen könnten dann als Ganzes noch weiter abgehängt werden, wenn unsere politischen Systeme nicht den zukünftig wirksamen Rahmen setzen. Das betrifft zum Beispiel die auf Fairness aufzubauenden internationalen Handelsbeziehungen, damit wir keine Völkerwanderungen auslösen, die wir nicht bewältigen könnten. Wir brauchen auch global wirkende Regeln, wie Erneuerbare Energien durch Besteuerung fossiler Energien gefördert werden können. Wir müssen international durchsetzen, dass natürliche Lebensräume nicht weiter zerstört und natürliche Ressourcen nachhaltig bewirtschaftet werden. Dazu gehört natürlich auch die Beendigung des Mülltourismus und die Abkehr von der Zerstörung der Ökosysteme durch Kunststoffpartikel. Diese Liste ließe sich noch beliebig verlängern. Probleme wie die Verringerung der Bodenfruchtbarkeit und der Verseuchung unserer Grundwasserreserven werden zukünftig genauso intensiv diskutiert wie das Absterben unserer Wälder. Wissenschaftlich erforscht sind die ökologischen Probleme, die wir seit vielen Jahren verursachen. Auch die Lösungen sind bekannt. Die Politik hat sich dieser Situation verbal und rhetorisch angepasst, passiert ist aber noch herzlich wenig. Ist der Homo sapiens möglicherweise unfähig, sich zu ändern?

Zu den ökologischen Problemen, die wir den nächsten Generationen überlassen wollen, gesellen sich noch die sozialen. Das betrifft zuallererst die ungleiche Einkommens- und Vermögensverteilung. Dadurch steigen die Frustration und Gewaltbereitschaft der abgehängten Teile der Gesellschaft an. Dieses lässt sich nicht mehr allein durch „Brot und Spiele" (heute: Sport, Konsum und Streaming) kompensieren. Die Entwicklung am Arbeitsmarkt zeigt uns, dass wir die Arbeitszeit weiter verkürzen sollten und die Mindestlöhne anpassen müssen.

Wir brauchen nicht weniger staatliche Regulierungsmaßnahmen, sondern die richtigen. Das betrifft zum Beispiel den Börsenhandel. Aufgrund der niedrigen Zinsen treiben die Banken und Sparkassen ihre Kunden mit ihrem ersparten Vermögen (für schlechte Zeiten und zur Verbesserung der Rente) in die Fonds und Aktien. Dort gibt es allerdings keine Chancengleichheit mit den professionellen Spekulanten und den Hochfrequenzrechnern. Die Zeit ist gekommen, diejenigen Aktivitäten an der Börse gesetzlich auszuschließen, die einer modernen Wegelagerei entsprechen. Auch diese Liste der sozialen Defizite ließe sich weiter verlängern.

Eine Folge der politischen Entscheidungsdefizite als Ergebnis der vergangenen Deregulierungsmaßnahmen ist die starke Zunahme der Politikverdrossenheit. Besonders in der Corona-Krise hat sich gezeigt, dass die Organisationsfähigkeit unserer Verwaltungen und Gesundheitssysteme aufgrund des geringen Personalbestandes stark vermindert ist. Ohne eine Erstarkung staatlicher Organe werden wir die kommenden Krisen nicht bewältigen können. Am deutlichsten sieht man das heute in der Überforderung des Justiz-Apparates. Der

Staat wird sich zukünftig mehr auf das Gemeinwohl ausrichten und privatwirtschaftliche Interessen dem Markt überlassen müssen.

Die gesellschaftlichen und ökologischen Probleme, die wir haben, sind meiner Meinung nach, Symptome eines desorientierten und kränkelnden Homo sapiens. Die psychischen Erkrankungen haben sicher nicht nur deshalb stark zugenommen, weil wir bessere Diagnosemöglichkeiten besitzen. Diese Entwicklung geht auch darauf zurück, dass viele Menschen eine Sinnlosigkeit ihres Lebens und ihrer Arbeit verspüren und zunehmend Angst vorm Sterben und vor Krankheiten haben.

Aufgrund der Aufklärung und der Bildungsanstrengungen wenden sich immer mehr Menschen von den traditionellen Religionsgemeinschaften ab. Diese haben den Menschen über Jahrhunderte hinweg Halt gegeben und Regeln aufgestellt, um sich auf das jenseitige Paradies oder das Jüngste Gericht vorzubereiten. Das reale Leben bekam dann einen besonderen Sinn. Wenn wir „Gott gefallen", dann würden wir mit seiner Liebe im Jenseits belohnt (für Muslime kommen dann noch ein paar Jungfrauen dazu…). Für gottesfürchtige Menschen ist das Leben möglicherweise deshalb erträglicher als für nicht-religiöse. Das Religiöse entlarvt sich allerdings immer mehr als das, was es tatsächlich ist: Eine Manipulationsmaschine zur Absicherung besonderer (männlicher) Machtstrukturen. Mit einer spirituellen Botschaft und Sinnstiftung hat das schon seit langer Zeit nichts mehr zu tun.

Was bleibt da jetzt noch übrig? Ich gehe davon aus, dass die menschengemachten Krisen noch zunehmen. Dies beinhaltet auch Chancen und Herausforderungen. Wir haben jetzt die Chance, zu erkennen, dass wir nicht nur ein Teil des Universums sind, sondern auch in einer Welt leben, die mehr als 4 Dimensionen (Raumzeit) besitzt und unser Geist den körperlichen Tod überleben wird. Wir können erleben, dass die heutigen wissenschaftlichen Erkenntnisse - insbesondere der Astro- und Quantenphysik - zur Wiederentdeckung der spirituellen Seite des Menschen beitragen und wir dadurch auch einen anderen Bezug zur Zeit bekommen können. Mit diesem Wissen könnten wir uns bewusst so ändern, dass nicht mehr der Wettbewerb, sondern die Kooperation im Vordergrund steht. Wir könnten die Komplexität der Welt durch eine ganzheitliche Sicht mit Hilfe einer verbesserten Intuition begreifen lernen und unseren Verstand primär für die praktische Organisation unseres Lebens einsetzen und uns nicht überfordern.

Diese andere Sicht auf die Welt und uns selbst kommt nicht von heute auf morgen. Wir müssen dazu bereit sein und unser Potenzial zur Veränderung selbst erkennen. Jeder Mensch auf seine Weise. Das wird nicht leicht sein, weil wir von Natur aus, die Ausübung von Macht über Andere schätzen und unsere Grenzen überschreiten wollen. Wir bemühen uns um Status und lieben unsere gesellschaftlichen Rollen, weil sie uns Sicherheit geben. Die mentale Evolution des Homo sapiens wird uns ohne Zweifel viel abverlangen. Wir werden etwas verlieren, aber auch ein neues zukunftsfähiges Selbstverständnis gewinnen. Meines Erachtens geht daran kein Weg vorbei.

Die neue Angst vorm Sterben

Die Gewissheit, dass wir irgendwann sterben, kommt spätestens dann, wenn jemand in unserem Umfeld gestorben ist. Natürlich erfahren wir jeden Tag in den Medien, wie Unfälle, Krankheiten,

Morde und Kriege irgendwelche Menschen dahingerafft haben. Wenn man eine Zeitung aufschlägt, dann wird man von den vielen Todesgeschichten förmlich erschlagen.

Es gibt Menschen, die regelmäßig die Todesanzeigen in der Wochenendausgabe ihrer Regionalzeitung lesen. Dabei ist es selten, dass man jemanden kannte, der gerade gestorben ist. Die Faszination dieser Anzeigen lässt sich vielleicht damit erklären, dass man sich am Ende selbst sagen kann: „Ich lebe aber noch!".

Wir wissen, dass in Deutschland jedes Jahr rund 1 Million Menschen von 83 Millionen sterben. Das Statistische Bundesamt gibt wöchentlich eine „Sonderauswertung" über die Fallzahlen der letzten 5 Jahre heraus. Natürlich kann dort nachgelesen werden, dass die älteren Menschen am meisten sterben, je älter sie sind. Das müsste jeder Mensch intuitiv auch wissen.

Wir können dort auch erfahren, welche durchschnittliche Lebenserwartung man hat. Wahrscheinlichkeit ist eine statistische Größe, die leider nichts über meine eigentliche Wirklichkeit aussagt. Schon morgen könnte ich durch einen Unfall, Krebs oder Corona sterben. Es kann aber auch sein, dass ich 100 Jahre alt werde, wie der Gaia-Forscher James Lovelock.

Zum Glück kennen wir unsere eigene Zukunft nicht! Es hat aber etwas Beruhigendes, zu wissen, dass die statistische Lebenserwartung in Deutschland gestiegen ist. Ein heute neugeborener Knabe kann durchschnittlich 78,6 Jahre alt werden. Ein neugeborenes Mädchen hat eine Lebenserwartung von sogar 83,4 Jahren. Die Babys von 1991 hatten hingegen „nur" eine Lebenserwartung von 72,5 bzw.

79 Jahren. Im Mittelalter wurden die Menschen im Durchschnitt nur halb so alt. Diese Statistik macht Hoffnung auf ein langes Leben.

Die Covid 19-Pandemie wird voraussichtlich nicht viel an der langfristig steigenden Lebenserwartung der Deutschen ändern. Das Virus schadet besonders den Alten. 89 % der Corona-Toten waren über 70 Jahre alt (Statistik von Februar 2021).

Die Wahrnehmungswelt der Menschen wird aber nicht durch die Statistik bestimmt, sondern durch die Medienberichterstattung, die Entscheidungen der Regierung und die Erfahrungen im persönlichen Umfeld. Bisher war das Thema Sterben selten ein dominierendes Thema der Medien und der Vor-Ort-Diskussionen.

Seit der Covid 19-Pandemie scheint nun alles anders zu sein. Die Sterbezahlen werden nicht nur täglich veröffentlicht, sondern auch dem eigenen Wohnort zugewiesen. Der Tod rückt plötzlich in das Bewusstsein aller Menschen, die sich diesen Meldungen eigentlich nur dann entziehen könnten, wenn sie alle Medien konsequent abschalten würden. Das Robert Koch-Institut bereitete alle Daten täglich auf seinem „Dashboard" mediengerecht auf.

Zahlen müssen immer in Relation zu einem Bezugssystem bewertet werden. Damit hatte ich auch mal in einem Grundkurs Statistik in meinem Studium der Politischen Wissenschaften zu tun. Da sich niemand gerne alle Grunddaten anschaut, werden diese Daten grundsätzlich zu einem anschaulichen Wert verrechnet. Wie das Ergebnis dann aussieht, hängt von der „Erkenntnis leitenden Fragestellung" ab. Es ist aber selten so, dass diese Fragestellung in den

Vordergrund gerückt wird. Zahlen erscheinen als objektive Fakten schlechthin, da sie durch neutrale mathematische Formeln entstehen.

Eigentlich sind Zahlen etwas Emotionsloses. Durch eine geschickte Darstellung kann ich aber auch Optimismus oder Pessimismus verursachen. Mit Zahlen wird Politik gemacht.

In der „Apothekerzeitung" vom 4.10.2019 konnte man lesen, dass wir 2017/18 mit 25.100 Todesfällen „die schlimmste Grippesaison seit 30 Jahren" hatten. Das kann man auch in dem RKI-Bericht zur „Epidemiologie der Influenza" erfahren. 9 Mio. Menschen haben damals einen Arzt aufgesucht. Das wurde in den Medien ohne große Aufregung kommuniziert. Irgendwann war die „Herdenimmunität" erreicht.

Man wusste, dass sich das nächste Virus irgendwo auf der Welt schon auf den Weg gemacht hat. Wir haben gelernt, dies als normales Lebensrisiko in einer globalisierten Welt zu akzeptieren. Eigentlich gibt es seit etwa 6 Jahren eine weltweite Pandemie unterschiedlichen Ausmaßes. Im Zeitalter der Globalisierung und des internationalen Tourismus ist das statistisch leicht zu erklären. Viruserkrankungen könnten heute deshalb zu den allgemeinen Lebensrisiken wie Krebs und Herzerkrankungen gezählt werden.

Das ist aber nicht alles. Am 15.11.2019 berichtete z.B. die Berliner Zeitung, dass das Robert Koch-Institut mit bis zu 20.000 Toten pro Jahr durch multiresistente Klinikkeime in Deutschland rechnet. Seit 25 Jahren versucht der Hygiene-Facharzt Klaus-Dieter Zastrow (*1950), der auch mal Direktor des Robert-Koch-Instituts war, dies nach dem Vorbild der Niederlande zu verhindern. Dort wurden schon sehr früh Quarantänestationen eingerichtet und Mikrobiologen eingestellt. Hier zeigt sich, dass das Klinikkeim-Problem lösbar ist. Nur aus ökonomischen Gründen hat Deutschland die Problemlösung hinausgeschoben. Im Unterschied zu den Grippewellen, ist das allerdings ein hausgemachtes Problem, das leicht zu lösen wäre.

Bei Corona ist alles anders. Es wurden keine Kosten gescheut, um die Ausbreitung des Virus zu verlangsamen, damit die Intensivstationen nicht überfordert werden und die neuen Impfstoffe eingesetzt werden können. Es wird noch dauern, bis der finanzielle und mentale Schaden, der durch die Lockdowns verursacht worden ist, bilanziert werden kann.

Viele Menschen stellen sich die Frage: Ist es wirklich so, dass eine Gesellschaft alles dafür tun muss, damit möglichst wenig Menschen an dem Virus sterben? Verhindert die Ethik jeden Abwägungsprozess zwischen Schaden und Nutzen? Die Wirksamkeit der eingeleiteten Maßnahmen lässt sich leider nicht berechnen. Das nachvollziehbare Argument ist, die Ausbreitung so lange abzubremsen, bis wirksame Impfstoffe in ausreichender Menge geliefert werden können. Danach werden wir wissen, ob diese Strategie funktioniert hat und wie sich das auf die Übersterblichkeit ausgewirkt hat. Fakt ist, dass das Corona-Virus die gesamte Gesellschaft und die verschiedenen Generationen polarisiert hat. Das Vertrauen in die Entscheidungsfähigkeit der Regierungen hat stark abgenommen.

Die weltweite Entwicklung und die staatlichen Maßnahmen zur Covid 19-Pandemie werden die mentale Einstellung der Menschen zu den Lebensrisiken nachhaltig verändern. Das Virus hat unsere Werte und unser Selbstverständnis vom Leben und Sterben durcheinandergewirbelt. Der Prozess ist noch längst nicht abgeschlossen und ausgewertet. Ob diese Krise die Gattung Homo sapiens in seinem Überlebenswillen eher schwächt oder sogar stärkt, kann erst die Zukunft zeigen. Ob dadurch ein neues globales Gemeinschaftsgefühl oder im Gegenteil ein Zurück in alte nationale Egoismen erzeugt wird, kann ebenfalls noch nicht beurteilt werden.

Grundfragen des Lebens

Wenn ich etwas nicht weiß, dann frage ich jemanden, der mir weiterhelfen kann oder ich recherchiere im Internet. Ich frage, weil ich Antworten suche. Habe ich ein Problem, dann suche ich eine Lösung. Am Anfang steht immer eine Frage. Ohne Fragen bekomme ich keine Antworten. Mit Fragen kann etwas in Bewegung gebracht werden, wenn ich wirklich an einer Antwort interessiert bin.

Mit Fragen drücken wir unser Interesse an einer Antwort aus. Antworten, die gegeben werden, ohne dass Fragen gestellt worden sind, schweben unnütz im Raum und sind eigentlich überflüssig. Antworten können etwas beenden. Nach sinnvollen Fragen kann etwas Neues begonnen werden. Fragen ohne Antworten können depressiv machen. Vielleicht sollte man sich deshalb nur mit Fragen beschäftigen, die auch leicht zu beantworten sind? Vielleicht nur Fragen, die schon jemand vor uns beantwortet hat? Das Leben kann doch so leicht sein...

Es gibt Fragen, die sich alle Menschen voraussichtlich irgendwann mal stellen. Die internationale Organisation „Dropping Know-ledge" mit Sitz in Berlin sammelte deshalb Anfang 2006 über ihre Website Fragen zu allen Themenbereichen und versuchte auch auf dieser Basis Antworten zuzuordnen. Am 9. September 2006 hatten sich 112 „Freie Denker" mit der Beantwortung von 100 ausgewähl-ten wichtigen Fragen in Berlin öffentlich an einem großen runden Tisch getroffen. Die Fragen waren von sehr unterschiedlicher Qua-lität. Einige Beispiele: Werden wir jemals zufrieden sein? Was ist Glück? Warum existieren wir? Was ist der Sinn des Lebens? Welches sind die drei wichtigsten Werte? Was ist Wirklichkeit? Wie objektiv ist die Wissenschaft? Haben Tiere eine Seele? Können wir die Welt vor der Erwärmung retten? Gibt es ein Leben nach dem Tod?

Das Konzept dieser Veranstaltung war aber eine Überforderung. Je-der dieser 112 Menschen aus sehr unterschiedlichen Bereichen musste alle 100 Fragen in jeweils durchschnittlich 3 Minuten beant-worten, so dass wir zu jeder Frage prinzipiell dann 112 unterschied-liche Antworten bekamen. Diese vielen Antworten wurden aber we-der diskutiert, um eine gemeinsame Antwort zu entwickeln, noch zusammengefasst veröffentlich. Zu viele Fragen verwirren uns. Nie-mand stellt sich hundert Fragen auf einmal. Das überfordert und belastet uns eher. Jahre später wurde die Webseite aus dem Netz genommen.

Die richtige Frage zur richtigen Zeit und am richtigen Ort gestellt, kann aber unser Leben verändern. Fragen können uns auf bislang verdeckte Ziele aufmerksam machen und das Interesse an der Be-antwortung wecken.

Was sind nun wichtige Fragen und wichtige Antworten? Das muss man letztendlich selbst entscheiden. Es gibt aber Fragen, die sich fast alle Menschen einmal irgendwann in ihrem Leben stellen. Deshalb nenne ich sie Lebensfragen. Leider sind dies Fragen, die sich nicht so leicht beantworten lassen, wenn man eine überzeugende Antwort wünscht. Diese Fragen werden häufig nicht ernst genommen oder nur scheinbar beantwortet („So ist das Leben nun einmal. Es gibt Höhen und Tiefen!"). Danach werden die Fragen meistens verdrängt, weil sie doch eher als lästig empfunden werden. Es gehört auch ein bisschen Mut dazu, sich diesen Lebensfragen zu stellen.

Der norwegische Schriftsteller Jostein Gaarder (*1952) hat die Grundfragen des Lebens in seinem Bestseller „Sofies Welt" aus Sicht der Philosophen so gestellt: Wie wurde die Welt erschaffen? Hat die Erschaffung der Welt einen Sinn? Gibt es ein Leben nach dem Tod? Wie sollten wir leben? [1]

Mit der ersten Frage hat sich der Astrophysiker Steven Hawking in seinem Buch „Eine kurze Geschichte der Zeit" intensiv auseinandergesetzt. Die unvorstellbare Geschichte des Urknalls kann allerdings auch als Beleg für die Wahrheit der Schöpfungsgeschichte des Alten Testaments gedeutet werden. Die Frage nach dem Zufall bzw. der Schöpfung hat uns seitdem nicht mehr losgelassen. Mit der Beantwortung dieser Frage hängt natürlich auch die Art der Beantwortung der Frage nach dem weltlichen Sinn zusammen. Wenn alles nur ein Zufall ist, dann kann es ja eigentlich keinen vorgegebenen Sinn neben den Regeln der Naturgesetze geben. Vielleicht gibt es aber auch einen triftigen Grund, warum wir den Sinn nicht erfassen können?

Auch die Frage nach dem Charakter des Todes ist eine dieser großen

Fragen. Die Beantwortung dieser Frage hängt eng mit der Aufklärung des Wesens von Geist und Materie zusammen. Sind Verstand, Ich-Bewusstsein, Intuition und Gefühle nur Funktionen des Gehirns oder existieren einzelne Teile auch unabhängig davon und treten nur in eine Wechselbeziehung dazu? Was wissen wir bislang über Nahtod-Erlebnisse und Wiedergeburt? Wie lassen sich die damit zusammenhängenden Phänomene wissenschaftlich deuten? Die letzte Frage der Philosophen bzw. Philosophinnen („Wie sollten wir leben?") kann sinnvoll nur beantwortet werden, wenn man die Fragen davor beantwortet hat.

Die Fragen nach dem warum und dem wohin setzen ungeahnte geistige Kräfte frei, weil sie den Kern der menschlichen Existenz berühren. Die Beantwortung von existenziellen Fragen führt zu einer anderen Selbstwahrnehmung. Wir erkennen, dass sich die Welt nicht um uns dreht, sondern dass wir ein einzigartiger Baustein im Gesamtgefüge sind. Aus diesem Bewusstsein entsteht nicht nur viel Selbstbewusstsein, sondern auch viel Freude an der Natur und den Mitmenschen.

Die Geschichte zeigt, dass man zuerst erkennen muss, etwas nicht zu wissen, um neugierig zu werden und weiter zu forschen. Ein Beispiel dafür sind die „weißen Flecken" unbekannter Regionen bei der Weltkarte aus dem Jahre 1525. Davor dachte nicht nur Kolumbus, dass die damalige Weltkarte - ohne Amerika - vollständig sei. Die Karten wurden dementsprechend gezeichnet. Erst die Erkenntnis des Nicht-Wissens über die Ausdehnung und die Kontinente unserer Welt hat die Expeditionen und Forschungen beflügelt.

Aus der Geschichte der Naturwissenschaften können wir viel lernen.

Wenn jemand meint, wir wüssten doch schon alles zu einem Wissensbereich, dann lohnt es sich, genauer hin zu schauen. Es gab auch Zeiten, da behaupteten namhafte Professoren, dass es sich nicht mehr lohnen würde, Physik zu studieren, da wir ja schon alles wüssten. Dann kam die Quantenphysik und hat alles Wissen auf den Kopf gestellt.

Fragen, die ich mir vor diesem Hintergrund gestellt habe:

- Wie ist die sogenannte „**Kognitive Revolution**" und damit der Ursprung des Homo sapiens vor etwa 60.000 Jahren zu erklären? Nur durch Annahme einer zufälligen Mutation?

- Wie unterscheiden wir uns von den Tieren und Pflanzen? Gibt es nur die **Evolution** oder auch Schöpfungsprozesse? Was können wir von intelligenten Tieren lernen?

- Ist das Gehirn der Ort unserer gesamten **Ich-Persönlichkeit** und unseres Willens? Laufen vielleicht Informationsprozesse außerhalb des Gehirns ab, die auch zum Denkprozess dazu gehören? Haben wir einen freien Willen oder ist das nur eine Illusion?

- Was passiert in unseren Träumen und unserem **Unterbewusstsein**? Gibt es einen unbewussten Informationsaustausch auch mit anderen Menschen, Tieren und Pflanzen auf zellularer Ebene?

- Was ist der Ursprung für **Intuition** und Kreativität? Warum spielt unser Verstand in unserem Bewusstsein so eine dominierende Rolle?

- Wie wirkt sich **Künstliche Intelligenz** und die Kommunikation mit digitalen Systemen auf unser menschliches Wesen aus? Welche Zukunft hat der Mensch neben der Künstlichen Intelligenz?

Dies sind Fragen, deren Beantwortung mich besonders herausgefordert haben. Ich habe deshalb intensiv recherchiert, was wir heute zur Beantwortung schon definitiv wissen und wo es unterschiedlich zu interpretierende Fakten und Erklärungsmodelle gibt. Natürlich habe ich mir dazu auch meine eigenen Gedanken gemacht. Die große Frage, die dahintersteht, ist natürlich die Frage nach dem Sinn des Ganzen. Bringt uns die Beantwortung der Teilfragen einer Beantwortung dieser Grundfrage der Philosophie näher?

Ich bin davon überzeugt, dass wir gerade heute eine verständliche Antwort auf die Sinn-Frage ohne den Rückgriff auf alte Mythologien benötigen, um uns in unserer immer komplexeren Welt zurechtzufinden. Dazu gehört sicher auch die Wiederentdeckung und Nutzung unserer natürlichen Spiritualität, die ein Teil unseres Wesens ausmacht. Die technologische Entwicklung unserer Gesellschaft hat dazu geführt, dass wir den Kern unseres menschlichen Wesens immer weniger wahrnehmen. Bevor wir verstärkt in den Wettbewerb mit Künstlichen Intelligenzen geraten, sollten wir wissen, was unsere wirklichen Stärken sind. Diese könnten durch Digitalsysteme nicht ersetzt werden.

Die Wahrnehmung der Wirklichkeit fängt zuerst bei uns selbst an. Deshalb ergibt es Sinn, am Anfang unsere Probleme mit uns selbst und den Menschen zu beschreiben und zu analysieren. Erst danach ziehe ich den Kreis weiter. Bis an den Anfang des Universums und der mysteriösen Welt der Quanten.

Die neuen Zukunftsängste

Dreht die Menschheit langsam durch? Diese Frage stelle ich mir immer häufiger, wenn ich die täglichen Nachrichten über das Geschehen auf unserer Erde verfolge. Geht es nur noch um schnelle Profite und die eigene Selbstvermarktung ohne Rücksicht auf die Folgen?

Wir haben heute eigentlich alle Voraussetzungen geschaffen, um gemeinsam ein friedvolles und interessantes Leben für alle Menschen zu gewährleisten. Stattdessen werden die Arbeitsergebnisse immer ungerechter verteilt, der Kampf um die letzten sich erschöpfenden Ressourcen unseres Planeten nimmt wieder zu und die wachsende Gefahr einer Klimakatastrophe führt eher zu Abwarten als zum konsequenten Handeln.

Die Globalisierung der Wirtschaft und die Digitalisierung aller Lebensbereiche verstärkt noch die vorhandenen Zukunftsängste, weil die Komplexität zunimmt und die Wirkungen unserer Handlungen immer weniger vorhersehbar erscheinen. Das hat dazu geführt, dass viele Menschen sich geordnete alte Zeiten und Systeme wünschen, die sie noch verstehen konnten. Die mit der Komplexität verbundene Sinnkrise möchten einige Menschen dann mit der Hinwendung zu neuen spirituellen Bewegungen kompensieren.

Da eine objektive Sicht auf die Welt durch Soziale Netzwerke und die Zunahme von Fake-News ohnehin nicht mehr möglich erscheint, wird alles geglaubt, was uns nützt und eine einfache Perspektive ermöglicht. Gemeinsames Handeln, um eine positive Zukunft für alle Menschen zu gestalten, ist nur noch selten ein Thema.

Heute liegen national-egoistische Ziele im Trend wie „America first" und der „Brexit". Vor diesem Hintergrund stellt sich die Frage: Ist der Homo sapiens nur eine kurze Laune der Natur und seine angebliche soziale Intelligenz nur ein Mythos? Ist der Untergang der Menschheit unabwendbar, weil sich unsere „egoistischen Gene" verselbstständigen und sich die globalisierte und digitalisierte Wirtschaft durch Algorithmen der Spieltheorie selbst zerstört?

Möglicherweise wird die Zunahme von gesellschaftlichen Krisensituationen durch Naturkatastrophen, Börsencrashs und Pandemien ein Umdenken und Umschwenken bewirken. Das ist nicht ausgeschlossen, wenn dadurch die gesamte Menschheit zum gemeinsamen Handeln gezwungen würde. Es kann natürlich auch den gegenteiligen Effekt haben, dass jede Gesellschaft erst an sich selber denkt und sich vom Rest der Welt isoliert. Auf Grund der internationalen Arbeitsteilung wäre solch eine Strategie mit vielen Unwägbarkeiten und Nachteilen verbunden.

Wir haben zwar eine globalisierte Wirtschaft und weltweite digitale Kommunikationswege, aber eine gemeinsame Vision einer kooperativen menschlichen Gesellschaft fehlt. Erst recht fehlen entsprechende Regeln des internationalen Rechts und Institutionen, die machtvoll genug sind, diese Regeln durchzusetzen. Solange wir unser Handeln nach dem Nutzen für uns selbst beurteilen, bleibt die globalisierte Welt das Terrain konkurrierender Gruppeninteressen.

Ist der Untergang des Homo sapiens also vorprogrammiert, weil er von seinem Wesen her kein angeborenes Interesse am Überleben aller Individuen seiner Art hat und ihm echtes Mitgefühl fehlt? Was muss passieren, damit wir uns ändern? Können uns bei der Beantwortung dieser Fragen die Natur- und Sozialwissenschaften, die Religionen und die Philosophie weiterhelfen?

Ich glaube, es ist Zeit für eine schonungslose und vorurteilsfreie Inventur! Was wissen wir heute über uns selbst und die Welt, in der wir leben? Könnte dieses Wissen - wenn man die inhärenten Sprachbarrieren und Dogmen beseitigt und die wesentlichen Erkenntnisse bündelt - einen neuen Kompass für die Entwicklung der Menschheit bedeuten? Ich möchte diesen Fragen nachgehen.

Das, was bisher Stabilität erzeugt hat, muss sich wandeln bzw. ersetzt werden. Niemand kann vorhersehen, wie sich die Welt dann verändert. Das erzeugt auch Zukunftsängste und wahrscheinlich auch Fluchtverhalten in vergangene nationale und autokratische Strukturen.

Ich glaube nicht, dass es allein reicht, ein politisches aufklärerisches Bollwerk dagegen zu errichten, weil sich die Hauptprobleme auf der psychischen und emotionalen Ebene der Menschen festgesetzt haben. Menschen, die Zukunfts- und Lebensängste haben, neigen dazu, ihre Selbstbestimmung aufzugeben, wenn Ihnen der Zugang zu Strukturen erlaubt wird, die Sicherheit über starre Regeln und Kontrolle versprechen. Wenn Menschen mit anderen Menschen um ihre Lebenschancen konkurrieren müssen und in andersartigen Menschen eher eine Bedrohung sehen, dann können Machteliten sie leicht für ihre eigenen Ziele und Interessen einspannen. Wenn die Menschheit überleben will, dann müsste sich meines Erachtens hier etwas Grundlegendes ändern.

Ich bin davon überzeugt, dass nur eine respektvolle vorurteilsfreie Kommunikation und ein fairer Handel den Frieden in der Welt und ein Überleben der Menschheit sichern kann. Dazu muss aber das in den Vordergrund gerückt werden, das uns verbindet und nicht spaltet. Ohne einen spirituellen Reifeprozess wird der Homo sapiens nicht überleben können. Hierzu können und müssen die verschiedenen Wissenschaftsdisziplinen und auch alle Weltreligionen ihren Beitrag leisten. Das setzt die Dialogbereitschaft voraus und bedarf auch politischer und diplomatischer Aktivitäten.

Wir brauchen einen weitergehenden internationalen Grundkonsens über die gemeinsamen Ziele und die zu sichernden Menschenrechte. Dazu gehört, dass alle Regierungen akzeptieren, dass der von uns erzeugte Klimawandel die Menschheit und die Erde als Ganzes bedroht und gemeinsame Gegenmaßnahmen abgestimmt und umgesetzt werden müssen.

Leider gibt es noch viele Nationalstaaten, die tatsächlich glauben, dass sie zu den Gewinnern einer Klimakatastrophe zählen könnten. Das ist nicht nur unwissenschaftlich, sondern hochgradig verrückt! Natürlich gibt es auch religiöse Gruppen, die glauben, dass Gott nur die Ungläubigen strafen wird und das auch in der Bibel prophezeite „Harmagedon" unausweichlich sei. Diese Gruppen werden einen Zulauf erfahren, weil sie einen scheinbaren Ausweg bieten.

Insgesamt wird die geistige und emotionale Desorientierung auch durch die Vereinheitlichung der Denkweise durch digitale Algorithmen noch zunehmen. Unser Bild von uns selbst wird dabei großen Schaden nehmen, weil durch den Wettbewerb mit den künstlich erschaffenen Computer-Intelligenzen das eigentliche Wesen des Menschen in den Hintergrund rückt und entwertet wird. Dies zeigt sich schon jetzt durch eine starke Zunahme von psychischen Erkrankungen.

Durch die Dominanz ökonomischen Denkens, das sich an den berechenbaren Eigenschaften des Menschen orientiert und das durch die Spieltheorie des Mathematikers John Nash (1928 bis 2015) beflügelt wurde, wird die spirituelle und emotionale Seite des Homo sapiens immer weniger wahrgenommen. Damit verlieren wir möglicherweise einen wichtigen Wesenszug unserer Spezies: die ganzheitliche Wahrnehmung der Wirklichkeit und das Mitgefühl für das Leiden anderer Menschen. Dieser Mechanismus läuft langsam und im Unbewussten ab, weil unsere natürlichen Wertmaßstäbe durch die digitalen Werte unserer neuen Welt Stück für Stück ersetzt werden.

Globalisierung und Digitalisierung

Die Globalisierung und Digitalisierung der Wirtschaft hat digitale und globale Netzwerke und Medien geschaffen. Die Menschen auf der Erde rücken virtuell zusammen und können direkt miteinander Interessen, Fakten und Meinungen austauschen. Auch wenn internationale Konzerne wie Google, Facebook und Amazon das Internet immer mehr geschäftlich nutzen und faktisch eine größere Macht als viele Nationalstaaten besitzen, haben sie zu einem kulturellen Zusammenwachsen und Verständnis beigetragen, das selbst eine neue politische Qualität erzeugt hat.

Am Anfang war das Internet nur eine Plattform für den Austausch wissenschaftlicher Ergebnisse. Heute tummeln sich weltweit alle Interessengruppen darin. Natürlich finden sich dort auch alle nützlichen und schädlichen Aktivitäten, die weltweit in Konkurrenz zueinander treten. Der Internet-Blogger und Kommunikationswissenschaftler Sascha Lobo (* 1975) schrieb dazu:

„Die Veränderungen durch Globalisierung und Digitalisierung führen zu großer Verunsicherung und Zukunftsangst. Selbst bei Leuten, die zuvor meinten, sich niemals Sorgen machen zu müssen. Für das Gefühl, die Kontrolle über das eigene Leben zu verlieren, ist auch ein oft unterschätzter Faktor ausschlaggebend: Überforderung ... In einer solchen Angst- und Abwehrstimmung erscheint Komplexitätsreduktion sehr attraktiv.“ [2]

Diese Entwicklung lässt sich nicht mehr einfach zurückdrehen. Das Internet ist noch weitgehend unreguliert und zeigt uns in seiner Vielfalt das ungeschönte Wesen des Homo sapiens. Das ist auch erschreckend, wenn man die Aktivitäten krimineller Organisationen, Waffenhändler und Kinderschänder des „Darknet" mit einbezieht. Diese grenzenlose Freiheit darf aber nicht ohne persönliche Verantwortung bleiben. Dies bedeutet, dass in Zukunft wenigstens die von Konzernen geschaffenen Strukturen, wie z.B. Instagram, Facebook oder YouTube die Anonymität ihrer Nutzer aufheben müssten, damit angerichtete Schäden auch mit Konsequenzen verbunden werden können.

Das Internet hat auch viel Positives bewirkt. Zum ersten Mal in der Geschichte der Menschheit können mächtige Eliten ihre meinungsbildende Kraft nicht unbeschränkt ausdehnen. Besonders die Jugend nutzt die internationalen Vernetzungsmöglichkeiten, um sich Meinungen zu bilden. Dies haben die neue Klimaschutzbewegung „Fridays for Future" und viele YouTuber gezeigt. Durch die Google-Plattform YouTube sind mittlerweile sehr reichweitenstarke Kanäle entstanden. Diese symbolisieren nicht nur eine ökonomische Macht beim Produkt-Placement, sondern sie treten zunehmend auch als Konkurrenz zu den klassischen Medien auf.

Dies ist besonders durch das YouTube-Video von Rezo vor der Europawahl 2019 klar geworden, der zu den eher unbedeutenden Aktivisten zählte (ca. 350.000 Abonnenten). Sein Video zur „Zerstörung der CDU" wurde allerdings über 12 Millionen Mal heruntergeladen.

Die einflussreichsten Youtuber wie beispielsweise Felix Kjellberg aus Schweden oder Germán Garmendia aus Chile mit jeweils etwa 70 Millionen Abonnenten haben sich bisher noch nicht politisch verortet. Hier kann man aber ahnen, welche Meinungsmacht dahinterstehen könnte. Im Augenblick sind die meisten YouTuber noch völlig unpolitisch und als sogenannte Influencer im Werbebereich unterwegs. Das kann sich aber schnell auch ändern. Unklar ist, ob die Abonnenten bzw. Abonnentinnen den Kurswechsel mit machen würden und in welche Richtung sich das Ganze dann bewegt.

Auch im Kurznachrichten-Netzwerk Twitter werden Meinungen vervielfältigt und viele Fake-News verbreitet. Die Popularität des ehemaligen US-Präsidenten Donald Trump wäre ohne diese Meinungsmaschine nicht möglich gewesen. Da kommen die klassischen Medien schon längst nicht mehr mit. Auch der Tesla-Chef Elon

Musk nutzt dieses Medium um seine Wirksamkeit zu erhöhen. Heute folgen ihm hier etwa 50 Mio. Menschen. Als er ankündigte über 1 Mrd. Dollar in Bitcoins zu investieren, explodierte der Kurs dieser virtuellen Währung förmlich.

Mittlerweile ist das Internet zum Hauptmedium vieler Menschen geworden und hat die traditionellen Medien wie Zeitungen und Fernsehen verdrängt. An der auflagenstärksten deutschen Tageszeitung „Bild" kann man sich das gut klar machen. Der Springer-Verlag verkauft davon heute nur noch knapp 1,5 Mio. Exemplare. Vor 20 Jahren wurden noch 4,5 Mio. Bild-Zeitungen verkauft! Die „Bild" gibt es auch als Digitalangebot „Bild plus" - aber bislang nur mit etwas über 0,4 Mio. Abonnenten. Wo die Bildzeitung politisch steht, ist seit Jahrzehnten ein ewiges Ärgernis, aber dies ist bekannt und kalkulierbar. Wo sich die Meinungsmaschine Internet mal hinbewegt, ist hingegen unkalkulierbar und für Politik und Wirtschaft ein großes Risiko.

Wir stehen jetzt vor einem wachsenden Berg an nicht mehr zu bewältigenden Informationen. Alle, die Zugang zum Internet haben, können an diesem fast unendlich großen Pool nach für sie wichtigen Informationen suchen. Dies ist eine große Chance, aber auch eine enorme Herausforderung, da wir uns leicht in dem Meer an Meinungen verirren können und erst recht nicht mehr wissen, was wirklich wichtig ist im Leben.

Ohne Suchmaschinen wie z. B. Google würden wir mit dieser Informationsmenge nichts anfangen können. Die Filterstruktur, die durch diese Organisation vorgegeben wird, ist aber sehr stark mit ökonomischen Interessen verknüpft, da die Such-Algorithmen über

Werbeeinnahmen refinanziert werden. Es gibt Hinweise, dass bei der Geburt dieses Unternehmens auch nationale Geheimdienste mitgewirkt haben und die Auswertungen für ihre eigene Arbeit nutzen. Die Wirtschaftsjournalistin Ursula Weidenfeld (*1962) stellte dazu fest:

„Wer sich anders informieren will, muss erst einmal den Algorithmus überwinden, der den persönlichen Nachrichtenstrom lenkt ... Die schrillsten Meldungen verbreiten sich am schnellsten." [3]

Informationen sind schon immer mit Interessen verbunden gewesen. Wenn viele Menschen etwas für wahr oder wichtig halten, hat das die Verbreitung erhöht. Das Internet-Raster verstärkt den Mainstream der Gedanken sogar noch und führt zu einer gewissen Vereinheitlichung der globalen Wahrnehmung. Über Kulturgrenzen und Entfernungen hinweg kann sich jetzt aber auch so etwas wie ein Weltbewusstsein entwickeln. Wir sehen, dass die verschiedenen Kulturen der Erde unterschiedliche Wahrnehmungen der Wirklichkeit haben und verschiedene Werte und Ziele verfolgen. Das führt am Anfang erst einmal zur Desorientierung und einer eventuell nachhaltigen Verwirrung.

Das Internet revolutioniert alle Bereiche des Lebens und setzt neue Entwicklungen in den Bereichen Wirtschaft, Technik und Gesellschaft in Gang. Das betrifft aber nicht nur den Internet-Handel, IT-Dienstleistungen und die Unterhaltungsbranche (z.B. Streaming-Angebote bei Netflix und Spotify). Das Internet liefert auch Lebens- und Gesundheitsberatung in einer unüberschaubaren Vielzahl. Plötzlich stehen auch die großen Kirchen mit ihren traditionellen Angeboten zum Sinn und Ursprung des Lebens im Feuer. Nicht nur wissenschaftliche, sondern auch spirituelle Weltmodelle werden in Frage und auf den Prüfstand gestellt. Damit wird auch der Einfluss von Pfarrern, Priestern und Imamen schwinden. Das mag am Anfang die vorhandene Desorientierung vieler Menschen erhöhen. Aber jeder Mensch hat jetzt die Chance, seinen Lebensentwurf und sein Weltbild unabhängig von kulturellen Zwängen zu überprüfen und sich passende Anregungen zu holen und auszuprobieren. Ursula Weidenfeld in ihrem Buch „Regierung ohne Volk":

„Digitalisierung und Globalisierung wirken als gewaltige Kräfte nicht nur auf die Unternehmen und das Arbeitsleben des Einzelnen. Sie bringen auch die scheinbar unverrückbaren Gewissheiten der demokratischen Gesellschaften ins Wanken."[4]

Das Corona-Virus hat zwar auch dazu beigetragen, die wissenschaftlichen Kapazitäten und den Informationsaustausch international zu stärken. Gleichzeitig hat die gesundheitliche Bedrohung die Handlungen einzelner Nationalstaaten verstärkt, sich gegenüber anderen abzuschoten. Die Europäische Gemeinschaft und die UNO wurden eher weiter geschwächt.

Die nach dem 2. Weltkrieg neu geordneten Kräfteverhältnisse zwischen den Nationalstaaten verschieben sich nach Rückzug der USA aus der Rolle als Weltpolizist erneut. Heute duldet die internationale Gemeinschaft wieder Flächenannektionen einzelner Länder (siehe Ukraine, Syrien, Libyen, Israel) und einen neuen Verteilungskampf um Rohstoffe (siehe Türkei, Antarktis). Die Menschheit hat aus den Kriegen der Vergangenheit nicht überall die gleichen Schlüsse gezogen. Probleme sollen zunehmend wieder mit militärischen Mitteln gelöst werden. Offenbar sind wir von einer funktionierenden internationalen Gemeinschaft, die sich auch um unseren Planeten sorgt, wieder weiter entfernt. Daran wird leider auch die internationale Jugendbewegung „fridays for future" wenig ändern können.

Wir sind m.E. politisch in einer Sackgasse gelandet, weil wir denken, dass wir durch Faktenwissen und unseren Verstand gesteuert werden. Wir sind an den Rand unserer Existenz getreten und haben Angst vor unseren unbewussten Emotionen. Wir verstehen weder die Welt noch uns selbst. Das macht uns wütend und aggressiv. Wir vermuten die Schuld nicht in uns selbst, sondern in den anderen, die wir als Bedrohung wahrnehmen. Unsere digitale Welt und die Art der Kommunikation verstärkten diesen Prozess noch. Wir reden nicht mehr miteinander, sondern eher übereinander.

Die sogenannten sozialen Netzwerke wie Facebook, Instagram, YouTube, XING, Pinterest, Twitter, Snapchat, Reddit und TikTok wurden von den global agierenden Unternehmen so programmiert, dass sie uns immer mehr Aufmerksamkeit und Zeit rauben, um das Gewinnwachstum durch Werbeeinnahmen zu verstärken. Die geheim gehaltenen Algorithmen nutzen dabei eine Schwäche unseres Gehirns aus. Wenn wir positives Feed-back bekommen, belohnt uns unser Gehirn mit der Erzeugung von Glücksgefühlen durch Ausschüttung von Hormonen wie Dopamin, Serotonin oder Oxytocin.

Im analogen Leben gibt es positives Feed-back selten. Oft überwiegt die Kritik. In den sozialen Netzwerken hingegen können wir diese Rückkopplung sogar beeinflussen, indem wir anderen unsere Zustimmung durch „Likes" zeigen und hoffen, dass diese dann auch unsere Beiträge eher positiv bewerten. Alles, was wir in den digitalen

Räumen tun, wird von einer künstlichen Intelligenz ausgewertet, um uns Angebote für einen noch längeren Aufenthalt zu machen und Produktplatzierungen im Bewusstsein zu verankern. Bei Facebook bezahlen beispielsweise 65 Mio. Unternehmen dafür, dass der Teil der etwa 2,5 Mrd. Nutzer bzw. Nutzerinnen, der mit einer größeren Wahrscheinlichkeit ein Kaufinteresse an deren Produkten hat, damit in Kontakt gerät. Möglichst, ohne es bewusst zu merken.

Der ehemalige Mitherausgeber der „Frankfurter Allgemeinen Zeitung" Frank Schirrmacher (1959 – 2014) hat dazu in seinem Buch „Ego: Das Spiel des Lebens" folgenden Frage gestellt:

„Vielleicht können wir damit leben, dass soziale Netzwerke oder Suchmaschinen uns so genau kennen, dass sie uns nur noch die Informationen geben, die wir erwarten. Vielleicht auch damit, dass wir nur noch mit Menschen reden, die so denken wie wir selbst. Aber wie kann man auf Dauer ohne seelische Beschädigungen in einer Gesellschaft bleiben, die von jedem Menschen annimmt, er sei vernünftig, wenn er aus Eigennutz handelt?" [5]

Neben der ökonomischen Seite haben diese Netzwerke aber auch eine fatale psychologische Wirkung. Erfundene Geschichten, manipulierte Bilder und Inhalte sind eher geeignet, die Aufmerksamkeit und das Interesse zu wecken, als News, die „nur" die reale Welt abbilden. Sogenannte „Fake News" werden deshalb wesentlich häufiger angeklickt. Die Algorithmen verstärken die Verbreitung zusätzlich, weil sie nicht zwischen wahr und falsch unterscheiden müssen und können, sondern nur die Aufmerksamkeit fesseln sollen. Deshalb verbreiteten sich Fake News des ehemaligen US-Präsidenten

Trump schneller als Beiträge, die diese als Fake News entlarven sollten.

Grundsätzlich können die digitalen Netzwerke dazu beitragen, im internationalen Maßstab ein gemeinsames Verständnis von Wirklichkeit zu entwickeln und die Interessen der gesamten Menschheit zu bündeln. Am Anfang des Internets standen der Austausch und die Diskussion von Forschungsergebnissen. Heute bekommt man den Eindruck, dass das Internet hauptsächlich ökonomischen und politischen Interessen dient und die persönlichen Kommunikations- und Informationsbedürfnisse nur noch zum Datensammeln eine Rolle spielen.

Dabei ist das eigentliche Internet nur die sichtbare „Spitze des Eisbergs". Das „Deep Web" oder „Darknet" soll sogar größer sein. Dort gibt es keine zentralen Server mit Suchmaschinen wie Google, sondern eine schwer zu verfolgende dezentrale Organisationsstruktur und meistens anonyme Akteure. Der Zugang erfolgt über den „Tor Browser", der aus der „Open-Source-Software" Firefox entwickelt wurde. Natürlich hat diese Internet-Version auch viele kriminelle Aktivitäten angelockt. Das gilt aber auch für die digitalen Krypto-Währungen wie z.B. Bitcoin und Ethereum, die dezentral durch die Blockchain-Technologie dokumentiert und gehandelt werden. Deep Web und Kryptowährungen sind aber nicht grundsätzlich und ausschließlich Instrumente von kriminellen Gestalten bzw. Organisationen. Sie können und werden nachweisbar von diesen genutzt. Kriminelle nutzen aber genauso das normale Internet und nationale Währungen, um ihre illegalen Geschäfte abzuwickeln. Das Handelsblatt hat den Umfang der deutschen Schattenwirtschaft auf jährlich

500 Mrd. Euro geschätzt.

Das Darknet wird aber auch zunehmend zu einem Ort, an dem sich Oppositionskräfte und Whistleblower austauschen und organisieren, wenn das Internet z.B. von autokratischen Regimen kontrolliert wird. Leider scheinen sich hier auch die Feinde von Demokratien zu sammeln. Alle menschlichen Aktivitäten - die guten wie die bösen - besitzen einen digitalen Raum der Entfaltung und Entwicklung. Für uns meistens unsichtbar wie die Dunkle Materie und Energie des Universums. Wir schätzen die Möglichkeiten des Internets und ängstigen uns gleichzeitig vor den unbekannten Kräften, die dort wachsen.

Das Internet zeigt das menschliche Aktivitätspotenzial in seiner gesamten Breite und Tiefe. Das Internet zeigt uns unverfälscht und rücksichtslos die schöne und die hässliche Seite des Homo sapiens.

Die Entwicklung des Internets hat die Vernetzung von Dingen und Menschen exponentiell gefördert und möglich gemacht. Zunehmend nutzen Computer mit künstlichen Intelligenzen dieses globale Netzwerk. Die digitalen Systeme verkörpern nun eine virtuelle Realität, der wir oft mehr Aufmerksamkeit schenken als unserer physikalischen Umwelt. Die KI-Systeme übernehmen immer mehr Entscheidungen, die bislang nur Menschen treffen durften. Dabei lernen sie durch die wachsende Verarbeitungsgeschwindigkeit der Computerchips und die Menge an Daten immer schneller. Das menschliche Gehirn kann da schon längst nicht mehr mithalten. Wir gestatten diesen KI-Systemen schon heute, autonom („Hochfrequenz-") Finanzgeschäfte an der Börse abzuwickeln, Internet-

Suchmaschinen zu optimieren und beim Autofahren zu „assistieren".

Wir trauen diesen Systemen immer mehr zu und uns selbst immer weniger. Insgeheim hoffen wir, dass die Digitalisierung dazu beiträgt, das menschliche irrationale und gewalttätige Handeln zu kanalisieren. Die KI als vom Menschen geschaffene Kraft, die uns wieder auf den Weg der emotionslosen Vernunft führt, um den Planeten zu retten? Besonders im Silicon Valley des Sonnenstaates Kalifornien entwickelt sich diese neue Religion zunehmend.

Der Erfinder der Gaia-Hypothese James Lovelock hat im Alter von 100 Jahren (!) 2019 ein Buch veröffentlicht, in dem das kommende Zeitalter als „Novozän" – dem Zeitalter der Hyperintelligenz beschrieben wird. Er hofft darauf, dass uns die KI-Systeme dann noch als nützlich ansehen, wenn sie die Erde wieder überlebensfähig machen, um selbst aktionsfähig zu bleiben. [6] Dabei hat er m. E. einen wichtigen Teil des Menschen (Empathie, Intuition, Kommunikation, freier Wille) eher als problematisch angesehen, obwohl er sein Zukunftsmodell intuitiv entwickelt hat. Leider hat Lovelock den zentralen Unterschied zwischen dem menschlichen intuitiven und logischen Denken nicht diskutiert und damit einen wesentlichen Vorteil menschlicher Intelligenz gegenüber digitalen Systemen vernachlässigt.

Die Gehirnforschung hat die Art, wie wir denken, bis heute nicht vollständig entschlüsselt. Das Gehirn scheint zwar durch die Vernetzung von einfachen Gehirnzellen entstanden zu sein. Das Ganze funktioniert allerdings anders, als man aus der Summe seiner Teile schließen könnte. Am ehesten scheint noch ein holografisches Modell zu stimmen. Das bedeutet, dass jede Zelle im Kern die Information des Gesamtsystems besitzt. Selbst wenn Teile des Gehirns zerstört werden (z.B. bei einem Schlaganfall) können deshalb die dort gelagerten Informationen und Funktionen wiederhergestellt werden. In gewissem Sinne legt das Gehirn viele Back-ups an. Diese sind aber nicht so hoch aufgelöst, wie Informationen, die durch die Interaktion des Gesamtsystems entstehen. Vielleicht könnte man dies so beschreiben: Jede Nervenzelle bzw. jeder Zellverband hat alle nicht ausgefilterten Bilder, Emotionen und andere Sinneseindrücke mit einer bestimmten Schärfeebene - also komprimiert - gespeichert. Je mehr dieser „unscharfen" Erinnerungen dynamisch überlagert werden, desto klarer wird die jeweilige Abfrage.

Digitale Systeme funktionieren völlig anders und bilden nicht die Funktionsweise eines menschlichen Gehirns ab. Wenn genug Speicherplätze vorhanden sind, können digitale Strukturen allerdings holografische Eigenschaften simulieren. Damit kann man dann theoretisch auch Fehler im System reduzieren, weil jede Zelle potenziell die Gesamtinformation enthält. Der Vorteil dieser dezentralen Speichertechnik ist auch die Selbstorganisation, die eine zentrale Einheit ersetzen kann.

Dieses Modell wird zum Beispiel bei den sogenannten Kryptowährungen wie dem Bitcoin genutzt. Alle finanziellen Transaktionen des Gesamtsystems werden dort von vielen Zellen überprüft und dann in einer Datei, der sogenannten Blockchain, an vielen Orten gespeichert. Diese Informationen können nicht manipuliert werden, da eine Veränderung durch Vergleich im System auffallen würde. Diese dezentrale Speicherung ersetzt dann das Personal einer Bank und ist nicht kostenlos zu haben. Dahinter stehen die sogenannten Miner (Bitcoin-Schürfer), die im Wettbewerb mit anderen Minern mit ihrer Computer-Hardware Verschlüsselungsaufgaben und die Überprüfung neuer Transaktionen als Dienstleistung übernehmen und wenn sie den Wettbewerb gewinnen, dann in Bitcoin bezahlt werden. Dazu sind nicht nur teure Hardware erforderlich, sondern auch ein riesiger Stromverbrauch und Klimafolgen als Nachteile zu sehen. Der Stromverbrauch (140 Terrawattstunden) ist heute schon vergleichbar mit dem von Schweden und steigt immer weiter. Über 70 Prozent der Bitcoin-Rechenleistung steht heute in China. Bitcoins sind damit nicht nur zu einem Klimaschutzproblem geworden. Es könnte dann irgendwann auch passieren, dass die VR China auf diesen virtuellen Geldmarkt Einfluss nimmt. Heute werden gerade einmal 5 Transaktionen pro Sekunde über dieses System abgewickelt. Kreditkartenfirmen bewältigen im gleichen Zeitraum 10.000-mal mehr Abrechnungen.[7] Grundsätzlich ist aber die dahinter stehende dezentrale Blockchain-Technik, die auch „verteiltes Hauptbuch" genannt wird[8], für andere Transaktionen einsetzbar, beispielsweise im Vertragswesen und Grundbüchern.

Die genetische Information in biologischen Zellen wird vielleicht ähnlich verwaltet. Auch hier werden Ablese- und Schreibfehler reduziert, weil jede Körperzelle grundsätzlich diese Information besitzt.

Wenn jeder Mensch Zugang zum Internet hätte und dieses System von einer gemeinnützigen internationalen Organisation betrieben würde, könnte auch jeder Mensch grundsätzlich Zugang zu allen gespeicherten Informationen der Menschheit bekommen. Da würde aber ein Menschenleben nicht ausreichen, um diese Informationen zu verarbeiten. An der Schaffung einer neutralen Suchmaschine kämen wir nicht vorbei. Die müsste dann international finanziert werden und die Verantwortung für eine menschenwürdige Nutzung übernehmen. Ohne Sanktionsgewalt und Aufhebung der anonymen Nutzung wäre das nicht möglich.

Aktuell ist es nicht vorstellbar, dass sich die internationale Staatengemeinschaft auf solch ein Projekt verständigen könnte. Dieses müsste dann wohl auch das Darknet verwalten und alternative Netzstrukturen verhindern können. Das wäre eine Art Internet-Verwaltung mit überstaatlichen Aufgaben oder eine KI mit Open-Source-Programmierung abgesichert mit der Blockchain-Technik.

Ist das nun eine ernst zu nehmende politische Vision oder eher eine unrealistische Utopie? Ich glaube, dass dieses Thema dann Gestalt annimmt, wenn die Bemühungen der Internetfirmen bzw. der UNO oder der EU gescheitert sind, den verbreiteten Hass, die Fake-News, die verursachte Gewalt und zukünftige Wahlmanipulationen zu unterbinden.

Das Informationszeitalter hat uns viele Vorteile beschert. Es gibt z. B. zum ersten Mal eine echte Transparenz der Warenpreise sogar über Ländergrenzen hinweg. Bisher hatten die Volkswirtschaftler dies in ihren makroökonomischen Modellen der Gesellschaft immer nur unterstellt. Dies nützt ohne Zweifel den Verbrauchern bzw. Verbraucherinnen. Es führt aber auch zur Verstärkung von Rationalisierungen, Fusionen und Monopolisierungen. Die Internet-Transparenz verstärkt die Globalisierung, in dem sie die Selektion und Auslese erhöht.

Die Dynamik hat aufgrund der internationalen Konkurrenz enorm zugenommen. Der Kapitalismus hat sich international durchgesetzt und verselbstständigt. Die politische Kontrolle über die eingeschlagenen Entwicklungsziele wird immer geringer.

Versagen der Politik vor der Komplexität

Die Entwicklung hin zum Untergang der Menschheit kann leicht mit Fakten belegt werden. Wenn der Energie- und Ressourcenverbrauch, die Umweltverschmutzung und die Weltbevölkerung wie erwartet zunehmen, dann nehmen auch die Verteilungskriege, die Flüchtlingsströme und die Hungerkatastrophen unweigerlich zu. Das ist nicht schwer zu verstehen und von menschlichen Entscheidungen verursacht.

Diese Entwicklung kann deshalb grundsätzlich auch durch eine gesellschaftlich akzeptierte Politik, durch neue effiziente Regeln und eine Stärkung staatlicher Sanktionsmaßnahmen verändert werden. Dabei muss sich das an Nachhaltigkeit orientierte Gemeinwohlinteresse gegenüber den Interessen einzelner Gruppen und Individuen durchsetzen.

Davon sind wir aber weit entfernt. Regierungen und Parteien werden oft von den Interessen starker Lobbygruppen (Unternehmen, Wirtschaftsverbände, Gewerkschaften, Kirchen etc.) geleitet. Den politischen, wirtschaftlichen und religiösen Eliten wird aber immer weniger vertraut, so dass neue Gruppen entstehen und der Bevölkerung neue Versprechungen machen. Das Schaffen von parlamentarischen Mehrheiten mit klaren Regierungsaufträgen wird immer unvorhersehbarer und schwieriger. Oft entstehen dabei Koalitionen, die sich programmatisch neutralisieren und dann nicht mehr entscheidungsfähig sind. Viele notwendige Problemlösungen werden dann unverantwortbar aufgeschoben.

Als der „Club of Rome" 1972 seinen Bericht "Die Grenzen des Wachstums" veröffentlichte, sah meine Generation schon damals den Untergang konkret vor uns. Die Studie über den zunehmenden Ressourcenverbrauch hat auch mich intensiv beschäftigt und war einer der Gründe dafür, dass ich 1973 statt Chemie dann politische Wissenschaften, Soziologie und Volkswirtschaftslehre in Hamburg studierte.

Unsere offene und kritikfähige Gesellschaftsform hat sich grundsätzlich bewährt. Viele Probleme konnten gemeinschaftlich gelöst werden. Aber durch den zunehmenden Einfluss von Wirtschaftseliten auf die Politik und die Medien wurde unser Rechtssystem immer komplexer, um für private Sonderinteressen Gelegenheiten zu erschaffen.

Die Wirtschaftswissenschaftler und Sachbuchautoren Marc Friedrich (*1975) und Matthias Weik (*1976) haben 2019 den „größten Crash aller Zeiten" prognostiziert und folgende Ursachen ausgemacht:

„Wir erleben einen historischen Vertrauensverlust in die Finanzwelt, in die Politik, die Kirchen und die Medien." [9]

Sie stellten außerdem eine massive „Realitätsverweigerung" fest:

„Von den jetzigen Eliten dürfen wir weder ein Umdenken noch einen tiefgreifenden Wandel erwarten." [10]

Auch der zweite Report des Club of Rome hat 2012 ein ähnlich düsteres Zukunftsbild gemalt wie schon 40 Jahre vorher: Produktivitätsfortschritt und Wachstum würden in Zukunft abnehmen, Armut und Verteilungskämpfe dagegen zu. Die Wirkung in den Medien und der Gesellschaft waren aber gegenüber 1972 eher verhalten.

Die Umweltaktivistin und Nautikerin Carola Rackete (*1988) kommt vor diesem Hintergrund zu einem pessimistischen Fazit:

„Weil wir zu lange gewartet und gehofft haben, dass jemand anders das Problem für uns löst, ist es inzwischen mindestens Viertel nach zwölf. Menschen und Ökosysteme leiden, und viele der bereits eingeleiteten Prozesse im Erdsystem sind unumkehrbar, viele Spezies und Ökosysteme unwiederbringlich verloren." [11]

Auch die Klimaforscher haben heute einen schweren Stand. Obwohl der Klimawandel nicht mehr zu übersehen ist, möchten die Regierungen keine schmerzenden Entscheidungen z.B. für die Energiewirtschaft und die Autoindustrie treffen.

Die Interessen der kommenden Generationen werden aber zumindest durch die Schülerinnen- bzw. Schüler-Demos („Fridays for Future") vertreten. Diese waren für die Politik nicht vorhersehbar. Wer konnte schon ahnen, dass der Streik einer einzelnen Schülerin (Greta Thunberg *2003) im August 2018 vor dem schwedischen Parlament im März 2019 zu Demonstrationen von fast 2 Mio. Menschen in etwa 100 Ländern führen würde und sich über 26.000 Wissenschaftler und Wissenschaftlerinnen der Initiative angeschlossen haben. [12] Getreu nach der Chaostheorie: Der Flügelschlag eines Schmetterlings in China könnte durch eine nicht-lineare Verstärkung mit einer eigentlich geringen Wahrscheinlichkeit einen Wirbelsturm in den USA verursachen.

Die „Generation Z" hat einen weltweiten Wirbel in den Medien und der Politik verursacht. Bislang hat sich das staatliche Handeln noch nicht darauf eingestellt, obwohl es hier auch um zukünftige Wähler und Wählerinnen geht. Aber die Hoffnung ist aufgekeimt, dass sich unser Staat wieder mehr den gemeinnützigen Interessen zuwendet. Die Corona-Pandemie hat diesen Prozess möglicherweise noch beschleunigt.

Die Umweltaktivistin Carola Rackete hat dazu einen anderen Demokratieansatz vorgeschlagen:

„Um ihre Interessen angemessen zu vertreten, muss Demokratie deliberativ sein: Dazu gehören per Losverfahren zusammengesetzte Bürgerversammlungen und öffentliche Diskurse auf kommunaler Ebene." [13]

Das müssten dann aber repräsentativ zusammengesetzte Bürgerversammlungen werden. Viele kommunale „Basis-Demokratie-Experimente" mit zufällig zusammengesetzten Gruppen waren nicht sehr erfolgreich, weil da hauptsächlich die Rentnergeneration aktiv wurde. Die Alten haben eben Zeit und sind auch motiviert, um sich einzumischen.

Bislang haben in unserer Demokratie die von Unternehmen gesteuerten Lobbygruppen den größten Einfluss. Unser Staat wird leider immer noch als teilbare Beute genutzt, um sich auf Kosten der Allgemeinheit zu bereichern. Am deutlichsten wurde dies durch den sogenannten „CumEx"-Skandal, bei dem Großbanken und Unternehmen Milliarden-Beträge durch eine rechtswidrige Rückerstattung der Kapitalertragssteuer europaweit erbeutet haben. Die Banken haben sich die Kapitalertragssteuer zurückerstatten lassen, weil sie kurzzeitig als Eigentümer der Unternehmensanteile auftauchten. Den wirklichen Eigentümern im Ausland wurden somit die Steuer erspart. Dieser Trick funktionierte zwischen 1999 und 2012 ohne Probleme von Seiten des Bundesfinanzministeriums und hat den Banken und ausländischen Unternehmens-Eigentümern einen Steuervorteil von mindestens 55 Mrd. € gebracht.[14] Bis heute haben sich die betroffenen Länder das Geld noch nicht zurückgeholt. Damit hätte man z.B. gut die Entwicklung der Erneuerbaren Energien fördern können.

Dies ist nur ein Beispiel dafür, dass unser Regelwerk aus EU-Richtlinien, Gesetzen, Verordnungen und Gerichtsurteilen mittlerweile so komplex geworden ist, dass selbst der Staat manchmal nicht mehr die Rechtsgültigkeit und Sinnhaftigkeit beurteilen und anwenden kann. Eine Vereinfachung ist bisher aber oft am Einfluss privilegierter Lobbygruppen gescheitert. 25.000 Lobbyisten mit einem Budget von 1,5 Milliarden Euro arbeiten aktuell in Brüssel. Zwei Drittel davon vertreten laut „Lobbycontrol" Unternehmensinteressen.[15]

Das System erscheint dadurch immer ungerechter. Da selbst die nachgewiesenen Betrugsmaßnahmen der Automobilindustrie im Dieselskandal ohne schmerzende Konsequenzen geblieben sind, hat unser Rechtsstaat ein zusätzliches Glaubwürdigkeitsproblem bekommen.

Das Prinzip der Rechtsstaatlichkeit ist aber das Fundament unserer Demokratie. Es hat in den letzten Jahrzehnten starke Risse bekommen. Die am Eigennutz orientierten gesellschaftlichen Gruppen genießen den Habitus einer cleveren Elite, die so intelligent und gut informiert ist, dass sie gesetzliche Schlupflöcher gewinnbringend nutzen kann. Dafür wird sie in den Medien oder an der Börse auch noch gefeiert. Ein großer Teil unserer Bevölkerung schaut mit Neid auf diese Aktivisten und ärgert sich darüber, dass man aufgrund der Quellenbesteuerung im Rahmen der Lohn- und Einkommenssteuer selbst keine großen Entwicklungsmöglichkeiten hat. Der ordentliche Staatsbürger erscheint als der ewige Verlierer. Das Vertrauen in eine gerechte Welt ist auf dem Null-Punkt.

Der WirtschaftsWoche-Redakteur und Historiker Ferdinand Knauß (*1973) hat in seinem Buch „Merkel am Ende" die Gründe dafür so dargestellt:

„Merkel, so meine zentrale These, hat perfektioniert, was nach 1990 fast alle westlichen Staaten prägte: unpolitische Politik. Es gibt in ihrer Laufbahn kein konstantes Ziel, nichts, wofür sie steht … Ihr ist fremd, was die Politologin Chantal Mouffe als Essenz des Politischen bezeichnet: leidenschaftliche Parteilichkeit." [16]

Aus der Sicht von Ferdinand Knauß ist der „Staat verfettet und geschwächt, die Gesellschaft zerfranst, die Bürger verunsichert." [17] Er fordert „pragmatische Kompromisse", um die materielle Versorgung der Bürger, ihre Lebensgrundlagen in der Natur und ihre bürgerlichen Freiheitsrechte zu sichern. Knauß listet zwar richtige Kritikpunkte zu politischen Entscheidungen in der Vergangenheit auf, aber seine Lösungsvorschläge bleiben dann nebulös.

Im Bewusstsein der Menschen nimmt die Gestaltungsfähigkeit der gesellschaftlichen Entwicklung durch gewählte Regierungen ab, zunehmend ist von Politikversagen die Rede. Demokratische Systeme scheinen keine Garantie mehr für überzeugende Regierungsfähigkeit zu sein. Autokratien wie China und Russland erscheinen plötzlich als ernst zu nehmende alternative Gesellschaftsmodelle, die den Wohlstand der Bevölkerung, eine innovative Wirtschaft und die Lösung von Umweltproblemen schneller voranbringen könnten. Dann erscheint die Freiheit des Einzelnen als Gefahr für die Gemeinschaft. Die Anpassung an staatliche Vorgaben wird zur Überlebensfrage.

Autoritäres Regierungshandeln liegt weltweit im Trend, solange es nicht nur der Selbstbereicherung einer herrschenden Kaste oder Familie dient und der größte Teil des Volkes wirtschaftlich davon profitiert. Parteien, die den Patriotismus betonen und eher autoritäre Regierungsformen bevorzugen, liegen auch in Europa im Trend. Diese haben ihre Regierungsfähigkeit bisher aber noch nicht unter Beweis gestellt.

Autokraten kommen oft durch Wahlen und populistische Versprechungen an die Macht und verändern dann sehr schnell mit ihren neuen Mehrheiten ihre Machtbefugnisse. Der seit 2013 amtierende chinesische Staatspräsident XI Jinping oder der seit 2000 in Russland regierende Staatspräsident Wladimir Putin oder der seit 2003 regierende türkische Präsident Recep Tayyip Erdogan sind Beispiele für diese Entwicklung. Ein extremes Beispiel war sicher Adolf Hitler, der 1933 mit einer parlamentarischen Mehrheitsentscheidung die Gewaltenteilung mit dem „Gesetz zur Behebung der Not von Volk und Reich" (Ermächtigungsgesetz) abgeschafft hat.

Eine funktionierende Demokratie hängt wesentlich von der Gewaltenteilung ab. Dies war und ist eine wichtige Erkenntnis aus den Folgen des Nationalsozialismus. Ein Maß für die Stabilität einer Gesellschaft und die Entwicklungsmöglichkeiten ist die Unabhängigkeit der Institutionen wie Gesetzgebung (Parlamente, Legislative), staatliche Verwaltung (Exekutive) und Gerichtsbarkeit (Judikative). Eine Voraussetzung für eine gesellschaftlich akzeptierte Staatsmacht ist eine Gemeinwohlorientierung und der Schutz des Lebens und der Meinungsfreiheit einzelner Staatsangehöriger. Ein Fazit der Wirtschaftsjournalistin Ursula Weidenfeld (*1962):

„Demokratien haben trotz der derzeitigen Zweifel von allen Staatsformen die besten Voraussetzungen für die Zukunft. Denn sie sind lernfähig." [18]

Im Zeitalter der Globalisierung und Internet-Vernetzung haben Nationalstaaten allerdings an Einfluss und Glaubwürdigkeit verloren. Das betrifft z.B. den Schutz persönlicher Daten (Facebook, Google, Amazon, Instagram etc.), das Erstarken der organisierten Kriminalität im Internet (Hackerangriffe und Betrugsfälle), der Schutz geistigen Eigentums (fehlender Urheberrechtsschutz z.B. bei YouTube und Spotify), das Abzocken von Internet-Spielern und der Einfluss von Super-Computern auf Börsentransaktionen (Hochfrequenzhandel). Hinzu kommen unkontrollierbare Ratingagenturen, die sogar die Kreditfähigkeit ganzer Staaten beeinflussen und Entscheidungsstrukturen außerhalb der nationalen Parlamente wie der Internationale Währungsfonds IWF und die Europäische Zentralbank EZB. Die dortigen Entscheidungen sind wenig transparent (z.b. die „Bad Bank"-Erfindung, die Übernahme von Staatsanleihen und die massive Erhöhung der Euro-Geldmenge) und haben große Auswirkungen auf viele Menschen (z.b. keine Verzinsung der Sparanlagen und hohe Bankgebühren).

Als Politologe könnte ich zu diesen Entwicklungen sicher detaillierter meine Meinung sagen und Lösungsvorschläge machen. Ich möchte es aber mit dieser allgemeinen Beschreibung bewenden lassen. Der gesellschaftliche Rahmen und die mögliche ökonomische Entwicklung ist der aktuelle Hintergrund und beschreibt das Dilemma des Menschseins mit aktuellen Symptomen. Um den Sinn des Ganzen zu verstehen, darf der Blick nicht an der Sicht auf den Menschen reduziert bleiben. Wir müssen auch den Makro- und Mikrokosmos verstehen lernen, denn wir sind ein Teil des Ganzen und auch an Naturgesetze gebunden. Als Teil eines politischen Systems sieht man oft den Wald vor lauter einzelnen Bäumen nicht.

Marc Friedrich und Matthias Weik kommen bei ihrer Analyse in ihrem Buch „Der größte Crash aller Zeiten" zu einem interessanten Fazit:

„Wir haben die Hoffnung, dass die kommende Krise uns als Menschen auf eine neue Bewusstseinsstufe katapultiert, dass wir erkennen, was wirklich zählt und wichtig ist - was den Kern des Menschseins ausmacht. Dass Gier und Neid verschwinden werden und Zusammenhalt, Brüderlichkeit, Respekt und Harmonie die neuen Leitgedanken." [19]

Es ist die Zeit gekommen, den Blick aus größerer Höhe auf das Ganze zu richten. Es gibt nicht nur den „Homo Politicus" als einen bewussten Teil des Homo sapiens, der bei der Komplexität der globalen Welt den Überblick verloren hat und nun nach einfachen Lösungen sucht. Es gibt auch viele Menschen, die nach dem Sinn des Ganzen fragen und ihr Leben nach anderen Maßstäben und Werten ausrichten möchten. Die Corona-Krise hat diesen Prozess beschleunigt, weil sie uns die Endlichkeit unseres Lebens vor Augen führt. Plötzlich sind wieder Fragestellungen erlaubt, die vor dem Hintergrund der ökonomischen Ziele und Karriereplanungen eigentlich ein Mauerblümchendasein fristeten.

Die Irrationalität des Menschen

Aufgrund der technischen Entwicklung und der Globalisierung nimmt die Komplexität der Welt ständig zu. Man bekommt den Eindruck, dass wir mit dieser Komplexität nicht umgehen können, sie nicht verstehen, weil wir sie oft als irrational bewerten.

Es scheint paradox: Dank Internet und intensiver Forschung haben wir heute mehr Informationen über den Zustand unserer Welt und die verschiedenen Lösungsstrategien wie keine Generation vor uns. Gleichzeitig scheint die Entwicklung immer weniger planbar und kontrollierbar zu sein und macht uns deshalb Angst. Unsere Zukunft wird gefühlt zunehmend ungewisser. Das war sie für die Generationen vor uns im Übrigen aber auch. Haben wir vielleicht nur ein Wahrnehmungsproblem, weil uns die Informationsflut faktisch überfordert und irrationale Ängste die Oberhand gewinnen?

Nationalismus, Intoleranz, religiöser Fanatismus und Rassismus nehmen wieder zu. Abgrenzung und Ausgrenzung sind aktuell wieder häufig gebrauchte Strategien, um kurzfristig wirksame Macht- und Profitinteressen durchzusetzen. Niemand kann heute deshalb eine verlässliche Prognose über die Zukunft der Menschen auf diesem Planeten abgeben.

Wir teilen uns auf in entweder optimistische oder eher pessimistische Fraktionen, die sich gegenseitig in ihrer Weltsicht bestärken. Dabei haben alle angeblich das Ziel einer nachhaltig verantwortbaren Entwicklung vor Augen. Gleichzeitig nehmen die Umweltkatastrophen in Form von Stürmen, Dürreperioden, Hochwasser und Vulkanausbrüchen zu. Der gesamten Menschheit wird fast täglich vor Augen geführt, dass die Klimakatastrophe, das Artensterben und die Verteilungskämpfe zunehmen und dass es hier nicht nur um neue Computerberechnungen akademischer Modelle geht.

Das Ausmaß des vom Menschen verursachten Wandels der Erde wird heute konkret von vielen Menschen erlebt und ist weniger vom Bildungsstand abhängig. Das scheint aber das Bewusstsein über notwendige Anpassungsmaßnahmen in Politik und Gesellschaft wenig zu verändern. Es gibt allerdings ein paar Lichtblicke.

So hat das Bundesverfassungsgericht Ende April 2021 eine Nachbesserung des Klimaschutzgesetzes von 2019 gefordert. Die Bundesregierung hatte zwar ein Neutralitätsziel bis 2050 formuliert, aber ab 2030 keine entsprechenden Maßnahmen zur Zielerreichung konkretisiert. Das Gericht beanstandete dies, weil damit den Generationen ab 2030 eine unklare Last aufgebürdet wird und sich die Akteure nicht darauf einstellen könnten.[20]

Auch die EU möchte bis 2050 klimaneutral sein und bis 2030 den Ausstoß an Treibhausgasen schon um 60 Prozent gegenüber 1990 senken. Im Europaparlament stimmten 392 Abgeordnete dafür aber 161 dagegen. 142 Parlamentarier enthielten sich. Einige europäische Staaten werden möglicherweise beim Klimaschutz nicht so aktiv, wie das notwendig wäre. Entscheidend sind dann die Sanktionsmöglichkeiten und der CO^2-Preis.

Auch der neue US-Präsident Joe Biden scheint den Klimaschutz ernst nehmen zu wollen. Auf einem Klimagipfel kündigte er an, dass die US-Wirtschaft bis 2050 klimaneutral werden soll und bis 2030 ihren Treibhausgasausstoß gegenüber 2005 halbieren soll. Selbst China und Russland wollen angeblich ihren Beitrag zum internationalen Klimaschutz leisten. Bisher sind das aber alles nur Lippenbekenntnisse, die noch nichts kosten. Mit großer Wahrscheinlichkeit kommen mögliche Maßnahmen erst dann, wenn der „Point of no return" im Klimawandel schon erreicht ist. Es gibt Stimmen in der Klimaforschung, die das heute schon vermuten. Wenn beispielsweise der Golfstrom seinen Fluss gen Norden verändern würde, dann wären die Folgen nicht kalkulierbar. Viele nicht-lineare Ereignisse wie die Wolkenbildung, die Meeresströmungen oder der Vulkanismus sind ohnehin nicht genau berechenbar. Die Klimamodelle liefern möglicherweise Prognosen, die in wenigen Jahren zur Makulatur geworden sind. Die Natur muss sich leider nicht daran halten.

Was muss eigentlich passieren, damit der Homo sapiens gezielt und effizient für sein Überleben auf dieser Erde kämpft? Liegt es vielleicht in seiner Natur, seinen selbst verursachten Untergang nicht abzuwenden, sondern sogar noch zu beschleunigen? Sind wir wirklich so intelligent, wie wir uns insbesondere gegenüber der Tier- und Pflanzenwelt sehen? Woher stammen die menschliche Gewaltbereitschaft und das Unvermögen, gemeinsam und nachhaltig zu handeln? Warum hat das Zeitalter der Aufklärung und die wissenschaftlichen Erkenntnisse bis heute kein vernunftbetontes Handeln des Homo sapiens hinterlassen und religiösen Irrglauben und politische Unvernunft in die Geschichte des Menschen verbannt?

Da drängen sich zusätzliche Fragen förmlich auf: Ist die Menschheit grundsätzlich nicht lernfähig, weil wir unsere eigene Geschichte nicht verstehen oder Erfahrungen nicht mehr an die nächsten Generationen weitergeben? Sind wir strukturell nicht in der Lage, die beginnende ökologische Katastrophe und den Untergang des Homo sapiens zu verhindern?

Vielleicht erfüllt sich jetzt die Prophezeiung aus der Bibel, dass Gott in die menschliche Entwicklung eingreift und die gottlosen Regierungen durch die „Schlacht von Armageddon" absetzt? Immer mehr gläubige Menschen warten darauf und interpretieren die aktuelle Entwicklung so, dass das „Jüngste Gericht" naht.

Wie können wir in diesem Durcheinander von alten und neuen Weltsichten unsere eigene Orientierung begründen, ohne depressiv zu werden? Gibt es grundlegende Wahrheiten und Werte, die uns als Kompass für das eigene Leben dienen können oder ist im Endeffekt alles egal und subjektiv alles richtig? Sollte die Frage nach dem Sinn des Lebens und unserer Handlungen dann nicht lieber unbeantwortet bleiben, weil uns schon die Frage und erst recht die möglichen Antworten überfordern?

Ich bin davon überzeugt, dass es sich lohnt, dazu Antworten zu suchen und einen gesellschaftlichen Diskurs dazu zu führen. Dabei stehen die Fragen nach dem Ursprung und Wesen des Menschen und unserer Rolle in einer begrenzten Welt im Zentrum. Natürlich geht es dabei auch um unsere Weltbilder, unsere eigenen Erfahrungen und eine wissenschaftliche Beschreibung der Gesetzmäßigkeiten außerhalb menschlicher Gesellschaften. Es geht letztendlich um den Versuch, die vorherrschende materialistische und ökonomistische Weltsicht zu reformieren und die geistigen und spirituellen Wahrheiten zu erkennen, ohne sich einer der konkurrierenden Glaubensrichtungen anschließen zu müssen.

Dazu liefern uns aktuelle wissenschaftlich begründete Erkenntnisse die erforderlichen Bausteine, die ein Bild einer merkwürdigen und geheimnisvollen Welt abgeben, wenn man sie zusammenlegt. Über dieses neue Weltbild könnte ein gesellschaftlicher Konsens geschaffen werden, der die Sinn stiftenden, historisch überlieferten und konkurrierenden Religionen ablöst. Die Trennung von Gemeinwohl orientiertem Staatshandeln von wirtschaftlichen Privatinteressen und ausgrenzenden Glaubensrichtungen ist nach meiner Meinung eine wesentliche Voraussetzung, um die Zukunft der Menschheit und unseres Planeten weiterhin planen und gewährleisten zu können.

Unsere begrenzte Wahrnehmung

Um zu verstehen, warum wir mit der von uns geschaffenen Komplexität überfordert sind, müssen wir erkennen, was uns von den

Tieren unterscheidet und wie wir uns evolutionär weiterentwickelt haben und möglicherweise noch weiterentwickeln.

Wir besitzen offensichtlich keinen Sinn, um das komplexe Ganze wahrzunehmen, weil das in unseren ortsbezogenen Aktivitäten keinen erkennbaren Vorteil gebracht hätte. Die Evolutionsbiologie sieht in uns deshalb ein hochentwickeltes Tierwesen mit einer besonderen Begabung: der Fähigkeit, Aktivitäten durch unsere Vorstellungskraft zu planen und mit Hilfe von Werkzeugen umzusetzen. Dabei nutzen wir gezielt Mimik und Sprache, um dies gemeinsam mit anderen Menschen durchzuführen.

Eine wesentliche Eigenschaft des Homo sapiens ist die Fähigkeit, Gruppenaktivitäten - wie beispielsweise bei einer Jagd - zu koordinieren und arbeitsteilig vorzugehen. Diese Eigenschaft finden wir aber grundsätzlich auch bei anderen Tierarten. Dabei können wir zwischen hierarchisch aufgebauten Gruppen – wie z.B. ein Wolfsrudel – und Formen der Selbstorganisation – wie z.B. Vogelschwärme – unterscheiden. Während aber die Sozialsysteme bei Tieren arttypisch sind und sich wenig ändern, können Menschen grundsätzlich alle Interaktionsformen der Tierwelt nutzen.

Die Wissenschaften, die das am Menschen näher untersuchen sind die Anthropologie, die Ethnologie und die Soziologie. Auch die Psychologie beschäftigt sich damit, wenn es z.B. um massenpsychologische Phänomene oder um das spezifische Verhalten von Gruppen geht. Jede Wissenschaftsrichtung hat eigene Modelle entwickelt, um das Verhalten von Menschen zu erklären und vorherzusehen. Auch die Wirtschaftswissenschaften haben Modelle, um das Marktverhalten von Menschen zu beschreiben und berechenbar zu machen.

Der Mensch ist wie die Natur ein komplexes Wesen. Da wir bislang keine Instrumente haben, um diese Komplexität zu beschreiben, reduzieren wir einfach die Dimensionen und Wechselbeziehungen auf das, was wir begreifen können. Vereinfachung ist grundsätzlich eine Methode, um Klarheit über bestimmte Fragestellungen zu erhalten. Dabei sind wir an die beschränkten Möglichkeiten und Arbeitsweisen unseres Verstandes gebunden. Evolutionär von Vorteil war sicher die Bildung und Bewertung von Ursache-Wirkungsketten. Damit konnten wir Misserfolge analysieren und aus Fehlern lernen. Eine Voraussetzung für den Erfolg dieser Denkweise ist natürlich, dass ein zeitlicher und räumlicher Zusammenhang erkennbar ist. Um größere Zusammenhänge zu erkennen, brauchen wir darüber hinaus Erinnerungsvermögen bzw. Informationen über die Erfahrungen anderer Menschen. Dann können wir auch Schlüsse über Ereignisabläufe ziehen, die zeitlich oder räumlich auseinander liegen.

Es ist leicht erkennbar, dass das logische Denken Evolutionsvorteile für eine Gattung bedeuten kann und bedeutet hat. Es erhöht die Lernfähigkeit und damit die Flexibilität des Verhaltens.

Es ist deshalb auch nicht verwunderlich, dass wir diese Art zu Denken zur Grundlage der Computersprache gemacht haben. Diese basiert auf zwei einfachen Grundsätzen. Erstens gibt es nur zwei mögliche Zustände: An oder Aus – 0 oder 1. Zweitens gibt es entsprechend logische Wechselbeziehungen nach dem Muster „wenn, dies passiert" dann „folgt das". Der Computer ist also gut darin, lineare Vorgänge abzubilden, die in sich widerspruchsfrei dargestellt werden können. Damit ist der Computer ein Werkzeug, das nach den logischen Gesetzen der Booleschen Algebra arbeitet. Die dahinter stehende Logik kennt nur drei Verknüpfungsmöglichkeiten, nämlich UND, ODER und NICHT. Diese einfache Logik geht auf den englischen Mathematiker George Boole (1815-1864) zurück, auf der die Programmierung von heutigen Computern basiert. Alles was darüber hinaus geht, kann der Computer nicht. Er bildet nicht die Natur ab, sondern nur eine vereinfachte Darstellung, die durch das menschliche Denken entstanden ist. Aber darin ist er uns mittlerweile überlegen.

Erst die neue Generation der Quantencomputer wird diese logische Beschränkung auflösen können. Dann kann auch mit mehreren Zuständen zwischen 0 und 1 gerechnet werden. Die Ergebnisse ähneln dann Wahrscheinlichkeitsangaben. Widerspruchsfreie Aussagen bekommen wir dann nicht mehr. Im Prinzip kann alles passieren und nichts ausgeschlossen werden. Selbst das Unwahrscheinliche könnte Wirklichkeit werden. Dies müssen wir uns immer klar machen, wenn es um die Frage nach der Wirklichkeit geht. Die Wirklichkeit ist ein Ergebnis unserer eingeschränkten Wahrnehmung von Raum und Zeit und der Reduzierung der erhaltenen Informationen durch unser Denkorgan. Wir müssen uns bewusst sein, dass unser Weltbild menschengemacht und menschenorientiert erstellt ist und die Wirklichkeit nur unvollkommen abbildet.

Am deutlichsten wird die verzerrte Wahrnehmung am Beispiel unserer Kontinente und der Größen-Wahrnehmung über unsere Karten. Schaut man sich eine gebräuchliche Weltkarte an, so würde man denken, dass der gesamte Kontinent Afrika locker in Russland hineinpasst. Die USA und Kanada erscheinen zusammen ebenso groß. Afrika besitzt eine Fläche von rund 30 Mio. km². Russland umfasst eine Fläche von nur 17 Mio. km². Die USA und Kanada nehmen eine Fläche von rund 20 Mio. km² ein. Afrika ist in Wirklichkeit fast doppelt so groß wie Russland. Der Grund liegt darin, dass wir immer noch die 1569 veröffentlichten Maßstäbe von Gerhard Mercator nutzen. Dieser zeichnete zwar die Länder am Äquator in der richtigen Größe. Je weiter er sich davon in Richtung Norden oder Süden entfernte, passte er die Breite an, damit die Seefahrer überall mit dem Kompass navigieren konnten. Bis heute wurde diese Regel beibehalten. Es gibt allerdings eine realistische Projektion von Arno Peters aus den 70er Jahren, die wenig bekannt ist. Man kann sich auch auf der Webseite „thetruesize.com" ein Bild von der wahren Größe Afrikas und Brasiliens machen. Dann wird man erstaunt sein, wie klein Europa (rund 10 Mio. km²) eigentlich im Vergleich mit Afrika ist.

Es gibt viele Sicht-Gewohnheiten, die wir nicht mehr überprüfen. Das betrifft die Materie, die Zeit und den Raum. In unserer Alltagswelt haben wir davon eine klare Vorstellung, die unser Leben bestimmt.

Die eigentliche Natur der Welt ist aber eine andere. Dies sagt uns eindeutig die heutige Quantenphysik. Dort herrscht die Nicht-Linearität, die sich nicht wirklich berechnen lässt. Danach ist alles irgendwie verbunden. Materie ist nur eine für uns sichtbare Energieform. Zeit scheint in der Welt der Quanten keine Richtung zu haben und möglicherweise gar nicht zu existieren. Die Natur der Welt ist gekennzeichnet durch sich ständig wiederholende Vorgänge und winzig kleine Abweichungen, die sich unberechenbar wie ein

Tsunami zu großen Ereignissen entwickeln können oder einfach wieder verschwinden. Eine chaotische Welt der Wahrscheinlichkeiten. Das Wesen dieser nicht-linearen Entwicklungen verschwindet nur, wenn wir diese in der Zeit oder mit eindeutigem Raumbezug wahrnehmen. Trotzdem bleibt diese Welt unberechenbar.

Wir müssen uns deshalb damit abfinden, dass wir z.B. die Wolkenbildung, das Strömungsverhalten von Flüssigkeiten und das Verhalten komplexer Ökosysteme nur mit der Wahrscheinlichkeitsrechnung beschreiben können. Dies bedeutet aber nicht, dass Vorgänge, die als unwahrscheinlich eingestuft wurden - wie ein Kernschmelzunfall in einem Atomkraftwerk, ein großer Börsencrash oder die Corona Pandemie – nicht passieren können. Das gilt grundsätzlich auch für die Vorhersage von Erdbeben in Kalifornien und dem Zeitpunkt, an dem der Klimawandel nicht mehr reversibel ist.

Auch der Zukunftsforscher Matthias Horx (*1955) hat sich zur Frage, wie wir mit Komplexität umgehen Gedanken gemacht:

„Können wir unser Denken in neue Bahnen lenken im Sinne einer Anpassung an eine komplexere Wirklichkeit? Anders gefragt: Können wir unser Denken selbst »evolutionieren«? Spontan lautet die Antwort: unmöglich. Dieselben Tricks, die unser Hirn zu dem machen, was es ist (eine Angst- und Wunschbildmaschine mit Hang zur Vernebelung von Tatsachen), müsste uns auch bei diesem Versuch wieder in die Irre führen. Die Evolution hat unseren Kognitionsapparat schließlich nicht »erfunden«, damit wir klug sind. Sondern damit wir unsichere Situationen überleben!“ [21]

Das Wesen des Menschen

Wenn wir erkennen wollen, was uns Menschen wesentlich bestimmt und antreibt, dann treffen wir auf viele zersplitterte Wissenschaftsdisziplinen, die kein einheitliches Bild von uns beschreiben, weil sie uns immer nur aus einer Perspektive und Fragestellung betrachten. Der Versuch, die Ergebnisse dieser verschiedenen Wissenschaften vom Menschen zumindest sprachlich zu bündeln, ist bislang gescheitert.

1977 veröffentlichten die Ethnologen Wolfgang Rudolph und Peter Tschohl eine Zusammenstellung mit dem Titel „Die Systematische Anthropologie". Dieser interdisziplinäre Ansatz wurde in der Welt der Wissenschaft nicht akzeptiert und hatte leider keine erkennbaren Folgen. Im Gegenteil: Die Zersplitterung der Wissenschaften, die sich mit dem Wesen des Menschen beschäftigen, nimmt noch weiter zu. Damit sind wir weit davon entfernt, ein einheitliches Bild von uns selbst zu besitzen.

Auch die verschiedenen Weltreligionen haben die Frage „Woher kommt der Mensch?" beantwortet und unterschiedliche Schöpfungsmythen beschrieben. Diese stimmen nicht mit den heutigen Kenntnissen der Anthropologie, Archäologie und Genetik überein. Da sich die meisten Menschen auch heute noch von diesen Vorstellungen leiten lassen, gehe ich in meinem dritten Teil zum „Sinn des Ganzen" darauf konkreter ein.

Die Religionen haben sich im Laufe der Geschichte in verschiedene Glaubensrichtungen aufgespalten und bekriegen sich teilweise sogar gegenseitig. Ein aktuelles Beispiel ist der Islam, der auf die im Koran hinterlegten Offenbarungen des Propheten Mohammed aus dem Jahre 613 n.Chr. zurückzuführen ist. Die daraus abgeleiteten Glaubensgemeinschaften der Sunniten und Schiiten befinden sich immer noch in einem religiösen Kampf um die Deutungshoheit. Die Konflikte zwischen den schiitischen Ländern Iran, Irak und Libanon und z.B. den sunnitischen Ländern Saudi-Arabien, Jemen, Pakistan, Ägypten, Türkei und Jordanien gefährden zunehmend den Weltfrieden. Natürlich geht es da nicht nur um Glaubensfragen, sondern auch um territoriale und politische Machtfragen. Da der Islam keine grundsätzliche Trennung zwischen Staat und Kirche anstrebt, erscheinen die Konflikte oberflächlich als religiös motiviert.

Demgegenüber haben die verschiedenen christlichen Strömungen (Katholiken, Evangelikalen, Anglikaner und Orthodoxe) eine Art Waffenstillstand geschlossen, nachdem sie sich vor einigen Jahrhunderten gegenseitig ausrotten wollten. Seit 1948 gibt es sogar den Versuch, alle christlichen Kirchen über den Dialogprozess des „Ökumenischen Rates der Kirchen" zu vereinen. Papst Johannes Paul II. hat in seiner Enzyklika „Ut unum sint" diesen Prozess sogar als unumkehrbar bezeichnet.

Natürlich glauben nicht alle Menschen an das, was die jeweilige Religion an überliefertem Wissen präsentiert. Oft ist es nur eine Frage der jeweiligen örtlichen Kultur, welcher Religionsgruppe man sich zuordnet. Meistens entscheiden erst einmal die Eltern, wo man seine spirituelle Erst-Ausrichtung bekommt.

Ich gehöre mittlerweile keiner Religionsgemeinschaft mehr an, weil ich mich mit den verkrusteten Strukturen, den teilweise seltsamen

Lehren und merkwürdigen Ritualen nicht mehr identifizieren konnte. Das soll aber nicht heißen, dass ich die Welt nur noch mit den Augen des Verstandes und den mathematischen Modellen der Naturwissenschaften sehe. Im Gegenteil: Selbst die heutigen Wissenschaften lassen viel Raum für eine spirituelle Weltsicht. Insbesondere die Quantenphysik hat gezeigt, dass es noch etwas außerhalb unserer Raum-Zeit gibt, das in diese hineinwirkt. Aber dazu komme ich erst im zweiten Teil meiner Trilogie.

Der unklare Ursprung der Menschheit

Im Verhältnis zum Alter unseres Universums mit 13,8 Mrd. Jahren ist die Geschichte der Menschheit zeitlich gesehen noch völlig unbedeutend. Trotzdem halten wir uns weiterhin für die Krönung der Schöpfung oder zumindest für das Ziel der Evolution.

Wo fing die Menschheitsgeschichte an und wo endet sie möglicherweise? Diese Frage hat sich auch der 1976 in Israel geborene Historiker Yuval Noah Harari gestellt und in seinem Welt-Bestseller „Eine kurze Geschichte der Menschheit" beantwortet. Vielleicht als Ergänzung zu Stephen Hawkings „Eine kurze Geschichte der Zeit" oder Bill Brysons „Eine kurze Geschichte von fast allem"?

Harari hat nicht nur eine leicht lesbare Fassung unserer Geschichte und einige überraschende Erkenntnisse beigesteuert, sondern auch einen Blick in die Zukunft gewagt. In einem Interview mit der Neue Zürcher Zeitung (23.07.2019) fasst er seine wesentliche Erkenntnis zusammen:

„*Nicht nur der Mensch, sondern alle Organismen sind im Prinzip Algorithmen, die Informationen verarbeiten. Da kommt also Information rein, das Gehirn – unser eingebauter Algorithmus – verarbeitet sie weiter, und daraus resultieren dann Bewegungen und Entscheidungen, aber eben auch Emotionen, Empfindungen und Persönlichkeitsmerkmale.* "…" *Nie zuvor gab es die Möglichkeit, die Strukturen von Körper und Geist auf wirklich profunde Weise zu verändern. Doch wenn künstliche Intelligenz und Biotechnologien unsere Gehirne modifizieren, werden aus diesen «Upgrades» komplett andere Menschen resultieren. In 100 oder 200 Jahren wird die Erde von Wesen dominiert sein, die etwa so viel mit uns heutigen Menschen gemein haben wie wir selber mit Neandertalern oder Schimpansen.* "…" *Wenn jene Klassen, die es sich leisten können, langsam zu Supermenschen werden, bleibt der alte Homo sapiens abgehängt zurück. Diese extreme Ungleichheit könnte zu einer ganz neuen Art von Regime führen und das alte faschistische Ideal des «neuen Menschen» plastisch durchsetzen.* "

Die Prognose über den Einsatz der Gentechnik zur „Optimierung" des Homo sapiens ist sicher nicht völlig unrealistisch, sie leitet sich allerdings nicht aus der historischen Darstellung der Menschwerdung oder einer wissenschaftlichen Analyse ab, sondern ist eher als ein politischer Appell zu verstehen. Harari hat sich weder mit dem geistigen Wesen des Homo sapiens beschäftigt (Gehirnforschung, Psychologie) noch mit der Frage, wie man mit einer Veränderung der menschlichen Gene den Menschen „optimieren" könnte, da wir uns z.B. genetisch nur durch 1,7 % von den Schimpansen unterscheiden. Es ist heute die Gewissheit gewachsen, dass sich der Homo sapiens im Wesentlichen durch seine soziokulturelle Entwicklung und seine mentalen Fähigkeiten von den Tieren unterscheidet. Eine genetische Optimierung würde wahrscheinlich keine großen Veränderungen bewirken und die grundlegenden Probleme dieser dominanten Art nicht beseitigen.

Ob wir mit der neuen Genschere „CRISPR/Cas9" überhaupt unser Leben verlängern und verbessern könnten, ist noch Gegenstand heftiger Diskussionen. Dieses neue biotechnische Werkzeug macht uns gottähnlich. Sascha Lobo:

„Wenn das Erbgut von Lebewesen ein Code ist, dann ist CRISPR eine Tastatur, mit der sich der Code umschreiben lässt." [22]

Mein Eindruck ist, dass Harari eine gesellschaftskritische und skandalkräftige These brauchte, um das Buch bekannt zu machen. Das hat auch funktioniert. Die Zeitschrift „Bild der Wissenschaft" hat seine nachfolgenden Bücher „Homo Deus" und „21 Lektionen für das 21. Jahrhundert" 2017 und 2019 unter der Kategorie „Zündstoff" als „Wissensbuch des Jahres" ausgezeichnet.

Yuval Noah Harari hat die Geschichte des Homo sapiens auf der Basis von anthropologischen, archäologischen und ethnologischen Erkenntnissen zusammengefasst und sich dabei an aktuellen Fakten orientiert. Diese zusammenhängende Darstellung möchte ich nachfolgend kurz zusammenfassen und mit anderen Quellen vergleichen. Danach bleiben noch viele Fragen offen und man kann - wie Harari - die bestehenden Leerräume entsprechend spekulativ ausfüllen.

Doch erst einmal zu den einzelnen von Harari dargestellten Fakten, die ich zeitlich geordnet und zusammengefasst habe. [23] Da, wo es passte, habe ich Ergänzungen aus Harari's neustem Buch „21 Lektionen" [24] einbezogen:

- Vor rund 300.000 Jahren gab es viele verschiedene Menschenarten, die gelernt hatten, aufrecht zu gehen und das Feuer zu nutzen. Gekochtes bzw. gebratenes Essen konnte deshalb viel schneller gekaut und verdaut werden. Man nimmt an, dass damit auch der Energieverbrauch eines wachsenden Gehirns besser befriedigt werde konnte.

- Vor rund 150.000 Jahren tauchten die ersten „anatomisch modernen Menschen" in Ostafrika auf. Gleichzeitig lebten noch mindestens fünf andere Menschenarten auf der Erde.

- Vor rund 70.000 Jahren soll die heutige Menschenart „Homo sapiens" (der weise Mensch) durch eine Mutation entstanden sein. Da damit auch besondere Fähigkeiten des Denkens, Sprechens, der Werkzeugherstellung und des gemeinschaftlichen Handelns verbunden gewesen sein soll, wird das auch als „kognitive Revolution" bezeichnet.

- Vor rund 50.000 Jahren starb der „homo soloensis" aus, vor etwa 40.000 Jahren der „homo denisova" und vor 30.000 Jahren der „homo neanderthalensis". 4 Prozent der Gene der heutigen Menschen sollen auf den Neandertaler zurück gehen. Ob der Homo sapiens zum Untergang der anderen Homo-Arten beigetragen hat, ist umstritten. Auch die letzte Eiszeit, die vor etwa 75.000 Jahren begann und vor etwa 15.000 Jahren endete, kann einen Beitrag zum Untergang der anderen Homo-Arten geleistet haben. Zumindest der Neandertaler war eigentlich besser daran angepasst. Die neue Homo-Art vermehrte sich schnell und wanderte von Afrika in alle anderen Kontinente. Auch die Gründe für diese „Völkerwanderungen" sind noch streitig.

- Vor rund 11.500 Jahren haben die Menschen angefangen, Pflanzen anzubauen und Tiere zu nutzen. Dokumentiert sind diese frühen landwirtschaftlichen Aktivitäten durch Ausgrabungen in Gebieten, die an das östliche Mittelmeer heranreichen: Südost-Türkei, Syrien, Libanon, Israel und Jordanien.

- Vor 10.500 Jahren waren die größten Siedlungen der Welt noch Dörfer wie Jericho mit einigen hundert Einwohnern.

- Vor 9.000 Jahren lebten schon bis zu 10.000 Menschen in einer Stadt: Catalhöyük in Anatolien.

- Vor 5.100 Jahren entstand schon das erste Königreich in Ägypten. In dieser Zeit entstanden auch die ersten vollständigen Schriften: die sumerische Keilschrift und die ägyptischen Hieroglyphen. Die Sumer sollen außerdem das erste Geld erfunden haben: Gerstenkörner.

- Vor etwa 4.250 Jahren soll das erste Imperium entstanden sein: Das Akkadische Großreich von König Sargon.

- Vor etwa 3.800 Jahren war Babylon die größte Stadt der Welt. Das Babylonische Reich hatte damals schon mehr als eine Million Einwohner.

- Vor etwa 3.370 Jahren soll der ägyptische Pharao Echnaton mit seinem Sonnengott Aton (bzw. Aten) die erste monotheistische Religion eingeführt haben. Diese wurde allerdings nach seinem Tod wieder abgeschafft und durch die alten Götter ersetzt (Polytheismus).

- Vor etwa 2.900 Jahren soll das „arabische Ziffernsystem" entstanden sein, das es möglich machte, mit den Zahlen 0 bis 9 effizient zu zählen. Eigentlich soll diese Innovation aus Indien gekommen sein.

- Vor etwa 2.600 Jahren soll König Alyattes von Lydien (Westtürkei) die ersten Geldmünzen geprägt haben.

- Vor etwa 500 Jahren lebten 500 Mio. Menschen auf der Erde. Heute leben hier 14-mal so viel Menschen, die 240 mal so viel wie damals produzieren und 115 mal so viel Energie verbrauchen.

Was sind nun die wesentlichen Schlussfolgerungen von Harari aus dieser historischen Darstellung? Was können wir aus der Geschichte über den Menschen lernen? Was sagt das vielleicht über die Zukunft des Menschen aus? Das möchte ich hier kurz mit den Worten von Harari zusammenfassen:

Menschenaffen: „*Ob es uns gefällt oder nicht, wir gehören der großen und krawalligen Familie der Menschenaffen an*". [25]

Mythen: „*Das Einmalige ist, dass wir uns über Dinge austauschen können, die es gar nicht gibt. Soweit wir wissen, kann nur der Sapiens über Möglichkeiten spekulieren und Geschichten erfinden*". [26] … „*Mythen verleihen dem Sapiens die beispiellose Fähigkeit, flexibel und in großen Gruppen zusammenzuarbeiten.*" … " *Da menschliche Zusammenarbeit in großem Maßstab auf Mythen basiert, kann man die Form der Zusammenarbeit neugestalten, indem man die Mythen verändert und neue Geschichten erzählt.*" [27] … "*Damit schufen sie »künstliche Ins-*

tinkte«, mit deren Hilfe Millionen von Menschen effektiv zusammen-
arbeiten konnten. Dieses Netz der künstlichen Instinkte nennen wir
»Kultur«." [28]

Die kognitive Revolution: *„Die kognitive Revolution ist der Moment,
an dem die Geschichte ihre Unabhängigkeit von der Biologie erklärte.
Von diesem Zeitpunkt an wird die Entwicklung der Menschheit nicht
mehr durch biologische Theorien erklärt, sondern durch die Geschichtsschreibung."* [29]

Der Zerstörer der Natur: *„Die romantische Vorstellung, dass die moderne Industrie die Natur zerstört, während unsere Vorfahren in Einklang mit ihr lebten, ist nichts als eine Illusion."..."* Wir haben die
zweifelhafte Ehre, die mörderischste Art in der Geschichte des Lebens zu
sein." [30] ..."Anders als der Atomkrieg - der eine zukünftige Möglichkeit
darstellt - ist der Klimawandel gegenwärtige Wirklichkeit." [31]

Die landwirtschaftliche Revolution: *„Sie ernährte mehr Menschen,
wenn auch unter schlechteren Bedingungen."* [32] ..."Es ist keineswegs bewiesen, dass die Menschen im Laufe ihrer Evolution immer intelligenter
wurden." [33]

Die Rolle der Mathematik: *„Obwohl die mathematische Schrift immer ein partielles Schriftsystem blieb, hat sie sich zur vorherrschenden
Weltsprache entwickelt."* [34] ..."Wer Einfluss auf die Entscheidungen
von Regierungen, Organisationen und Unternehmen nehmen will, muss
daher lernen, in Zahlen zu sprechen." [35]

Chaotische Geschichte: *„Die Geschichte lässt sich nicht determinis-
tisch erklären oder vorhersehen, weil sie chaotisch verläuft. Es sind so
viele Kräfte am Werk, und diese Kräfte greifen auf derart komplexe Art

und Weise ineinander, dass selbst kleinste Veränderungen auf Seiten dieser Kräfte die Entwicklung in völlig andere Bahnen lenken können." [36] ... "Die Geschichte ist ein weiter Horizont von Möglichkeiten, und viele dieser Möglichkeiten werden nie Wirklichkeit." [37]

Kapitalismus: *„Der Kapitalismus ist der Glaube an das grenzenlose Wachstum der Wirtschaft. Dieser Glaube widerspricht so ziemlich allem, was wir über das Universum wissen."* [38] ... *"Religionen wie das Christentum oder der Nationalsozialismus haben Millionen von Menschen aus glühendem Hass ermordet. Der Kapitalismus hat Millionen von Menschen aus Gleichgültigkeit getötet."* [39] ... *„Letztlich wird die Menschheit die liberale Erzählung nicht aufgeben, denn es gibt keine Alternative."* [40]

Verhältnis zu Tieren: *„Wenn nur ein Bruchteil der Behauptungen von Tierschützern stimmen, dann ist die moderne industrielle Tierhaltung das größte Verbrechen der Menschheitsgeschichte."* [41]

Glück und Sinn: *„Wahres Glück kommt tatsächlich nur von innen - von Serotonin, Dopamin und Oxytocin"* [42] ... *"Soweit wir das aus rein wissenschaftlicher Sicht beurteilen können, hat das Leben nicht den geringsten Sinn. Wir sind nicht mehr als das Produkt eines evolutionären Prozesses, der ohne Zweck oder Ziel agiert."* [43] ... *"Homo sapiens ist einfach nicht gemacht für Zufriedenheit. Das Glück des Menschen hängt weniger von objektiven Zuständen und stärker von den eigenen Erwartungen ab."* [44]

Fazit: *„Wir sind Selfmade-Götter, die nur noch den Gesetzen der Physik gehorchen und niemandem Rechenschaft schuldig sind. Und so rich-*

ten wir unter unseren Mitlebewesen und der Umwelt Chaos und Ver-
nichtung an, interessieren uns nur für unsere eigenen Annehmlichkeiten
und unsere Unterhaltung und finden doch nie Zufriedenheit. Gibt es
etwas Gefährlicheres als unzufriedene und verantwortungslose Götter,
die nicht wissen, was sie wollen?" [45] *... "Die Demokratie in ihrer gegen-*
wärtigen Form kann die Verschmelzung von Biotechnologie und Infor-
mationstechnologie nicht überleben." [46]

Die Thesen und Schlussfolgerungen von Harari sind interessant,
manchmal überraschend und auch provokant. Sie bieten viel Stoff
für Diskussionen und neue Fragestellungen. Damit hat Harari erreicht, was er sicher wollte.

Wenn man allerdings die Fakten, Fragestellungen und Bewertungen
eines Autors trennt, dann erkennt man sehr schnell, ob die Bewertungen, Erkenntnisse und Zukunftsprognosen noch einen inneren
Zusammenhang zu den dargestellten Fakten haben. Noch deutlicher werden die Ergebnisse, wenn sie den anfänglichen Fragestellungen zugeordnet werden. Ein gutes literarisches Mittel ist es, am Anfang interessante und nicht leicht zu beantwortende Fragen zu stellen. Damit wird die Neugier geweckt, aber auch Erwartungen gesetzt, dass diese Fragen irgendwann beantwortet werden.

Harari schreibt: *„Wissenschaftler stellen meist nur solche Fragen, die sie*
mit einiger Sicherheit auch beantworten können. Trotzdem ist es wich-
tig, Fragen zu stellen, auf die es keine Antworten gibt." Und weiter:
"Fragen, die wir nicht beantworten können, sind in der Regel weitaus
besser für uns als Antworten, die man nicht infrage stellen darf." [47]

Harari hat eine ganze Reihe von interessanten Fragen formuliert, über die man intensiver nachdenken sollte. Mit diesen Fragen lässt er uns aber leider allein:

- **Das menschliche Gehirn:** *„Warum hat im gesamten Tierreich nur die Gattung Homo einen derart leistungsfähigen Denkapparat entwickelt?"* [48]

- **Die Rolle der Frau:** *„Wie kam es, dass in einer Art, deren Erfolg vor allem von der Kooperation abhängt, eine vermeintlich kooperativere Gruppe, nämlich die Frauen, von einer vermeintlich weniger kooperativen Gruppe, nämlichen den Männern, beherrscht wird?"* [49]

- **Glück:** *„Könnte es sein, dass Menschen in wohlhabenden Gesellschaften trotz ihres Wohlstands unter Entfremdung und Sinnlosigkeit leiden? Und könnte es sein, dass unsere weniger wohlhabenden Vorfahren in der Gemeinschaft, der Religion und der Beziehung zur Natur ihr Glück fanden?"* [50] ... *" Sollte Glück tatsächlich nur durch Selbstbetrug möglich sein?"* [51]

- **Sinn des Lebens:** *"Wer bin ich? Was soll ich mit meinem Leben anfangen? Worin besteht der Sinn des Lebens? Menschen stellen diese Fragen seit urdenklichen Zeiten. Jede Generation braucht eine neue Antwort. "* [52] Diese Fragen werden später mit neuen Fragen beantwortet: *„Die große Frage, der sich alle Menschen gegenübersehen, ist nicht: «Was ist der Sinn des Lebens?», sondern vielmehr: «Wie beenden wir das Leiden?»"* [53]

- **Gott:** *„Warum gibt es etwas und nicht nichts? Woher stammen die Grundgesetze der Physik? Was ist Bewusstsein und woher kommt es? Die Antworten auf diese Fragen kennen wir nicht, und unserem*

Nichtwissen geben wir den großen Namen «Gott»."[54]

- **Zukunft**: *„Die wichtigste Frage der Menschheit ist nicht:* »*Was dürfen wir nicht?*« *sondern:* »*Was wollen wir werden?*«"[55] ... *"Bislang ist es modernen Ideologien, wissenschaftlichen Experten und nationalen Regierungen nicht gelungen, eine tragfähige Vision für die Zukunft der Menschheit zu entwickeln. Lässt sich eine solche Vision aus dem tiefen Brunnen menschlicher Glaubenstraditionen schöpfen?"*[56]

Yuval Noah Harari hat uns stark gefordert und sein eigentliches Thema möglicherweise etwas vernachlässigt. Trotzdem schafft er es zweifellos, zum Denken und Diskutieren anzuregen. Und das ist für sich genommen in heutiger Zeit schon eine gute Leistung. Auch wenn viele Fragen unbeantwortet geblieben sind, ist es gut, sie zu stellen. Auch Harari muss sich einige Fragen zu Themen gefallen lassen, die er ausgespart hat:

Intuition: Wenn man nicht weiß, was das menschliche Bewusstsein bzw. der Geist wirklich ist, wie kann man dann meinen, dass Intuition nur „Mustererkennung" ist. Ist Intuition vielleicht sogar eine Fähigkeit des menschlichen Geistes, Informationen außerhalb von Raum und Zeit zu verarbeiten? Viele Menschen haben gelernt, ihrer Intuition bzw. „Bauchgefühl" zu folgen und damit oft gute Erfahrungen gemacht. Woher dieses Gefühl und die Informationen kommen, ist das große Geheimnis.

Gefühle: Menschen haben sehr verschiedenartige Gefühle, die teilweise auch unbewusste Denkprozesse wiedergeben. Wie kann man dann meinen, dass sie nur auf biochemischen berechenbaren Vorgängen beruhen?

Spirituelle Erfahrungen: Sind die heiligen Texte wirklich nur von unseren Vorfahren erfundene Geschichten, um Normen und Strukturen zu legitimieren? Oder könnte es sein, dass sie teilweise auch auf echten spirituellen Erfahrungen über die Wirklichkeit unserer Welt beruhen, die zum gleichen Ergebnis kommen, wie unsere heutigen Naturwissenschaften?

Auf die Beantwortung dieser Fragen komme ich später zurück. Bleiben wir noch ein wenig bei der Frage nach der Entwicklung des Homo sapiens.

Auch der Schriftsteller Bill Bryson (*1951) hat sich in seinem Buch „Eine kurze Geschichte von fast allem" [57] kritisch mit unserer frühen Geschichtsschreibung auseinandergesetzt und macht einige interessante und kritische Anmerkungen:

„Insgesamt sind in der Literatur heute rund 20 Hominidentypen bekannt. Leider findet man fast nie zwei Experten, für die es die gleichen 20 sind." [58]

„Der aufrechte Gang ist eine anspruchsvolle, riskante Strategie. Er macht es notwendig, das Becken so umzugestalten, dass es das volle Körpergewicht tragen kann. Damit die erforderliche Stärke erhalten bleibt, muss der Geburtskanal vergleichsweise eng sein. Dies hat zwei bedeutsame unmittelbare Auswirkungen und eine längerfristige Folge. Erstens bedeutet es für jede Mutter starke Schmerzen bei der Entbindung und sowohl für die Mutter als auch für das Kind eine erheblich erhöhte Gefahr, dabei ums Leben zu kommen. Und damit der Kopf des Babys einen so engen Kanal passieren kann, muss das Gehirn bei der Geburt noch relativ klein sein, sodass das Kind völlig hilflos ist. Das wiederum

erfordert eine langfristige Versorgung der Jungen, und die setzt eine feste Bindung zwischen Mann und Frau voraus."[59]

„Seltsamerweise wissen wir über unsere eigene Spezies weniger als über die meisten anderen Abstammungslinien der Hominiden."[60]

„Möglicherweise sind wir die höchste Leistung im Universum des Lebendigen und gleichzeitig sein größter Albtraum."[61]

Eigentlich denken wir, dass wir schon fast alles von der Entwicklung des Menschen wissen. Die Evolutionsbiologie geht davon aus, dass durch eine Mutation aus den eher affenähnlichen Vormenschen der Homo sapiens entstanden ist, der sich insbesondere durch sein größeres Gehirn auszeichnete. Zusammen mit dem aufrechten Gang sollen dadurch Vorteile entstanden sein, die die Erfolgsgeschichte des Menschen begründet haben. Die Nutzung des Feuers und die Benutzung von Werkzeugen und Waffen führten sehr schnell dazu, dass der Homo sapiens viele Erdteile bevölkerte und auch den Neandertaler verdrängte. Der Homo sapiens soll schon sehr früh soziale Gemeinschaften gebildet haben und dank seiner Kommunikationsfähigkeiten auch bei der gemeinschaftlichen Jagd sehr erfolgreich gewesen sein. Die Entwicklung der Viehzucht und des Ackerbaus war dann eine zwangsläufige Folge. Früh hat der Homo sapiens sich auch schon durch Steinbilder einen Namen gemacht. Untermauert wird diese Theorie durch viele steinzeitliche Funde.

Bei der ersten Ausgabe des Wissenschaftsblatts „Nature" vor 130 Jahren hat Thomas H. Huxley geschrieben: „Die Frage aller Fragen ist die nach dem Platz des Menschen in der Natur."

Die Biologin Rosemarie Benke-Bursian stellte Folgendes fest:

„Eine eindeutige Abstammungslinie von den ersten Primaten bis zum modernen Menschen lässt sich nicht aufzeigen. Dazu sind die fossilen Funde zu dürftig und die Erkenntnisse die daraus gezogen werden, zu widersprüchlich." [62]

Die Welt wäre einfach zu verstehen, wenn sich die Entwicklung des Menschen tatsächlich nach Darwins Evolutionstheorie darstellen ließe. Wir würden dann von den Affen abstammen und diese Linie könnte man zurückverfolgen bis zu einem Ur-Säugetier. Leider sind dies bislang nur Hypothesen. Heute ist die Erkenntnis gewachsen, dass der Homo sapiens plötzlich auf der Bildfläche der vielfältigen Lebensformen auf der Erde erschien und wahrscheinlich sogar den Neandertaler verdrängte.

An der Geschichte aus dem Alten Testament, dass Gott den Menschen nach seinem Vorbilde geschaffen hatte, könnte demnach doch etwas dran sein? Was wissen wir heute?

Alle Europäer stammen von sieben Frauen ab - behauptete schon der britische Genetiker Bryan Sykes 2001.[63] 95 Prozent aller heute in Europa lebenden Menschen gehen demnach in ununterbrochener Abstammungslinie auf nur sieben Frauen und ihre Clans zurück. Diese Frauen lebten vor 7 000 bis 45 000 Jahren.

Genforscher gehen sogar davon aus, dass die weibliche Vererbungslinie auf eine einzige Frau zurückzuführen ist, die vor etwa 140.000 Jahren in Afrika lebte und ihr genetisches Profil über unzählige Generationen weltweit ausbreitete. Die weibliche Vererbungslinie wird anhand der Zellkraftwerke (Mitochondrien) verfolgt, die nur von der Mutter weitergegeben werden und eigenes Erbgut besitzen. Dagegen beruht die weltweit vorherrschende Variation des männlichen Y-Chromosoms anscheinend auf dem Erbgut eines Mannes, der vor rund 60 000 Jahren in Afrika zur Welt kam. Das ist das Ergebnis einer Gen-Analyse von mehr als 1000 Männern in 22 geografischen Regionen, die das Team um Peter Underhill von der Stanford Universität in Palo Alto (Kalifornien) veröffentlicht hat.

Die Biologin Rosemarie Benke-Bursian kommt in ihrem Buch „Evolution" zu folgendem Ergebnis:

„Genetische Analysen konnten zudem zeigen, dass die größte genetische Vielfalt in Afrika zu finden ist, was darauf schließen lässt, dass sich in Afrika die ältesten Populationen finden. Die Berechnungen ergeben, dass wir alle von nur einer bis vielleicht sieben Urmüttern abstammen. „Eva" war demnach eine vor etwa 172.000 Jahren lebende schwarze Afrikanerin." [64]

Der Wissenschaftshistoriker Ernst Peter Fischer (*1947) stellt die Entwicklung ähnlich dar:

„Mitochondrien werden nur von Müttern vererbt, und die Sichtung aller Daten im Jahre 1987 zeigte, dass die Varianten aller DNA-Moleküle aus Mitochondrien aus einer Urform abgeleitet werden konnten. Mit anderen Worten: Sie stammen von einer einzigen Frau ab, die vermutlich vor rund 200000 Jahren in Afrika gelebt hat ... „Adam" lebte wie die dazugehörige Eva wohl in Afrika, erwies sich aber als jünger, nämlich nur etwa 60000 Jahre alt ... Übrigens machen genetische Daten auch Angaben darüber möglich, wann menschliche Populationen

angefangen haben, sich ungewöhnlich stark zu vermehren. Auch da findet man erneut die Zahl 60000 Jahre bei der Analyse der Daten. "[65]

Da passt etwas nicht zusammen: „Eva" erschien vor 140.000 bis 200.000 Jahren, aber „Adam" erst vor 60.000 Jahren!

Erst vor rund 52.000 Jahren verließen die Ahnen des heutigen modernen Menschen ihre afrikanische Heimat und breiteten sich weltweit aus. Alle älteren Menschenformen, die bereits vor dieser Zeit Afrika verließen und als fossile Reste in verschiedenen Teilen der Welt nachweisbar sind, starben jüngsten Genanalysen zufolge wieder aus. Sie haben nicht einmal durch Vermischung ihr Erbgut bis in die heutige Zeit erhalten können. Zu diesem Ergebnis kam ein schwedisch-deutsches Team, zu dem auch die Arbeitsgruppe von Svante Pääbo vom Max-Planck-Institut für Evolutionäre Anthropologie in Leipzig gehörte.

Auch neue Genanalysen bestätigen die „Out-of-Africa-Theorie" zur Herkunft des Menschen. Dabei scheint der Homo sapiens aus Äthiopien ausgewandert zu sein und verdrängte eventuell in vielen Gebieten die dort ansässigen anderen Menschenarten wie beispielsweise den Neandertaler in Europa und den Homo erectus in Asien.

Auch eine genetische Studie aus China erhärtet die „Out-of-Africa-Theorie". Forscher um Yuehai Ke von der Fudan University in Schanghai haben die Y-Chromosomen von über 12.000 Männern aus 163 ostasiatischen Regionen untersucht. Anhand von drei charakteristischen genetischen Merkmalen prüften sie, ob sich der afrikanische Ursprung beweisen lässt. Wie die Wissenschaftler im Fachjournal „Science" berichteten, fanden sie bei den untersuchten Männern stets mindestens eines dieser drei Merkmale.

Funde wie Werkzeuge, Nadeln, Knochenschnitzereien oder Malereien tauchten erst vor etwa 50.000 Jahren auf. Demnach hätte der moderne Homo sapiens rund 150.000 Jahre ohne diese kulturellen Errungenschaften gelebt. Es gibt also eine große Lücke zwischen dem Auftreten des modernen Skeletts und des modernen Verhaltens.

Richard Klein lehrt Archäologie an der kalifornischen Stanford University. Bei Ausgrabungen in Südafrika erforschte er den abrupten Verhaltenswandel des Homo sapiens, der sich vor rund 50.000 Jahren vollzog. Immer wieder stieß Klein dabei auf eines der zentralen Rätsel der modernen Anthropologie: Was war der Auslöser der kulturellen Evolution? Und welche Rolle spielte sie in der Konkurrenz von Homo sapiens und Neandertaler um den Lebensraum in Europa? Auch Richard Klein schlägt eine genetische Mutation vor rund 50.000 Jahren vor. Dadurch habe sich die Hirnorganisation des Menschen verändert und ihm dadurch erst seine Kulturfähigkeit beschert. Ist der moderne Mensch also reiner Zufall?

Positive Mutationen sind sehr selten

Die mysteriöse Rolle der Mutation hat auch schon bei Darwin dazu gedient, andere Möglichkeiten wie z. B. einen bewussten Schöpfungsprozess ausschließen zu können. Sprünge in der Entwicklung der Arten werden damit erklärt, dass kosmische Höhenstrahlung und Radioaktivität sich auch auf die Gene auswirken. Bewiesen werden konnte dies bislang nicht. Molekulargenetische Erbgutvergleiche haben nämlich gezeigt, dass Mutationen sehr selten sind. Für die Auswirkungen auf die gesamte Art sind die vorhandene Anzahl und die Fortpflanzungshäufigkeit entscheidend. Auch wenn eine Mutation die Überlebensfähigkeit eines Individuums einmal erheblich verbessern würde, kann dieses Merkmal nur von Generation zu Generation an die eigenen Nachkommen vererbt werden.

Zur Schaffung des modernen Menschen mussten aber mehrere genetische Bausteine gleichzeitig zum Positiven verändert werden. Dies ist dann zumindest ein sehr unwahrscheinlicher Zufall, der zur Schaffung des modernen Menschen geführt hätte. Wie zufällig dies war, können wir erst dann berechnen, wenn wir wissen, welche genetischen Informationen dazu kommen mussten, damit das Gehirnvolumen des Homo erectus (1,5 Mio. Jahre alt) sich fast verdoppeln konnte. Da der Neandertaler aber ein gleich großes Gehirnvolumen besaß, wird uns diese Antwort noch nicht viel weiterhelfen.

Genau genommen müssten wir zuerst die Frage beantworten können, ob unser Bewusstsein und unsere Intelligenz durch die Gene definiert worden sind und wenn ja durch welche Programmbestandteile. Dabei darf nicht unberücksichtigt bleiben, dass die Fähigkeit zur differenzierten Kommunikation ein weiterer Vorteil des Menschen ist und eine Grundlage zur Entwicklung von Arbeitsteilung.

Leider neigt die Anthropologie sehr zu Spekulationen. Werden irgendwo alte Knochen gefunden, dann wird die Geschichte des Homo sapiens schnell umgeschrieben. Dabei haben wir oft keine Hinweise auf das kulturelle Leben und die tatsächliche Intelligenz. Die Größe bzw. das geschätzte Gewicht eines Hominiden-Gehirns sind - für sich genommen - wenig aussagefähig.

Ein Gorilla hat 33 Mrd. Nervenzellen und braucht etwa 200 Kilo-kalorien pro Tag allein für das Gehirn. Der moderne Mensch hat rund 86 Mrd. Nervenzellen. Dabei entspricht das Verhältnis der Neuronen zur Gehirnmasse (1400 g) einem ganz normalen Prima-tengehirn. Auch die Stoffwechselkosten pro Nervenzelle sind bei al-len Primaten gleich. [66] Entscheidend ist wohl die Anzahl. Das menschliche Gehirn benötigt etwa 500 Kilokalorien pro Tag. Mit dem Einsatz des Feuers und der dadurch bewirkten besseren Ver-daulichkeit der Nahrung konnte die Zeit für das Kauen und Ver-dauen verkürzt werden. Der Mensch konnte dadurch vergleichs-weise mehr Energie aufnehmen als beispielsweise die Affenarten. Sonst wäre der Betrieb von so vielen Nervenzellen mehr als schwierig geworden.

Das Hirnvolumen allein ist sicher kein Merkmal der Überlegenheit des Homo sapiens. So wurden Neandertaler-Schädel gefunden, die zusätzlich 30 % Volumen hatten. [67]

Auch die Untersuchung der Gene hat uns in der Beantwortung der Frage nach dem Ursprung des Menschen bisher noch nicht so rich-tig vorangebracht. Tatsache ist, dass wir zu 98,7 % die gleichen DNA-Bausteine wie Schimpansen haben. [68]

Forscher von der University of Cambridge haben Gene von Frucht-fliegen, Bakterien und Viren mit den menschlichen Genen vergli-chen und dabei festgestellt, dass wir auch mit diesen Lebewesen Gene ausgetauscht haben. [69]

Wie will man Aussagen über intelligente Lebewesen machen, wenn man nur ein paar Knochenfunde und Keramiksplitter hat? Das ist das unlösbare Dilemma der Anthropologie. Heute wissen wir, dass der moderne Mensch sich im Wesentlichen durch die kognitiven Fähigkeiten von den anderen Vormenschen und den Tieren unterscheidet. Eine besondere Gabe ist, sich auch eine unangenehme Zukunft vorstellen zu können, um darüber mit anderen zu reden und Strategien zur besseren Bewältigung zu erfinden. Das könnte man als „mentale Zeitreisen" beschreiben.[70]

Das lässt sich natürlich nicht mehr erforschen. Was bleibt, sind Hinterlassenschaften, die in den Jahrtausenden nicht verrotten. Knochen findet man nur dort, wo sie natürlich konserviert wurden, also im Eis, Moor oder in trockenen Gebieten. Das bedeutet aber auch, dass Knochen in den übrigen Teilen der Welt längst vermodert sind. Dort finden wir vielleicht noch Steinwerkzeuge, Keramik oder Gegenstände aus Edelmetall. Kunststoffe gab es damals offensichtlich noch nicht.

Es gibt viele archäologische Funde, die zeigen, dass sich die technologischen Leistungen der Menschheit nicht kontinuierlich entwickelt haben. Die Fähigkeit zur Herstellung von exakt gestalteten Monumentalbauten nahm in den folgenden Generationen sogar eher ab und nicht zu. Viele Artefakte, die teilweise bis zu 5000 Jahre alt sind, sind ebenfalls schwer erklärbar. Auf dieses Thema gehe ich noch im dritten Teil meiner Trilogie näher ein.

Der Ursprung des modernen Menschen bleibt weiter geheimnisvoll. Offensichtlich ist der „kreativ-intelligente" Mensch erst 60.000 Jahre alt und „plötzlich" in Afrika aufgetaucht. Von dort hat sich dieser Menschentyp über die ganze Welt verbreitet. Die Frage, ob der moderne Mensch eine Schöpfung oder die Folge eines sehr unwahrscheinlichen Zufalls gewesen ist, kann noch nicht eindeutig beantwortet werden.

Homo sapiens - Ein Raubtier mit Bewusstsein

Bis zum Ende des Pleistozäns vor etwa 11.000 Jahren war die Erde ein Paradies für Mammuts, Säbelzahntiger und andere exotische Riesensäuger. Warum diese Tierarten plötzlich ausstarben, ist unter Wissenschaftlern und Wissenschaftlerinnen seit Jahrzehnten umstritten. Neben dem launischen Klima standen lange auch frühe Jäger unter Verdacht. Diese Theorie stützen nun zwei Studien, die sich mit dem Massensterben in Nordamerika und Australien befassten.[71]

Im eiszeitlichen Nordamerika verschwanden vor rund 11.000 Jahren unter anderem das Wollhaarmammut, ein riesiges Gürteltier und verschiedene Pferde-, Antilopen- und Kamelarten von der Bildfläche. In Australien waren schon tausende Jahre früher fast alle Gattungen von Landsäugern, Reptilien und Vögeln mit einem Gewicht von mehr als 45 Kilogramm ausgestorben. Zu den Opfern zählten unter anderem ein furchterregendes Känguru und der Genyornis, der mit einem Gewicht von 100 Kilogramm der schwerste Vogel aller Zeiten war.

Zusammen mit Kollegen hat der Geochronologe Richard Roberts von der University of Melbourne das australische Artensterben untersucht. Mit zwei verschiedenen Methoden bestimmten die Forscher das Alter von Fossilien, die an 28 Grabungsorten in Australien und im westlichen Papua-Neuguinea entdeckt worden waren. Dabei stellten sie fest, dass sich das große Sterben auf dem Kontinent vor etwa 46.000 Jahren ereignete. Die ersten Menschen sollen Australien schon etwa 10.000 Jahre vor dieser Massenvernichtung erreicht haben.

Die Ureinwohner könnten die Landschaft durch Buschfeuer verändert haben, um sich die Jagd zu erleichtern, spekulieren Roberts und seine Kollegen. Dadurch wäre die Nahrung für die großen Tiere knapp geworden, sodass sie einfacher zu erlegen waren und anfälliger für Klimaschwankungen wurden. In Nordamerika könnten frühe Jäger und Sammler, die vor knapp 14.000 Jahren den Kontinent erreichten, das Großwild immer weiter nach Süden getrieben haben, wo es schließlich völlig ausgerottet wurde.

Um diese Theorie zu überprüfen, simulierte der Evolutionsbiologe John Alroy von der University of California in Santa Barbara die Entwicklung von Tier- und Menschenpopulationen über einen Zeitraum von 2500 Jahren. Im Computermodell verursachten selbst vergleichsweise schwerfällige Jäger ein Massensterben unter den Riesensäugern. Belegt werden konnte diese Hypothese noch nicht. Es ist sogar zweifelhaft, dass es je bewiesen werden kann.

Solange wir aber keine andere Erklärung für das Verschwinden der großen Säugetierarten vor fast 50.000 Jahren haben, muss diese Vorstellung diskutiert werden. Sie bedeutet, dass der moderne Homo sapiens schon immer rücksichtslos in der Natur gewirkt hat und die im Einklang mit der Natur lebenden Urvölker eher die Ausnahme waren.

Lebensziele

Das Wesen des Menschen lässt sich aus seiner Geschichte allein nur schwer ableiten. Wir haben gesehen, dass der Ursprung des Homo sapiens noch im Dunkeln liegt und wir uns mit großer Wahrscheinlichkeit ein falsches Bild von seiner Entwicklung machen. Hier kann viel spekuliert werden, aber da wir dem Homo sapiens nicht in seine Vergangenheit folgen können, werden wir nie eine endgültige Gewissheit erhalten.

Archäologen werden es immer schwer haben, aus den Überresten einer Zivilisation, die Wahrheit über das damalige Leben herauszufinden. Das wird in tausend Jahren nicht anders sein, wenn unsere Aufzeichnungen über unser Leben verschwunden sind und nur noch Kunststoffteilchen und Edelmetalle übrigbleiben. Man wird sich dann Gedanken über die in Stein gemeißelten Grabsteine machen und möglicherweise unsere radioaktiven Abfälle entdecken. Über unsere Weltbilder, unsere Sozialsysteme und unsere Lebensziele wird man wahrscheinlich nichts erfahren.

Möglicherweise haben sich die Menschen der Zukunft dann genetisch und technologisch so „optimiert", dass sie uns nicht mehr als ihre eigentlichen Vorfahren ansehen. Ganz unwahrscheinlich ist es aber auch nicht, dass uns der selbst verursachte Klimawandel oder eine selbst verursachte Pandemie aus einem unsicheren Genlabor dahingerafft hat. Im Folgenden möchte ich deshalb beschreiben, was wir über den „Jetzt-Menschen" und seine Lebensmotive und Lebensziele wissen.

Ich fange mit einer interessanten Lebensgeschichte an: Bilaal Rajan lebte in einer indisch-afrikanischen Familie in Kanada. Er setzte sich seit seinem vierten Lebensjahr für Kinder in Not ein: „Ich habe einfach damit angefangen, Mandarinen in der Nachbarschaft zu verkaufen, und so 350 Dollar für Erdbebenopfer in Indien gesammelt". 2005 wurde Bilaal zum Sonderbotschafter des Kinderhilfswerks UNICEF in Kanada berufen. Durch zahlreiche Aktionen hat er mehrere Millionen Dollar Spenden geworben. Er fährt z.B. in Katastrophengebiete und Elendsregionen, engagiert sich für Aids-Opfer und hilft beim Aufbau von Schulen. 2007 hat er in seiner Schule in der Nähe von Toronto eine Aktion angefangen, die weltweit zum Nachahmen animiert hat: Eine Woche barfuß gehen, wie viele Not leidende Kinder in der Welt.

Bilaal weiß nicht, warum er das tut, aber die weltweite Wirkung hat ihn davon überzeugt, dass es wichtig und richtig ist, dass er weiter macht. Er folgt einem unbewussten Impuls, der so stark ist, dass er sich nicht von anderen Menschen von seinem selbst gewählten Lebensweg abbringen lässt.

Wie Bilaal gibt es viele Menschen, deren Lebensziele sich schon am Anfang ihres Lebens so stark bemerkbar machten, dass sie praktisch keine Wahl hatten, ihnen nicht zu folgen. Die Psychologie kann diesen Impuls bislang nicht erklären. Man könnte den Eindruck haben, dass manchmal die Lebensziele schon in die Wiege gelegt worden sind.

In der Regel treten die eigenen Lebensziele nicht so dominant in Erscheinung wie bei diesem Beispiel. Häufig ist es doch so, dass wir unvermittelt auf eine Karriereleiter unserer Gesellschaft geraten oder im gesellschaftlichen Abseits landen, bevor wir wissen, was wir wirklich im Leben erreichen wollen. Oft sind wir so sehr auf das fixiert, was wir glauben tun zu müssen, dass wir kaum noch darauf achten, was wir eigentlich wirklich möchten.

Bevor wir lernen, was Lebensgestaltung alles bedeuten kann, stecken wir schon mittendrin im Mainstream unserer Erfolgsgesellschaft. Dabei geht es vordergründig auch um die Weiterentwicklung unserer Fähigkeiten und unseres Charakters. Lebenserfolg und Berufserfolg werden dabei häufig als etwas Gleiches behandelt. Habe ich Erfolg im Beruf, dann habe ich auch Erfolg im Leben. Damit ich Erfolg im Beruf habe, muss ich von Menschen lernen, die bereits erfolgreich sind.

Viele Menschen denken: „Ich habe eine hervorragende Ausbildung hinter mir. Ich kann was!" Sie sehen nur ihre fachlichen Fähigkeiten und gehen davon aus, dass das in unserer Gesellschaft wirklich zählt. Jeder Bildungspolitiker wird erklären, dass ein guter Schul- bzw. Hochschulabschluss eine notwendige Voraussetzung ist, um durch das Berufsleben zu kommen.

Nur gute Noten und Leistungen allein scheinen aber überhaupt nicht auszureichen. Eine Untersuchung im Auftrage von IBM kam nämlich einmal zum ernüchternden Ergebnis, dass 60 % des Erfolgs auf das Konto „Beziehungen" geht, 30 % durch gutes Image und Bekanntheitsgrad erklärt werden können und nur 10 % auf die Leistung zurückzuführen sind. Dies zeigt, dass die Lebensplanung in einer durch Wirtschaftsziele dominierten Gesellschaft nach vollkommen anderen Werten gestaltet werden muss, wenn man Erfolg haben will. Darauf werden wir aber in unserem Bildungssystem nicht vorbereitet.

Natürlich wollen viele Menschen in ihrem Beruf erfolgreich sein. Aber irgendwann – meistens, wenn sie auf die 50 zugehen – fragen sie sich, ob es das ist, auf was es im Leben wirklich ankommt. Diese Frage stellen sie sich dann möglicherweise immer häufiger. Und irgendwann suchen sie auch Antworten und nach neuen Lebenszielen. Sie beschäftigen sich dann mit dem Thema Glück, mit ihren Lebensmotiven und vielleicht auch mit der Frage nach dem Sinn des Lebens. Dabei spielt die Erkenntnis über das wahre Wesen des Zufalls eine große Rolle.

Wenn alles nur das Resultat des Zufalls wäre, dann wäre der Sinn unseres Lebens ein anderer, als wenn wir in einer erschaffenen Welt existieren würden, die nur bestimmte Freiheitsgrade erlaubt. Vielleicht leben wir aber auch in einer Welt, wo alles festgelegt ist. Wir bilden uns dann nur ein, dass alles zufällig abläuft, weil wir die schicksalhaften Regeln, die dahinter wirken, noch nicht kennen. Dann könnte es aber natürlich auch sein, dass wir nur ein kleines Rädchen in einem großen Getriebe sind, das nicht die Freiheit hat, sich selbst zu verändern. Unser Leben wäre dann der Ablauf eines festen Programms. Alles wäre nur blindes Schicksal.

Dann könnte der Sinn des Lebens darin bestehen, unser Schicksal zu erkennen. Aber warum sollte ich es erkennen wollen, wenn ich es nicht ändern kann? Vielleicht bilden wir uns tatsächlich nur ein, dass wir bestimmte Freiheiten und Wahlmöglichkeiten in unserem Leben besitzen, weil wir unser Schicksal nicht kennen. Ist es dann sinnvoll, diese Illusion zu zerstören? Vielleicht sind wir nur Tiere mit einem besonderen Bewusstsein, aber ohne die Möglichkeit, unser Wesen wirklich zu ändern und wir bilden uns nur ein, etwas Besonderes zu sein? Wenn unser Bewusstsein mit unserem Körper stirbt, dann wäre unser Ich-Bewusstsein vielleicht doch nur eine Laune der Natur, um uns überlebensfähiger zu machen. Wir könnten uns dann ausschließlich mit der Evolution des Menschen beschäftigen und versuchen, die Entwicklung vorauszusehen.

Wenn ich also den Sinn meines Lebens erforsche, dann komme ich an der Beantwortung der Frage nach dem Sinn des Ganzen nicht vorbei. Durch die Frage nach dem Sinn des Ganzen kommt eine spirituelle oder philosophische Dimension in das eher psychologische Thema hinein. Wir sind auch ein Teil und ein Produkt des Ganzen. Indem ich das Ganze beschreibe, kann ich auch Aussagen über die darin enthaltenen Teile und ihre Funktionen machen. Das gilt für das ganz Große - dem Makrokosmos - und das ganz Kleine dem Mikrokosmos.

Die Suche nach Glück

Viele Menschen fangen irgendwann einmal damit an, sich Gedanken über den Sinn ihres Lebens zu machen. Je älter wir werden, umso häufiger denken wir darüber nach. Dabei gehört auch ein bisschen Mut dazu, sich diesen Lebensfragen zu stellen. Man könnte damit nämlich auch eine kleine oder sogar große Lebenskrise auslösen...

Wir wollen ein sinnvolles und glückliches Leben führen. Glücklich sein will jeder. Aber wie das geht, weiß niemand so recht, da jeder

Mensch eine andere Vorstellung vom Glücklichsein hat. 288 Vorschläge für den Pfad zum Paradies auf Erden zählte angeblich bereits der Historiker und Philosoph Marcus Terentius Varro (116 – 27 v. Chr.) im antiken Rom.

Glück ist ein Gefühl, das offenbar im Gehirn entsteht. Botenstoffe übertragen unsere jeweilige Stimmung zwischen den Gefühlszentren und Teilen der darüber liegenden Großhirnrinde. Fließt etwa Serotonin, scheint die Sonne in unsere Seele. Dopamin, ein anderer Botenstoff, vermittelt Gefühle der Belohnung und des Vergnügens und setzt zudem sogenannte Endorphine frei, die uns den Schmerz nehmen. Und der ist mit den Glücksgefühlen eng verwandt. Die Sache hat aber einen Hacken.

Glücksforscher Alfred Bellebaum (Institut für Glücksforschung e. V. Vallendar) in einem Interview der „Bild der Wissenschaft": *„Nach einer gewissen Zeit euphorischer Gefühle stellt der Körper das Glücksempfinden wieder auf null. Was man hat, macht einen auf Dauer nicht glücklich".*

Der Wissenschaftsjournalist Stefan Klein hat sich intensiv mit dem Thema Glück beschäftigt und den Stand der Gehirnforschung dazu befragt. Er meint:

„Weil das Erwartungssystem nicht auf ein bestimmtes Ziel ausgerichtet ist, kommt es gar nicht sehr darauf an, was man tut." [72]

Das etwas unbefriedigende Ergebnis seiner Recherchen:

„Es gibt 6 Milliarden Menschen und 6 Milliarden Wege zum Glück".

Warum Stefan Klein sein Buch dann aber „Die Glücksformel" genannt hat, bleibt mir ein Rätsel...

Biologisch ist der Mensch auf Tätigkeit programmiert. Glückshormone werden im Gehirn nur bei Tätigkeiten freigesetzt, die weder eine Unterforderung noch eine Überforderung darstellen. Entscheidend ist, dass wir uns durch eine angepasste Leistung weiterentwickeln können. Nur dabei fühlen wir uns richtig gut. Sind die zu lösenden Aufgaben zu leicht, entsteht Langeweile. Wenn unsere Fähigkeiten aber nicht zur Lösung der Aufgaben ausreichen und wir dies nicht durch Fortbildung ausgleichen können, entsteht Angst vor dem Versagen.

Eine ständige Über- bzw. Unterforderung führt irgendwann unweigerlich zu dem gefürchteten Burnout- oder Boreout-Syndrom. Die Orientierung auf einen Bereich, in dem wir eigentlich nicht tätig sein wollen, ist nicht unbedingt die Lösung. Wir sind genetisch eben nur glücklich, wenn wir selbstverantwortlich unter Nutzung unserer Fähigkeiten etwas Nützliches tun können.

Tätigkeiten, die Glücksgefühle verursachen, zeichnen sich durch ein individuell optimales Verhältnis zwischen Fähigkeiten und Anforderungen aus. Dabei kommt es nicht darauf an, ob wir uns die anerkannten Ziele und Erfolgsmaßstäbe zu Eigen machen. Entscheidend ist das eigene Gefühl dabei.

Als Bill Gates mit seinem Freund Paul Allen 1975 das DOS-Betriebssystem in einer Garage entwickelt hat, konnten die Beiden nicht ahnen, dass daraus das Microsoft-Imperium entstehen würde. Die Softwareentwicklung wirkte wie eine Psychodroge - begleitet von fehlendem Zeitgefühl und Selbstvergessenheit.

Die Frage nach dem Sinn des Lebens schließt also die Frage nach dem Sinn der eigenen Arbeit mit ein. Immer mehr Menschen geben sich nicht mehr damit zufrieden, nur zu arbeiten, um das Geld zum Leben zu erhalten, sondern wollen auch mit Ihren Arbeitsergebnissen und ihrem Arbeitsumfeld im Einklang stehen. Die Arbeitspsychologie hat längst die Erfahrung gemacht, dass der Mensch in der Arbeitswelt nicht ständig gegen seine eigenen inneren Werte an arbeiten kann, ohne psychisch krank zu werden. Wir können unsere Identität nicht einfach an der Garderobe am Arbeitsplatz abhängen und wieder anziehen, wenn wir uns in die Freizeit verabschieden.

Karl Marx hat bei seiner „Kritik der politischen Ökonomie" die zunehmende Entfremdung der Menschen von sich selbst schon 1867 als Folge der Arbeitsteilung und dem Warencharakter der Arbeitskraft beschrieben:

„Die gesellschaftliche Teilung der Arbeit macht seine Arbeit ebenso einseitig als seine Bedürfnisse vielseitig ... Wir kennen bisher kein ökonomisches Verhältnis der Menschen außer dem von Warenbesitzern, ein Verhältnis, worin sie fremdes Arbeitsprodukt nur aneignen, indem sie eigenes entfremden." [73]

Marx hat erkannt, dass der Verkauf der Arbeitskraft diese selbst zu einer handelbaren Ware gemacht hat. Die Bewertung der Arbeitsleistung in Geldform führt zu einer Gleichstellung mit anderen Waren. Dadurch würde sich der Arbeitende von seinem individuellen Ausdruck seiner Tätigkeit entfremden. Weil ihm die Produktionsmittel nicht mehr selbst gehören, entsteht eine zusätzliche Abhängigkeit von den Produktionsmittel-Besitzern. Die Arbeitsmotivation besteht dann häufig nur im Gelderwerb. Besonders Routinetätigkeiten haben es an sich, nicht den Menschen als Ganzes anzusprechen. Glücksgefühle werden dann in der Arbeit nicht mehr erwartet und auf die Freizeit verschoben.

Dieser Prozess ist weit fortgeschritten. Ohne eine Änderung der Arbeitsverhältnisse und der Arbeitsweise werden wir die psychologischen Probleme, die am Arbeitsplatz entstehen, nicht vermindern können. Viele Menschen sind sich dessen bewusst und wollen nur noch eine Arbeitsstelle, bei der sie nicht mit ihren Werten in Konflikt geraten. Viele Menschen hoffen, dass irgendwann die Arbeitszeit verkürzt wird. Der Gewinn an Freizeit muss dann allerdings auch so genutzt werden, dass der Mensch mit seinen unerfüllten Träumen im Mittelpunkt steht und nicht das Konsumieren fremder Medien und Produkte.

Ich bin mir sicher, dass es in unserem Leben auch darum geht, bestimmte Aufgaben zu lösen und etwas dazu zu lernen. Dieser Impuls ist auch vorhanden, wenn es eigentlich gar keinen richtigen Grund dafür gibt. Zufriedenheit mit sich und der Welt ist ein Gefühl, das wir nur selten kennen und das nur für eine relativ kurze Zeit wirkt. Wir wollen auch tätig werden, wenn es uns gut geht.

Ein wesentlicher Anreiz für menschliches Handeln ist, belohnt zu werden oder sich selbst zu belohnen. Das eigene Belohnungssystem hat die Gehirnforschung in Form hormonell wirksamer Botenstoffe ausgemacht, die positive Emotionen wie Freude, Glück und Geborgenheit auslösen. Damit aber beispielsweise der Serotonin-Spiegel im Gehirn ansteigt bzw. körpereigene Opiate ausgeschüttet werden, müssen wir uns leider immer etwas anstrengen. Das Erzeugen von Glückszuständen ist dabei sehr individuell und meistens nicht planbar, weil nicht beliebig wiederholbar. Je unvorhersehbarer und überraschender eine Belohnung ist, desto größer ist übrigens der Hormonschub. Versprochene Belohnungen mindern eher die Freude.

Wenn ich erstmalig einen 2000 Meter hohen Berg erklettert habe und von oben auf die Landschaft herunterschaue, dann bekomme ich dieses tolle rauschähnliche vielleicht sogar spirituelle Gefühl. Beim zweiten Mal ist die Wirkung schon stark reduziert. Beim fünften Mal kommt vielleicht schon Langeweile auf. Das menschliche „Betriebssystem" scheint vermeiden zu wollen, dass wir uns mit dem einmal Erreichten zufriedengeben.

Wir müssen oder wollen ständig über uns hinauswachsen. Die andauernde Suche nach neuen „Events" oder „Kicks" könnte die Folge sein. Das nimmt dann schon manchmal verrückte Züge an, die sogar lebensgefährlich werden können. Die Freizeitindustrie hat sich bereits vieles ausgedacht, um diesen Teil des menschlichen Programms zu befriedigen. Entscheidend ist dabei selten der Sinn der Handlung, sondern nur die berauschende Wirkung.

Die Gehirnforschung hat leider selbst dieses Verhalten wissenschaftlich legitimiert, indem sie chemische Prozesse im Gehirn beschreibt, bei denen der Selbstzweck scheinbar die Mittel heiligt. Danach ist es letztendlich egal, wie wir den Serotonin-Spiegel ansteigen lassen. Wichtig ist offenbar nur, dass er in bestimmten Abständen immer wieder angehoben wird. Nur weil unsere Forscher aber in dem von ihnen entdecktem Belohnungssystem noch keinen tieferen Grund sehen, muss das nicht heißen, dass es keinen gibt.

So wie man ein Auto auch dazu benutzen kann, ziellos umherzufahren, können wir dieses Belohnungssystem ziellos nutzen, um uns einfach gut zu fühlen. Dagegen ist grundsätzlich nichts einzuwenden, außer wir verschwenden Zeit und Energie, die uns bei der Verfolgung unserer wahren Lebensziele fehlen. Wenn das menschliche „Programm" darauf angelegt ist, eine evolutionäre Entwicklung und vielleicht sogar eine geistige Transformation voranzubringen, dann wäre dieses Verhalten in der Tat eine Form der Zeitverschwendung. Spaß wird dann zum Selbstzweck („Just for Fun").

Dies ist leider ein bislang ungebrochener Trend in unserer Gesellschaft, der sich hervorragend ökonomisch nutzen lässt. Er hinterlässt aber irgendwann ein Gefühl der Leere. Das Bewusstsein über die Sinnlosigkeit dieses Lebensstils wird sich irgendwann bemerkbar machen. Dann entsteht eine echte Sinnkrise mit depressiven Elementen. Viele Menschen versuchen diese Phase dadurch zu verdrängen, indem sie die „seelischen Kicks" professionell organisieren bzw. organisieren lassen. Eine andere Entwicklung ist die Nutzung von Psychopharmaka und die Verwendung traditioneller Drogen. Die zunehmende Abhängigkeit ist dabei genauso vorprogrammiert wie der wirtschaftliche und gesellschaftliche Abstieg.

Die globalen Veränderungen lösen häufig Zukunftsängste aus, weil vieles unplanbar wird. Dies ist deshalb eine Zeit, wo es keine klaren Orientierungen mehr gibt. Dies ist auch eine Zeit, in der religiöser Fanatismus aber auch die Besinnung auf alte Vorstellungen stark zunehmen. Zur Orientierung gehört auch die Frage nach dem Sinn unseres Handelns und den Lebensperspektiven.

Nicht alle Menschen stellen sich die Frage nach dem Sinn ihres Lebens. Wenn wir jung sind, dann versuchen wir meistens unsere inneren Lebensimpulse umzusetzen, ohne groß darüber nachzudenken. Wir fragen nicht nach dem Warum. Das Nachdenken würde eher verhindern, dass wir unsere Potenziale nutzen.

Wir können unser Leben genießen, ohne über den Sinn nachzudenken. Vielleicht ist das sogar die beste Methode, den Sinn zu leben. Jeder kann sich an Situationen erinnern, in denen es ihm richtig gut ging. Situationen, die wir uns zurückholen können. Erlauben wir uns das hin und wieder und nicht zu selten, hebt das unser gesamtes Lebensgefühl. Das Gehirn speichert nämlich unsere Erlebnisse multidimensional inklusive der auftretenden Gefühle und Sinneswahrnehmungen ab. Neu erlebte einzelne Teile dieses „Speicherbausteins" rufen häufig auch das damit verbundene Gefühl hervor.

Tiefenpsychologen haben durch ihre Erfahrungen mit vielen Menschen aus unterschiedlichen Schichten besondere Einblicke in den seelischen Zustand unserer Gesellschaft. Stephan Grünewald z. B. ist Mitbegründer des Rheingold-Instituts für Kultur-, Markt- und Medienforschung und hat in einem Stern-Interview seine wesentlichen Ergebnisse preisgegeben. Er stellte fest:

„Nichts rückt uns wirklich zu Leibe, nichts geht uns nahe, alles ist gleichermaßen gültig und egal ... Alles geht. Alles gilt. Am Ende bleiben wir verwirrt von der Vielfalt der Lebensmöglichkeiten im Sessel zurück".

Je älter wir werden, umso häufiger wird offensichtlich auch die Sinnfrage gestellt. In der ersten Lebenshälfte beschäftigen wir uns hauptsächlich mit dem Thema „Haben". In der zweiten Lebenshälfte nimmt das Thema „Sinn" immer breiteren Raum ein. Das „Streben nach Erfolg" scheint sich immer mehr in das „Streben nach Sinnerfüllung" zu verwandeln, je älter wir werden. Wir wollen nicht mehr eine Sache nur richtig machen, sondern die richtigen Dinge tun. Es geht uns nicht mehr nur darum, unsere Ziele zu erreichen, sondern wir versuchen, uns nur noch möglichst sinnvolle Ziele zu setzen.

Dies verdeutlicht, dass viele Menschen in der gefühlten Mitte ihres Lebens oft auch einen inneren Wertewandel vollziehen. Manchmal werden dadurch echte Lebenskrisen eingeleitet. Die „Midlife-Crisis" ist aber keine Lebensphase, die automatisch entsteht und der man sich nicht entziehen kann.

Die wenigsten Menschen ändern ihr Leben schlagartig. Sie fürchten die Konsequenzen und wollen bestehende Bindungen nicht zerstören. Es kann aber trotzdem passieren, dass jemand „zwischen zwei Bieren" eine Entscheidung fällt, sein Leben vollkommen umzukrempeln.

Als z. B. Dean Karnazes 1992 seinen 30. Geburtstag feierte, passierte so etwas, obwohl er als verheirateter aufstrebender Manager eigentlich keinen äußeren Grund dafür hatte. Er ging nach Hause und rannte solange durch die Nacht, bis die Sonne aufging. Nach 50 km waren seine Füße wundgelaufen, er war vollkommen entkräftet, aber so glücklich wie nie zuvor. Seit diesem Tag wurde das Marathonlaufen zu seiner Lebenspassion. Er schaffte 50 Marathons an 50 Tagen hintereinander und lief 5000 km von New York zu sich nach Hause in San Francisco. Dean Karnazes hat große Strecken am Südpol und in Wüstengebieten im Laufen erkundet.

Er ist sicher eine Ausnahmeerscheinung. Aber das Geheimnisvolle bleibt dahinter sein Lebensmotiv. Was will er sich und der Welt beweisen? Welcher Sinn steckt hinter dieser eher sinnlosen Aktion? Wahrscheinlich weiß er das selbst nicht. Er folgt einem inneren Impuls und fühlt sich gut dabei. Er ist der Steppen- bzw. Waldläufer der modernen Zeit, die eigentlich diese Art der Fortbewegung aus der Geschichte des Homo sapiens den Automobilen übertragen hat. Hat sich Dean nur an ein frühzeitliches Programm des Menschen erinnert oder hat sich dieses Programm ohne seinen Willen einfach eingeschaltet? Diese Frage gehört sicher auch zu den Grundfragen des Lebens.

Der Wille zum Sinn

Unser Gehirn ist ständig auf der Suche nach Gründen und Bezügen und will sich die Welt erklären. Jeder Mensch hat eine ihm eigene Sicht der Dinge. Entsprechend den eigenen Lebensmotiven werden aus der Umwelt nur spezifisch interessante Informationen aufgenommen und verarbeitet. Vieles wird für unwichtig gehalten und aus der Wahrnehmung herausgefiltert.

Die Gehirnforschung hat aber bislang keinen Ort finden können, an dem die dafür notwendigen Auswertungsarbeiten stattfinden. Die spannendste Frage ist dabei, wie dieses Informationsverarbeitungssystem auch noch eine Vorstellung von sich selbst bekommt. Wir nennen es Ich-Bewusstsein und das wird in unserer Wahrnehmung sogar als sehr stabil empfunden. Die Sehnsucht nach Deutung und Sinnzusammenhang von Verhalten und Ereignissen belohnt sich sogar selbst, indem bestehende Ängste abgebaut werden und wir scheinbar Kontrolle über unverstandene Ereignisse bekommen.

Der österreichische Psychiater und Neurologe Viktor E. Frankl (1905-1997) hat sich intensiv mit der Motivationsforschung beschäftigt. Für ihn ist der Mensch vorrangig ein Wesen, das auf der Suche nach Sinn ist und nicht auf der Suche nach Macht, Ruhm, Geld und Bedürfnisbefriedigung. Für ihn kommt die Kraft zur Gestaltung des Lebens aus dem Sinn. Sinn kann aber nach Frankl nicht gegeben und nicht gemacht, sondern nur gefunden werden. Frankl hat auf dieser Grundlage eine eigene Therapieform entwickelt, die er „Logotherapie" nannte. Damit hat er der eher auf Bedürfnis- und Triebbefriedigung hin orientierten Psychologie ein neues Arbeitsfeld geschaffen, das die Sinn- und Werteorientierung des Menschen zur Grundlage der Menschenerkenntnis macht.

Frankl hat nicht nur das Tier im Menschen erforscht, sondern auch das besondere geistige Wesen der Menschen (wieder) entdeckt und beschrieben:

„Sinn und Werte sind die Gründe, die den Menschen zu seinem jeweiligen Verhalten und Handeln bewegen ... Die Triebe sind etwas, das mich treibt, während so etwas wie Sinn und Werte mich eher anzieht".
74

Der „Wille zum Sinn" ist das, was uns von den Tieren grundsätzlich unterscheidet. Die Wissenschaft ist bislang blind für dieses Phänomen gewesen, weil es sich im Unterbewusstsein abspielt und im Zusammenhang mit dem Gewissen und der Intuition von Menschen zu sehen ist.

Der „American Council of Education" hat einmal eine Umfrage unter 170.000 Studenten organisiert, um herauszufinden, welche Lebensziele sich junge Studierende in den USA setzen. Sicher denkt man, dass dabei Karriere, Macht, Spaß und Geld an oberster Stelle genannt werden. 68 % haben aber als wichtigstes Lebensziel genannt „die Überzeugung gewinnen, dass das Leben einen Sinn hat".

Das „Bedürfnis nach Sinn" lässt sich leider schwer erforschen, da es vollkommen im Unbewussten wirkt und keine nachweisbaren körperlichen Reaktionen verursacht. Es ist damit vergleichbar mit den Schwierigkeiten, die wir bei der Definition von Gewissen und Intuition haben. Auch die Liebe gehört zu diesen unbewussten (Anziehungs-) Kräften, wenn man darunter die Fähigkeit versteht, eine Person als Ganzes zu empfinden und ohne Einschränkungen zu akzeptieren. Echte Liebe zielt nicht nur auf den realen Menschen, sondern auf die noch unwirklichen „Wertmöglichkeiten" außerhalb von Gegenwart und Vergangenheit. Unser Verstand kann diesen Erlebnisraum nicht begreifen, weil offenbar die Ursachen dafür außerhalb der uns bekannten Raumzeit liegen.

Lebensmotive

Was treibt uns an bzw. was zieht uns an? Können wir unsere Lebensziele selbst aussuchen? Diese Fragen führen mich zur Motivforschung der Psychologie.

Der amerikanische Psychologe Abraham Maslow (1908-1970) hat fünf aufeinander aufbauende Grundbedürfnisse definiert: Körperliche Bedürfnisse, Sicherheitsbedürfnisse, Soziale Bedürfnisse, Bedürfnis nach Achtung und Selbstverwirklichung. Dabei ging er von einem Entwicklungsmodell aus und hat unterstellt, dass die körperlichen Bedürfnisse befriedigt sein müssen, bevor man sich den Bedürfnissen nach Sicherheit und sozialen Beziehungen widmen könne. Deshalb wird sein Motivationsmodell auch als „Bedürfnispyramide" bezeichnet. Der Unterschied zu den Tieren fängt hier vielleicht beim „Bedürfnis nach Achtung" an, weil dieses Bedürfnis sicher mit der Existenz eines Ich-Bewusstseins zusammenhängt, das bislang nur dem Homo sapiens zugeschrieben wird. Der Punkt „Selbstverwirklichung" ist noch wenig erforscht. Maslow: *„Ein Mensch, muss das werden, was er werden kann"*.

In der Geschichte der Menschheit hat das Thema Selbstverwirklichung bislang eine eher untergeordnete Rolle gespielt. Noch im letzten Jahrhundert war es auch noch in Deutschland üblich, dass die Eltern bestimmten, welche Ausbildung und welche Berufsziele verfolgt werden sollten. In vielen Kulturen der Erde ist dies heute noch gängige Praxis. Man könnte glauben, dass das Thema Selbstverwirklichung nur ein Thema der Wohlstandsgesellschaften ist. Dem widersprechen aber viele Religionsquellen, die dieses Thema im Sinne einer spirituellen Evolution aufgreifen.

Der Diplompädagoge Helmut Fuchs und der Diplompsychologe Andreas Huber haben die Frage nach den menschlichen Grundmotiven intensiv untersucht. Sie stellten als Grundlage ihrer Studien die Forschungsergebnisse des Motivationsforschers Steven Reiss von der Ohio-Universität dar, der 16 grundlegende Bedürfnisse und

Werte isoliert hat, mit denen die menschlichen Triebkräfte detaillierter beschrieben werden können.[75] Danach ist davon auszugehen, dass das Motiv-Profil eines Menschen sehr stabil ist. Es ist praktisch unverwechselbar und einmalig wie ein Fingerabdruck.

Interessant ist, dass das „Streben nach Glück" nicht zu den Grundmotiven zählt, da es nur ein Nebenprodukt und nicht das eigentliche Ziel darstellen soll. Die neuere Forschung hat die Lebensmotive als elementare „Letztmotive" und als „Zwecke unseres Handelns" definiert. Aus den Motiven sollen sich dann die Ziele, das Verhalten und die damit verbundenen Gefühle ableiten lassen. Alle Lebensmotive sollen eine evolutionäre Grundlage haben. Dies bedeutet, dass sich diese Lebensmotive auch schon in der Tierwelt studieren lassen, aber dort in einer anderen Form auftauchen.

Folgende **16 Lebensmotive** scheinen bei jedem Menschen mit unterschiedlichem Gewicht vorzukommen:

Essen	Ruhe	Aktivität	Sparen
Eros	Beziehungen	Familie	Ehre
Anerkennung	Status	Ordnung	Rache
Unabhängigkeit	Neugier	Idealismus	Macht

Interessant sind dabei die Lebensmotive, die uns besonders stark beeinflussen. Es kann dabei vorkommen, dass ein Motiv einen großen Teil unseres Lebens dominiert. Die Bedeutung der einzelnen Lebensmotive verändert sich auch, wenn man älter wird. Viele Lebensmotive werden aber im Normalfall eher als unwichtig oder neutral beschrieben, sodass man nach der Abfrage der 16 Lebensmotive eine Art Persönlichkeitsprofil bekommt.

Quantifiziert man die Bedeutung der einzelnen Lebensmotive, so können daraus über zwei Milliarden unterschiedliche Profile erstellt werden. Man hat damit also ein Modell geschaffen, um die Einzigartigkeit einzelner Menschen zu beschreiben. Dabei ist das Modell insoweit hilfreich, als es einem erlaubt, das eigene Profil mit Hilfe von komplexen Fragestellungen zu erkennen. Allerdings fließen hier wieder Urteile, Erfahrungen und Vorurteile in die Beantwortung ein, die das Ergebnis verzerren können.

Einen echten „Charakterspiegel", der mir die Wahrheit über meine wirklichen Lebensmotive - unabhängig von meinem kulturellen und sozialen Umfeld - sagt, den gibt es natürlich nicht. Ich denke, dass die meisten der 16 Lebensmotive, die die heutige Psychologie als „Letztmotive" ansieht, auch biologische Ursachen haben und deshalb vom Wesen her auch in der Tierwelt beschrieben werden können.

Die Psychologie hat verschiedene Modelle entwickelt, um das Wesen von menschlichen Persönlichkeiten zu katalogisieren. Eine Methode war die Auswertung von Adjektiven der jeweiligen Landessprache, die das Persönliche im Menschen beschreiben können. Im englisch sprachigen Raum kam man auf 4500 Begriffe. Mit dem statistischen Verfahren der Faktorenanalyse hat man am Schluss das „Fünf-Faktoren-Modell" (Big Five) herausgearbeitet. Dabei wurden alle Adjektive, die häufig zusammen genannt wurden, zu einem

Kennzeichen verarbeitet und vereinfacht. Dadurch erhielt man fünf weitgehend unabhängige „Persönlichkeitsdimensionen": Extraversion, emotionale Stabilität, Offenheit, Verträglichkeit und Gewissenhaftigkeit. Ein extrovertierter Mensch ist danach ein Mensch, der herzlich, gesellig, durchsetzungsfähig, aktiv und fröhlich ist. [76] Aus den „Big Five" sind dann „Big Six" geworden, weil man gemerkt hat, dass dieses Modell nicht in allen Kulturen anwendbar war. Dann kam noch der Faktor „Ehrlichkeit-Bescheidenheit" dazu. Es gibt auch Modelle, die nur mit zwei Merkmalen arbeiten: Zielstrebigkeit oder Gemeinsinn. [77]

Diese psychologischen Modelle mögen im Einzelfall hilfreich sein, um Menschen miteinander zu vergleichen. Jeder Mensch ist allerdings in seinem Wesen und seiner Geschichte einzigartig. Dafür gibt es keinen ganzheitlichen Ausdruck. Durch Vergleich wird diese Einzigartigkeit zerstört, indem man nur bestimmte Kriterien anwendet und gewichtet. Menschen werden so zur Ware degradiert, die nach ihrem Nutzen bewertet wird. Die Ware Arbeitskraft wird beispielsweise im Verhältnis zu den jeweiligen Unternehmensinteressen beurteilt. Das ist grundsätzlich legitim und an den Anforderungsprofilen der Ausschreibungen erkennbar. In Führungsetagen wird deshalb nach eher extrovertierten Menschen gesucht. Es ist allerdings ein Problem, dass die Psychologie diesen Interessenhintergrund ausklammert und so tut, als wenn hier tatsächlich das Wesen von Persönlichkeiten beschrieben wäre. Damit wird die Entfremdung der Menschen von sich selbst eher gefördert. Sie bekommen einen verzerrten Spiegel einer auf ökonomischen Prinzipien aufgebauten Gesellschaft vorgehalten, der nur Teile der Persönlichkeit bewertet. Das, was uns Menschen emotional und intellektuell auszeichnet und im Unbewussten als Potenzial wirkt, bleibt verborgen.

Ich glaube, dass der wesentliche Unterschied zwischen Tieren und Menschen woanders zu suchen ist. Meines Erachtens hat es mit dem Bewusstsein von Zeit zu tun und der Fähigkeit zum Freien Willen. Wir haben die Wahl: Wir können uns „programmgerecht" wie Tiere verhalten, aber wir können auch ganz andere Wege gehen und Grenzen überschreiten.

Ein typisches menschliches Lebensmotiv wäre deshalb nach meiner Meinung „das Denkbare mit allen Mitteln zu verwirklichen". Die „Welt der Gedanken" wird dann irgendwann in der Wirklichkeit umgesetzt. Eine besondere Fähigkeit des Menschen ist es, Dinge im Geiste zu planen und sich das Ergebnis vorzustellen. Daraus entsteht meistens der Wunsch, das gedanklich Erschaffene zu materialisieren. Dadurch entstehen neue Wünsche und darauf aufbauende Tätigkeiten. Diese sind nicht der Ausdruck eines artspezifischen Programms, das wir bei Tieren beobachten können. Vögel bauen beispielsweise unterschiedliche Nester, Insekten nutzen typische Formen für die Eiablage. Es gibt auch viele Tierarten, die unterirdische Systeme bauen, um sich zu schützen. Möglicherweise haben die ersten Menschenarten wie Bären in irgendwelchen Felshöhlen gelebt. Doch irgendwann bauten sie sich Hütten, Zelte oder sogar Häuser in vielen verschiedenen Formen. Menschen sind von Natur aus nicht nur neugierig, sondern auch experimentierfreudig und immer dabei, Grenzen zu überschreiten und etwas dazu zu lernen.

Aus der grenzenlosen Welt der Gedanken wird so die wirkliche Überschreitung bestehender Grenzen. Dieser Impuls macht uns

„gottähnlich". Wir schaffen eine neue Welt nach unseren Vorstellungen. Wir betreiben Schöpfung um der Schöpfung willen.

Daraus entsteht ein grenzenloses Wachstum, ein sich selbst verstärkender Prozess. Der Ursprung dieses Bedürfnisses ist bislang nicht ausreichend erforscht. Der Impuls kommt aus der Tiefe unseres Unterbewusstseins. Er macht uns zu den ewig Kreativen und den ewig Suchenden. Wir wissen nämlich nicht, wohin wir uns eigentlich als Menschheit entwickeln wollen. Der Weg ist das Ziel.

Diese Eigenschaften haben uns zu einer machtvollen Spezies auf der Erde verholfen. Diese Eigenschaften sind der Grund, warum wir zwischen Glück und Unglück hin- und hertaumeln. Da gibt es aber kein zurück. Es gehört zum Wesen des Menschen dazu, nie richtig zufrieden zu sein. Wir wollen und müssen über uns hinaus wachsen.

Wir müssen aber auch nicht alles tun, was denkbar ist und wir müssen uns auch nicht über alles Gedanken machen, was getan wird oder getan werden könnte.

Zufall oder Schicksal?

Die Frage, ob wir in einer vom Zufall regierten Welt leben oder ob es so etwas wie Vorsehung und Schicksal gibt, ist eine der ganz großen Fragen der Menschheit. Die Antwort darauf scheidet die Wissenschaft von der Religion. Von der Antwort hängt ab, ob wir einen geplanten Sinn im Leben verfolgen können oder ein Spielball chaotischer Elemente sind. Schon die Art der Frage polarisiert, da wir davon ausgehen, dass nur eine Seite davon die Wahrheit sein kann.

Seit dem Philosophen René Descartes (1596-1650) ist die Wissenschaft zwanghaft auf der Suche nach Theorien, wie wir uns diese Welt ohne eine geistige Übermacht wie Gott vorstellen können. Als die Physik den sogenannten Urknall als Schöpfungsprozess wiederentdeckte und eine Theorie der vereinheitlichten Kräfte des Universums entwickelte, stürzte dies die Naturwissenschaften in große Selbstzweifel. Die Entdeckung einer Urkraft und des Anfangs der Welt musste unbedingt als ein Ergebnis des Zufalls dargestellt werden können. Da wurde die Theorie des „Multiversums" geboren. Dies bedeutet, dass es unendlich viele Universen geben soll, die mit anderen Kräften und Naturkonstanten arbeiten. In den meisten dieser Universen wird nichts Vergleichbares zu unserer Welt passieren, da die Wahrscheinlichkeit für die Bildung von Materie und erst recht für das Leben und den Menschen unglaublich gering ist.

Diese Theorie ist leider genauso unvorstellbar wie ein Wesen, das wir Gott nennen und lässt sich genauso wenig beweisen. Sie bietet aber im Gegensatz dazu keine Orientierung, da dann alles Zufall ist und es nur noch darauf ankommt, wie wir dem Zufall begegnen. Dann bleibt nur noch die Frage, ob wir das Unerwartete eher als Chance oder eher als Risiko sehen wollen.

Ich will mich auf diese Fragestellungen einmal einlassen und den Zufall in seinen Erscheinungsformen untersuchen. Dabei möchte ich das dahinterstehende philosophische Problem erst einmal ausklammern. Es gibt auch die Behauptung, dass uns etwas nur solange als Zufall erscheint, bis wir die dahinterliegenden Gesetzmäßigkeiten erfasst haben. Hier schwingt dann die Hoffnung mit, dass am

Ende aller wissenschaftlichen Bemühungen doch alles als geplant erscheinen wird. Dies ist aber tatsächlich nur Glaube, denn die Unbestimmtheit bestimmter Entwicklungen ist durch die Erkenntnisse der Quantenphysik und der Evolutionsbiologie sicher nicht bestreitbar. Die Wirklichkeit lässt sich zu einem großen Teil mit Ergebnissen von chaotischen Prozessen erklären. Die Frage ist also nicht, ob es den Zufall gibt, sondern nur, welche wirkliche Bedeutung das Zufällige hat und ob alles nur Zufall ist.

Der Zufall steht für das tatsächlich Unberechenbare, das sich unserer Vernunft entzieht. Er kennzeichnet das prinzipielle Nicht-Wissen über das Zukünftige und macht uns deshalb eher Angst. Dabei stören uns nicht unbedingt die vielen kleinen Zufälligkeiten des Tages, wie die Entwicklung des Wetters, die Begegnungen mit den Nachbarn oder mit unbekannten Menschen in der Stadtbahn, die zufällig mit uns ein- oder aussteigen. Es gibt eben auch Zufälle, die unser Leben stark beeinflussen können. Ob ich mit dem Ergebnis eines Zufalls leben lerne, hängt stark von meiner eigenen psychischen Konstitution und meinem Weltbild ab.

Wir haben uns angewöhnt, ein negativ wirkendes zufälliges Ereignis oft als einen „Schicksalsschlag" zu bezeichnen und einen positiv empfundenen Zufall als „Glück" anzusehen. In dem ersten Fall sprechen wir eher von einem „tragischen Schicksal" und in dem zweiten von einem „glücklichen Zufall". Die zukünftige Verarbeitung eines Ereignisses ist aber sicher auch davon beeinträchtigt, ob ich etwas als unabänderliches Schicksal oder als einen tragischen Zufall ansehe.

Ein Beispiel: Der Unternehmer und Mitbegründer des Internet-Portals „Scout24" Joachim Schoss hat 2002 bei einem schweren

Motorradunfall ein Bein und einen Arm verloren. In einem Interview in der WirtschaftsWoche bezeichnete er 2009 diesen tragischen Unfall erstaunlicher Weise als „Gewinn", weil er durch die „Nahtod-Situation" und die damit verbundene Art der Verarbeitung seelisch gestärkt wurde. Er sagte:

„Zur ganzen Persönlichkeit gehört auch die Erfahrung mit Misserfolgen. Daran kann man wachsen und stärker werden. Man entwickelt sich am schnellsten, wenn es am meisten wehtut. "

Ein anderes Beispiel: Bei einem Auftritt des Arztes Christian Wenks (34) bei Johannes B. Kerner hat dieser seine Lebensgeschichte erzählt. Er war früher auch Radsportler gewesen und ist in Japan bei einem Rennen bei schlechten Sichtverhältnissen auf ein falsch geparktes Auto aufgefahren. Dort wollte gerade ein Vater um seinen Sohn trauern, der an dieser Stelle einen tödlichen Verkehrsunfall hatte. Bei dem Aufprall zersplitterte die Wirbelsäule von Christian Wenks. Die Ärzte haben ihn aber soweit zusammensetzen können, dass er überlebt hat. Seit dieser Zeit ist er unterhalb der Brust querschnittsgelähmt und auf den Rollstuhl angewiesen. Auf den ersten Blick eine traurige Geschichte.

Christian Wenks stellte seine Geschichte aber so dar, als wenn sein gesamtes Leben auf diesen Augenblick ausgerichtet gewesen sei. Schon als Jugendlicher hatte er - ohne ersichtlichen Grund - panische Angst vor einer Querschnittslähmung. Als Mediziner hatte er sich intensiv mit diesem Thema auseinandergesetzt. Beim Flug zum Rennen in Japan hat er düstere Vorahnungen gehabt und ist sogar zwischendurch auch mal vom Rad abgestiegen. Bei seinem Fernseh-

auftritt erschien er nun als ein glücklicher Mensch, der seinen Arzt-
beruf weiter ausführt, Konzerte am Piano gibt und Seminare für
Manager in Krisensituationen durchführt. Außerdem ist er Natio-
naltrainer für die Schweizer "Handbiker". Für ihn war dieser Schicksalsschlag kein Ergebnis eines Zufalls sondern eine anspruchsvolle
Aufgabe, die er hervorragend gemeistert hat.

Für den österreichischen Neurologen Viktor E. Frankl (1905-1997)
war der schwierigste Lebensweg, *„ein unveränderbares Leiden mit
Würde zu tragen, also ein schweres Schicksal mit Haltung zu meistern".[78]*

Natürlich gibt es viele Menschen, die einen tragischen Unfall nicht
positiv verarbeiten können und daran zerbrechen. Um Lebenskrisen
durchzustehen und Rückschläge zu überwinden, da soll eine Eigenschaft des Menschen eine Rolle spielen, die Psychologen etwas un-
verständlich „Resilienz" nennen. Damit wurde ursprünglich nur die
Fähigkeit bezeichnet, schwierige Lebenssituationen und Unglücke
zu meistern und daraus zu lernen. Heute bezeichnet man damit
Charaktereigenschaften, die dazu führen, dass Lebenskrisen und
Stress positiv bewältigt werden können. Damit werden Menschen
bezeichnet, die gefühlsstabil, selbstbewusst und optimistisch durchs
Leben gehen. Warum aber die eine Gruppe einen tragischen Unfall
anders verarbeitet als die andere Gruppe ist noch nicht so genau untersucht worden.

Die sogenannte Resilienzforschung ist die Antwort der Psychologie
auf die Erkenntnis, dass die Krise im menschlichen Leben nicht die
Ausnahme, sondern eher der Normalfall ist.

Die Erkenntnis, dass auch Chaos, Unordnung und der Zufall die Welt regiert, war in der Geschichte unserer Wissenschaften keine leichte Geburt. Als der Physiker Ludwig Boltzmann (1844-1906) feststellte, dass die Unordnung in der Welt danach strebt, sich immer weiter zu vergrößern (Entropie genannt), wurde er von der kaiserlichen Akademie der Wissenschaften in Wien heftig beschimpft. Trotzdem hat sich die Vorstellung durchgesetzt, dass unsere Welt kein berechenbares Uhrwerk ist und dieses Prinzip zum Gesetz erhoben (2. Hauptsatz der Thermodynamik).

Die Wahrnehmung des Zufalls hängt auch mit einer Erscheinung zusammen, die wir Rückkopplung nennen. Viele Ereignisse beeinflussen sich nicht nur gegenseitig, sondern oft auch selbst. Ein Ereignis kann also eine Wirkung entfalten, die die eigentliche Ursache verändert. Die öffentliche Berichterstattung z. B. über einen Amokschützen kann Nachahmer auf den Plan rufen und das Problem verstärken.

Ein technisches Beispiel für die Rückkopplung ist ein Thermostatventil. Wenn die Temperatur unter die Soll-Grenze fällt dann öffnet das Ventil die Heizung und es wird wärmer. Dies wiederum verursacht das Schließen des Thermostats. Eine Rückkopplung ermöglicht in diesem Sinne eine schrittweise Anpassung zwischen einem Ziel und der Wirklichkeit. Jede Wirkung kann zur Ursache einer anderen Wirkung werden. Ob etwas Ursache oder Wirkung ist, lässt sich nur zuordnen, wenn wir einen zeitlich eindimensionalen Ablauf darstellen können und den Anfangsimpuls kennen. Wenn sich mehrere Ereignisse gegenseitig beeinflussen, dann kommen wir mit unserem logischen Denkmodell nicht zum Ziel. Je mehr Variablen und

Schnittstellen existieren, umso komplexer wird ein System. Eine Vorhersage nach dem Ursache-Wirkungsraster ist dann unmöglich.

Aber auch wenn wir z. B. über eine Vererbungslinie eindeutige Ketten herstellen können und wir den Anfang der Ereignisse bestimmen können, dann stellt sich oft das Henne-Ei-Problem. Wenn ich alle potenziellen Ursache-Wirkungsketten zu Ende denke, stoße ich letztendlich immer auf ein Ereignis: Den Urknall. Die Physiker nennen dieses Ereignis deshalb treffend „Singularität". Aber ist das wirklich der Anfang von Allem? Zumindest glauben wir, dass dies die eigentliche Ursache für unsere Raumzeit ist. Gab es davor nur das Nichts und war dies das einzige Nicht-Zufall-Ereignis?

Auch an diesem Anfangspunkt können wir noch darüber hinaus spekulieren. Dies will ich nicht tun. Mich beschäftigt hier die Frage, ob danach tatsächlich nur noch zufällige Ereignisse ablaufen konnten oder ob auch dem Zufall Grenzen gesetzt werden. Zufälle passieren nämlich nicht gänzlich regellos. Offensichtlich sind auch dem Zufall Grenzen gesetzt.

Im Mikrokosmos haben wir z. B. das Phänomen, dass bestimmte Räume zufällig häufiger aufgesucht werden als andere. Elektronen bevorzugen z. B. bestimmte Orte um den Atomkern, obwohl sie prinzipiell überall auftauchen könnten. Hier spricht man dann von wahrscheinlichen und unwahrscheinlichen Aufenthaltsräumen. Der Zufall existiert, aber wird reglementiert.

Es ist also nicht zu übersehen, dass es Regeln gibt, die dem Zufall bestimmte Entfaltungsmöglichkeiten lassen. Neben der Unordnung entsteht und vergeht auch ständig die Ordnung. Zu behaupten, der

Zufall regiert die Welt, ist also eine starke Vereinfachung der Wirklichkeit.

Der Glaube an den alleinigen Zufall ist genauso falsch wie der Glaube an einen allmächtigen Gott. Die Wahrheit liegt – wie so oft – mit großer Sicherheit dazwischen. Aber bleiben wir erst einmal beim Thema Zufall. Dass es den Zufall gibt, kann nicht bestritten werden. Wenn aber alles Zufall wäre, dann wäre die Frage nach dem Sinn unserer Existenz überflüssig. Die entscheidende Frage ist deshalb, wo der Zufall wirkt, wie wir damit umgehen und warum zufällige Ereignisse Sinn machen.

Der Wissenschaftsjournalist Stefan Klein hat 2004 ein Buch über den Zufall veröffentlicht („Alles Zufall – die Kraft, die unser Leben bestimmt"). Der Titel vermittelt allerdings ein falsches Verständnis. Der Zufall kann nämlich wissenschaftlich nicht als Kraft bezeichnet werden, da eine Kraft per Definition ihre Wirkung in eine Richtung erzeugt und nicht wie der Zufall, der ziellos seine Wirkungen entfaltet und unberechenbar ist. Der Zufall beschreibt also keine Kraft, sondern die Dimension, in der eine Kraft wirkt. Der Zufall beschreibt das Wirken der Kräfte in der Zeit (der 4. Dimension).

Das Geheimnisvolle an den Zufällen des Lebens fällt mit dem Geheimnis unserer Zeitwahrnehmung zusammen und ist eigentlich nur in diesem Zusammenhang von Bedeutung. Zeit ist aber gekoppelt an die Existenz der absoluten Geschwindigkeit von elektromagnetischen Teilchen, nämlich der Lichtgeschwindigkeit, wie wir seit Einstein wissen. Würde unser Bewusstsein z.B. so schnell arbeiten wie das Licht, dann gäbe es für uns keine Zeit und keine Zufälle.

Stefan Klein war bei seinen Recherchen dem eigentlichen Kern des Themas sehr nahegekommen, indem er schrieb:

„Nur an dem Wirken des Zufalls erleben wir den Fluss der Zeit".

Ihm ist auch aufgefallen, dass „es keineswegs einerlei ist, ob der Film vorwärts oder rückwärts läuft"[79] und dass die Physik die Umkehrbarkeit der Zeit eigentlich nicht verbietet. Er ist der interessanten Frage leider nicht auf den Grund gegangen, ob die Zeit-Wahrnehmung und damit die Wahrnehmung des Zufalls nicht vielleicht nur ein Phänomen unseres Bewusstseins ist.

Der Zufall spielt in unserer Raumzeit eine sicher nicht unbeträchtliche Rolle. Im Rahmen der Evolution soll sein Wirken über zufällige Mutationen zur Entwicklung überlebensfähiger Arten beitragen. Es wird behauptet, dass der Zufall die Evolution steuert und deshalb die Entwicklung der Arten ohne Ziel und Absicht abläuft. Verlässliche Aussagen über die zukünftigen Ergebnisse dieses Wettbewerbs um die optimal angepassten Überlebensstrategien sind nicht möglich.

Die Zukunft bleibt unbestimmt. Dies gilt auch für die Art Homo sapiens. Das Prinzip Zufall soll nicht nur bei der Entwicklung der Gene eine Hauptrolle spielen. Auch bei geistigen Innovationen wie Erfindungen, wissenschaftlichen Erkenntnissen oder kulturellen Leistungen soll es sehr zufällig zugehen. Dies versucht man durch Beispiele aus der Wissenschaftsgeschichte zu belegen.

Louis Pasteur entwickelte z. B. den Impfschutz, weil er eine Bakterienkultur vergammeln ließ. Alexander Flemming entdeckte die Wirkung des Penicillins, weil eine Kultur verschimmelte. Viagra sollte eigentlich ein Herzmittel werden und Tesafilm ein Pflaster.

Der Zufall führt auch Regie über die Lebensgeschichten. Charles Darwin hätte seine Forschungen auf den Galapagos-Inseln über die Finken nicht gemacht, wenn derjenige, der ursprünglich den Kapitän begleiten und als Gesprächspartner dienen sollte, nicht zufällig krank geworden wäre. Carl Friedrich Gauß wäre nicht der produktivste Mathematiker aller Zeiten geworden, wenn der Herzog von Braunschweig ihn nicht zufällig entdeckt hätte. Diese Beispiele lassen sich beliebig ergänzen.

Hier deutet sich eine wichtige Erkenntnis über den Zufall an. Durch Zufälle entstehen Chancen und Risiken, Gelegenheiten und Tragödien. Dabei hängt es wesentlich von der Persönlichkeit und dem eigenen Umfeld ab, ob die Chancen als Chancen gesehen und auch genutzt werden.

Dabei überschätzen wir oft die kleinen Risiken und unterschätzen die großen. Wir haben mehr Angst davor, etwas zu verlieren, als etwas nicht zu bekommen. Vor dem negativen Zufall können wir uns nicht richtig schützen. Wir müssen damit leben lernen und versuchen die Risiken richtig einzuschätzen. Zur Minimierung dieser Risiken gibt es verschiedene Strategien. Man kann zum Beispiel kleine Schritte machen, um die Wirkungen zu testen. Wenn man nicht nur auf ein Pferd setzt (oder nicht alle Eier in einen Korb legt ...) können die Folgen eines negativen Zufalls ebenfalls reduziert werden. Damit können wir zwar nicht zufällige Ereignisse mit negativen Folgen ausschließen, aber indem wir grundsätzlich damit rechnen, sind wir mental anders eingestellt und können auch zufällige Gelegenheiten als Chance sehen. Zufälle machen das Leben spannend, aber ohne die ausreichende Aufmerksamkeit nehmen wir oft die neuen Gelegenheiten nicht wahr.

Es gibt aber auch höchst unwahrscheinliche Ereignisse und Ereignisse, die viele Menschen gleichzeitig beeinflussen. Der Finanzmathematiker Nassim Nicholas Taleb (*1960) hat sich mit diesen „Schwarzen Schwänen" intensiv beschäftigt. Vor der Entdeckung Australiens hat man nämlich geglaubt, es könnten nur weiße Schwäne existieren. Taleb meint, dass unser Verstand grundsätzlich nicht in der Lage ist, das Unvorhergesehene zu akzeptieren. Wenn es dann eintritt, wird es im Nachhinein oft so dargestellt, als wenn es dafür Anzeichen gegeben hätte. Im Rückblick erscheinen diese Ereignisse dann so, als wenn sie sich aus bestimmten Ursache-Wirkungs-Ketten zwangsläufig ergeben mussten. Dies ist auch das Lieblingsspiel unserer Historiker und unserer Börsenanalysten. Bewusstseinsmäßig wird damit das Chaos aus der Welt heraus zensiert. Unser Weltbild bleibt erhalten, aber dadurch lernen wir nicht genug aus unserer Geschichte. Wir gehen immer wieder große Risiken ein, weil wir die Eintrittswahrscheinlichkeit unterschätzen und uns vormachen, wir könnten alle Risiken mithilfe der „Glockenkurve" von Gauß abschätzen.

Die Geschichte der wiederkehrenden Börsencrashs (1982, 1998, 2009 …) zeigt beispielsweise die Unhaltbarkeit dieser Illusion. Es läuft nach dem Muster „tausendmal ist nichts passiert". Oft fühlen wir uns schon nach dem zehnten Mal sicher. 1000 Tage können aber nicht beweisen, dass wir recht haben, doch ein einziger Tag kann beweisen, dass wir uns irren. Nicholas Taleb:

"Wir Menschen haben ein starkes Verlangen nach Regeln, weil wir die

Dimension der Dinge so reduzieren müssen, dass sie in unseren Kopf passen. Je zufälliger Informationen sind, desto größer ist ihre Dimensionalität und entsprechend schwieriger ist es, sie zusammenzufassen. Der schwarze Schwan ist das, was wir bei der Vereinfachung weglassen". [80]

Die Dimensionsreduktion führt aber unweigerlich dazu, dass die höchst unwahrscheinlichen Ereignisse herauszensiert werden. Wir sind dann nicht mehr darauf vorbereitet. In Wirklichkeit gibt es diese „Schwarzen Schwäne" aber immer noch. Wenn so ein Ereignis dann eintritt, trifft es uns schockartig, weil wir aus der Unwahrscheinlichkeit die Unmöglichkeit gemacht haben.

Die Wahrnehmung von Zeit führt zur Wahrnehmung von Ursache-Wirkungsketten. Wir gehen davon aus, dass jede Bewegung eine eindeutige Ursache haben muss. Wenn ein Glas von einem Tisch fällt, dann suchen wir die Kraft, die dies verursacht hat. Wenn allerdings der Zeitraum zwischen Ursache und Wirkung zu groß wird, dann ist es schwierig, den Zusammenhang noch zu erkennen.

Die Entwicklung von Menschen ist dann leicht zu beschreiben, wenn wir direkte Ursachen für bestimmtes Verhalten ausmachen können. Wir haben uns angewöhnt, unser Leben als eine Abfolge von Zufälligkeiten und der Reaktion darauf zu interpretieren. Viele Alltagsentwicklungen lassen sich mit diesem Modell auch erklären. Das Leben lässt sich dann beschreiben wie das Fließen eines Baches: Natürliche Hindernisse prägen den Stromverlauf. Ob der Bach in ein Meer oder einen See fließt, verändert nicht das Strömungsverhalten. Die Sinnfrage stellt sich für den Bach nicht. Es wäre auch töricht, aus dem Fließverlauf der Vergangenheit Erkenntnisse für die

Zukunft zu gewinnen. Auch ein ruhiger Bach kann plötzlich zu einem tobenden Etwas werden, wenn es den Berg runter geht. Das Schicksal des Baches ist es, beeinflusst durch die Schwerkraft nach unten zu fließen. Dies kann bedeuten, dass er sich im Meer auflöst oder in der Wüste versickert. Wenn ich den Fluss von Wasser über einen größeren Zeitraum beobachte, dann komme ich zum Ergebnis, dass Wasser irgendwann einmal verdunstet und irgendwann auch wieder abgeregnet wird. Das Ganze könnte man als natürlichen Kreislauf eines Elements beschreiben. Dabei gehen wir davon aus, dass sich dieses Element selbst nie verändert. Wasser bleibt Wasser (H_2O) egal ob in einer Regenwolke, im See oder in einer Qualle. Solange sich das Wassermolekül nicht erinnert, ist diese Vorstellung sicher zutreffend.

Kommen wir zum Menschen. Wenn wir geboren werden, dann werden wir ohne Erinnerungen geboren. Der genetische Code enthält zwar alle wichtigen Baupläne über unsere Körperstruktur und Körperfunktionen, aber die Erinnerungen und Erfahrungen der Eltern werden leider nicht übertragen. Das wäre aber eventuell sehr vorteilhaft. Wir müssten unseren Kindern dann nicht mehr Dinge beibringen, die wir mit einem großen Aufwand und auch manchmal Schmerzen gelernt haben, wie z. B. Klavier spielen oder Fahrradfahren.

Kinder werden zwar mit einem unterschiedlichen und einzigartigen Potenzial geboren, aber was sie damit machen, hängt nicht zuletzt von ihnen selbst ab. Einen entscheidenden Faktor spielen auch Angebote und Vorbilder der eigenen Umgebung und Kultur. Viele unterschiedliche Erfahrungen werden so im Laufe des Lebens gemacht und viele neue Fähigkeiten gelernt.

Wenn wir sterben, wird diese Lebensleistung zunichte gemacht. Vielleicht haben unsere Kinder oder andere Menschen von unseren Lebenserfahrungen profitiert. Vielleicht hat das Unternehmen, für das wir die ganze Zeit gearbeitet haben, auch unsere Erfahrungen, unsere Kreativität und unser Wissen genutzt, um zu wachsen. Aber was wirklich von dem übrig bleibt, was uns im Leben wichtig war, ist schwer vorherzusehen. Auch das materielle Erbe ist schneller verbraucht, als sich das die Erblasser meistens vorstellen können.

Was passiert dann mit dem geistigen Erbe? Natürlich geben wir bei jedem Kontakt mit anderen Menschen etwas von unserer Einzigartigkeit als Information weiter. Aber was damit gemacht wird, bleibt häufig im Verborgenen. Ein Satz, der von uns beiläufig dahin gesprochen wurde, kann manchmal eine größere Wirkung bei anderen entfalten als eine gut geplante Rede zu den Fragen unserer Zeit. Das, was uns wichtig ist, sehen andere Menschen häufig ganz anders. Das, was mir gerade jetzt wichtig ist, kann für andere vielleicht erst in ein paar Jahren als wichtig erscheinen.

Was bleibt also von uns übrig, wenn man uns kein Denkmal setzt und wir nicht in den Geschichtsbüchern oder Romanen auftauchen? Eine Erinnerung, die mit der Zeit immer weiter verblasst?

Wenn das Leben nur durch Zufälle bestimmt würde, bräuchten wir uns über den Sinn unseres Lebens keine großen Gedanken zu machen. Die beste Strategie wäre dann die Spaßgesellschaft und das Leben im „Hier und Jetzt".

Geht man vom Kausalitätsgesetz aus, dass jede Veränderung auch eine Ursache haben muss, dann kommt man mit Schopenhauer zur Erkenntnis, dass es einen „Zufall" nicht geben kann. Er erscheint uns nur als solcher, weil wir die Zusammenhänge zwischen verschiedenen Ereignissen und ihre innere Verkettung noch nicht erkannt haben.

Auch der Mechanismus der Vererbung hat die Eigenart, eine Phase der Chaotisierung zu durchlaufen, nach der sich die Gene in einer vorher nicht bestimmbaren Kombination wieder zusammensetzen. In der Offenheit dieses Spielraumes können die Kräfte des Schicksals, deren Spiel wir eben als „Zufall" bezeichnen, frei einwirken und ein Bild ihrer jeweiligen Konstellation erzeugen. Obwohl auch eine riesige Anzahl von sinnlosen nicht überlebensfähigen Kombinationen entstehen könnte, setzt sich der Sinn eigentlich immer durch. Dies ist eine interessante Idee eines Erklärungsmodells, das aber leider nicht beweisbar ist. Viele Menschen lieben aber dieses Erklärungsmuster, weil sie an ein vorbestimmtes Schicksal glauben wollen. Dieses Denkmodell hat den Vorteil, dass wir uns keine Gedanken über den Sinn des Ganzen machen brauchen. Den Grund für Schicksalsentscheidungen können wir ja nicht kennen. Falls man aber fest an den göttlichen Hintergrund glaubt, dann fügt man sich leichter in das Schicksal ein.

Im Hinduismus wurde daraus das Kastenwesen begründet, das den Platz in einer Gesellschaft definiert. Das Schicksalsmodell erlaubt es, unbequeme Ereignisse leichter zu ertragen. Es hindert die Gläubigen aber auch oft daran, Dinge zu verändern, wenn sie für unabänderbar gehalten werden. Lebenschancen werden so häufig übersehen. Der

Schicksalsglaube begünstigt also tendenziell ein eher passives Verhalten. Zufälle können wir nicht beeinflussen. Da aber kein fester Sinn dahinterstehen kann, hängt es von uns ab, ob wir die Chancen oder die Risiken im Vordergrund sehen.

Die Zufallsphilosophie lässt uns formal die Entscheidungs- und Bewertungsfreiheit und ermöglicht eine mutige aktive Lebensstrategie. Hinter den Zufällen kann per Definition keine Gesetzmäßigkeit stehen, die uns benachteiligt oder bevorzugt. Das erzeugt ein Gefühl der freien Wahl. Dies braucht der moderne Mensch. Aber können wir uns da so sicher sein?

Träume: Eigenartig wirkliche Unwirklichkeit

Seit US-Forscher 1952 entdeckt hatten, dass das schnelle Augenrollen (REM= Rapid Eye Movement) eine Traumphase anzeigt und wir mehrere Traumphasen pro Nacht haben, ist in der Traumforschung eigentlich nicht sehr viel passiert.

In den 70er Jahren stellte man in der Harvard Medical School in Cambridge noch fest, dass diese Phasen durch anscheinend zufällige elektrische Impulse aus dem Stammhirn begleitet werden, aber dem Mysterium kam man damit keinen wesentlichen Schritt näher. Erst als der israelische Schlafforscher Perez Lavie 1982 einen träumenden Patienten untersuchte, dessen Traumzentrum im Hirnstamm durch einen Granatsplitter zerstört worden war, wurde der Zusammenhang wieder näher untersucht. Dabei wurde nebenbei die Traumdeutung von Sigmund Freud ad acta gelegt, der die These vertrat, dass im Traum symbolhaft verdrängte sexuelle Wünsche abgearbeitet werden.

Studien belegen, dass die Aufregungen des Alltags wesentlich die Traumhandlungen bestimmen. An die wenigen fantastischen Träume könne man sich aber besser erinnern. In Träumen werden häufig unbekannte Orte aufgesucht. Trauminhalte werden stark von realen Abläufen bestimmt, die neu erfunden werden. Die meisten Menschen träumen von ihrer Arbeit, von Reisen oder Verstorbenen. Einige Psychologen meinen, dass dadurch die Psyche geheilt und gepflegt wird. Diese These ist allerdings umstritten.

Fest steht, dass der Traum einen Zustand erzeugt, in dem wir kreativer als im Normalzustand sind. Fest steht auch, dass die so genannte REM-Phase im Alter immer kürzer wird und sich die Gehirn-Aktivitätsmuster des Tages in der Nacht wiederholen. Die Traumforschung geht heute davon aus, dass Träume eine Art Training für die Wachwelt sind. Dabei verliert der Träumer praktisch allen Kontakt mit der äußeren Welt und erschafft sich eine innere Welt, die dem Träumer als äußere erscheint.

Es gibt allerdings auch Fakten, die diese Modelle möglicherweise in einem anderen Licht erscheinen lassen. Tatsache ist, dass Kinder bis zum Alter von zwei Jahren nicht nur viel schlafen (im Durchschnitt 16 Stunden pro Tag) sondern davon auch die Hälfte im REM-Schlaf mit Träumen verbringen. Leider können wir Kinder dieses Alters nicht interviewen, um herauszufinden, warum sie dies tun. Eine Erklärung wäre, dass sie bei ihren ersten Wahrnehmungs- und Sprachübungen und den Übungen zur Fein- und Grobmotorik viel neues lernen müssen. Nach dem medizinischen Psychologen Jan

Born (Uni Tübingen) geht es im Schlaf vor allem um eine „Reorganisation der Information" und eine Eingliederung in das Langzeitgedächtnis. [81] Dabei werden Informationen aus dem Kurzeitgedächtnis (Hippocampus) bewertet und nur das ins Langzeitgedächtnis (Neocortex) verschoben und mit dortigen Erfahrungen kombiniert, was als wichtig und wertvoll eingestuft wurde. Neues Wissen verändert dann manchmal altes gespeichertes Wissen. Diese Arbeit würde allerdings nicht in der Phase des Träumens stattfinden, in der wir uns noch selbst zuschauen können, sondern im unbewussten Zustand des Tiefschlafs.

Doch wer oder was sortiert und bewertet da im Schlaf, was wir tagsüber erlebt haben? Die Gehirnforschung spricht dann immer davon, das Gehirn mache dies oder jenes und tut so, als wenn dort ein automatischer Prozess ohne Beteiligung der Persönlichkeit abläuft. In der Tat wird das Ich-Bewusstsein bei dieser Arbeit praktisch ausgesperrt. Trotzdem verwendet unser Ich die bewerteten Informationen später zur Orientierung in der Gegenwart und Prognose für zukünftige Entwicklungen. Sigmund Freud hat diesen Bereich unserer Persönlichkeit das Unterbewusstsein genannt und diesem die Form eines schwimmenden Eisberges gegeben. Wir sehen nur die Spitze. Vergleichbar vielleicht mit der sichtbaren Materie im All, die nur 4 % ausmacht?

Träume sind wirklich seltsam. Das Merkwürdige ist, dass sogar einige Menschen, die von Geburt an blind sind, in ihren Träumen sehen können und später sogar zeichnen. Von Geburt an Taubstumme berichten schriftlich von gehörten Worten. Menschen, die noch nie laufen konnten, konnten in ihren Träumen joggen. Eine von Geburt an gelähmte Frau träumte davon, in Paris eine Tänzerin zu sein. [82]

Es gibt viele Traumtheorien. Besonders bekannt ist die These des Schlafforschers Allan Hobson (*1933), der die Auffassung vertritt, Träume seien „nichts als ein sinnfreies Begleitprodukt der Regulierung von Körperfunktionen". [83] Diese Hypothese wird heute eher bestritten. Wissenschaftlich bestätigt werden konnte die Bewertung, dass Menschen im Schlaf lernen können und besonders kreativ sind. Selbst Tiere träumen. In einem Labyrinth trainierte Ratten konnten in ihren Träumen darin herumlaufen. An den sogenannten Ortszellen konnte im Gehirn sogar gemessen werden, wo sie sich gerade befanden. [84]

Probleme lassen sich häufig besser lösen, wenn man erst einmal darüber schläft. Für die eigene Lebensplanung kann man sich diese Erkenntnis zu Nutze machen. Die Bedeutung des Träumens ist aber bisher nicht überzeugend aufgeklärt worden.

Es könnte sein, dass die Traumforschung deshalb auf der Stelle tritt, weil sie weiterhin davon ausgeht, dass sich Gedanken nur im Gehirn bilden und unabhängig von den Gedanken anderer Menschen sind. Telepathische Fähigkeiten werden apodiktisch ausgeschlossen. Dabei könnte man bekannte Phänomene gezielt erforschen. Der Biochemiker Rupert Sheldrake hat beispielsweise verschiedene Phänomene in unserer Alltagswelt beschrieben, die auf Informationsprozesse hinweisen und mit einfachen Methoden experimentell untersucht werden sollten. Beispielsweise scheinen Hunde zu wissen, wann ihre Besitzer heimkommen. [85]

Aufgrund der Erkenntnisse der Quantenphysik über die Verschränkung von Elektronen und Photonen, könnte man heute telepathische Vorgänge sogar erklären. Verschränkte Teilchen können über große Entfernungen und in Echtzeit Informationen austauschen. Möglicherweise gibt es dieses Phänomen auch bei Menschen und Tieren, die einen engen Kontakt und eine besondere Verbindung zueinander haben. Es ist bekannt, dass Mütter häufig „Ahnungen" haben, wenn es ihren Kindern schlecht geht.

Unsere Gehirne sind mit großer Wahrscheinlichkeit keine geschlossenen Systeme, die nur mit sich selbst Informationen austauschen. Deshalb muss man davon ausgehen, dass wir im Zustand des Träumens möglicherweise besonders gut gedanklich „auf Reisen gehen" können und auch von anderen Träumenden inspiriert werden. In der Wissenschaftsgeschichte gibt es viele dokumentierte Erfindungen und Erkenntnisse, die fast gleichzeitig gemacht worden sind, obwohl die Personen nichts voneinander wussten und keinen direkten Kontakt zueinander hatten. Von dieser Möglichkeit machen nicht nur Träumende Gebrauch. Auch die Intuition scheint eine Fähigkeit des Menschen zu belegen, Informationen aufzunehmen, die nur mit telepathischen Prozessen oder mit Hilfe einer höheren Dimension erklärt werden können.

Außenreize und Innenimpulse

In der subatomaren Welt gibt es Veränderungen, die durch Reize von außen veranlasst werden. Beispielsweise strahlt ein durch einen

Laserstrahl angeregtes Atom ein Elektron ab und wird zu einem geladenen Teilchen. Es gibt aber auch Veränderungen, die durch Impulse aus dem Innern entstehen. Zum Beispiel spaltet sich ein radioaktives Element mit einer bestimmten Wahrscheinlichkeit von selbst. Wir können unsere Welt deshalb nur verstehen, wenn beide Seiten beachtet werden.

Auch der Mensch verändert sich durch Außenreize und innere Impulse. Beides spielt zusammen. Das macht die Sache natürlich kompliziert. Aber ist das ein Grund, dass es keine Regeln geben kann, die uns mit einer bestimmten Wahrscheinlichkeit sagen, in welche Richtung sich das System bewegt? Die Erfahrung zeigt, dass sich das Verhalten von Menschen, deren Persönlichkeit beschrieben werden kann, in einem bestimmten Rahmen für Alltagsereignisse vorhersagen lässt. Nur wenn der Außenreiz sehr stark und ungewöhnlich ist, wird es mit einer Verhaltensprognose schwierig.

Die Verhaltenspsychologie, die immer noch unser Bild vom Menschen maßgeblich prägt, hat sich nur mit der Wirkung von Außenreizen auf unser Verhalten beschäftigt und mechanistisch interpretiert. Mit dieser Vorstellung konnten viele isolierte Versuchsanordnungen für die experimentelle Forschung entwickelt werden. Wir Menschen sind aber nur als offene Systeme mit teilweise komplizierten Rückkopplungsprozessen verstehbar.

Da die Innenimpulse nur dem Individuum selbst bekannt sind (oft aber auch nicht…), reagiert jeder Mensch auf Außenreize nicht in gleicher Weise. Die Verhaltenspsychologie hat diese Wahrheit einfach ausgeblendet und arbeitet empirisch lieber mit dem Durchschnittsmenschen, den es aber in Wirklichkeit gar nicht gibt.

Ein großer Teil der Erkenntnisse der Verhaltensforschung wird genutzt, um uns zu manipulieren. Mächtige ökonomische Interessen haben diesen Zweig der Psychologie stark gefördert. Die heutige Werbung und das Marketing sind ohne diese Erkenntnisse nicht denkbar. Viele Menschen durchschauen aber die Versuche, sie zu manipulieren. Die Werbestrategen mussten deshalb immer diffizilere Mechanismen erfinden.

Es gibt heute einen großen Instrumentenkasten, mit dem die verschiedenen Lebensmotive angesprochen werden können. Unsere ökonomische Welt funktioniert gut mithilfe starker Außenreize. Das ist der Grund, warum Shopping fast das Haupt-Lebensmotiv unserer Gesellschaft geworden ist. Jeder Mensch spricht unterschiedlich auf diese Reize an. Wenn wir darauf reagieren, dann können wir sicher sein, dass unsere Lebensmotive in diesem Bereich liegen. Aus unserem Konsumverhalten können wir also ohne Weiteres auch auf unsere dominierenden Lebensmotive schließen.

Etwas Kaufen ist aber etwas vollkommen anderes als etwas selbst zu tun bzw. herzustellen. Das muss man eigentlich nicht erklären, aber man sollte es sich immer wieder klar machen. Eine gekaufte Ware oder Dienstleistung kann uns nicht das Gefühl bringen, das entsteht, wenn wir etwas selbst schaffen oder aus inneren Impulsen heraus tun. Es ist ein riesiger Unterschied, ob ich selbst koche oder mich bekochen lasse. Es ist etwas völlig anderes, ob ich Musik über Spotify streame oder selbst Musik mache. Wir dürfen nie vergessen, dass es einen erheblichen Unterschied zwischen Haben und Sein gibt.

Durch die Konzentration der Psychologie auf die leichter messbaren Äußerlichkeiten des menschlichen Verhaltens ist das eigentliche

Wesen unserer Persönlichkeiten in den Schatten verschoben worden. Messbarkeit bedeutet, dass etwas Einzigartiges verglichen wird. Wenn ich Äpfel mit Birnen vergleichen möchte, dann kann ich das tun, indem ich einzelne Merkmale wie Form, Größe oder Geschmack isoliere. Damit beschreibe ich aber den Gegenstand aus meiner Interessenlage heraus. Ich sehe nicht das Wesen, sondern nur den Nutzen, den das Ding für mich hat.

Diese interessengeleitete Erkenntnis darf ich aber nicht für die Abbildung der objektiven Realität halten. Das Bild, das ich mir mache, ist etwas völlig anderes als die Wirklichkeit. Von der Form auf den Inhalt zu schließen, haben wir uns eigentlich abgewöhnt. Trotzdem fallen wir immer wieder darauf rein. In einer prunkvollen Schatulle erwarten wir eher den Schatz als in einer unauffälligen Kiste.

Ich kann das Verhalten von Menschen interpretieren und katalogisieren. Ich kann das Verhalten auch durch starke Reize beeinflussen. Mit diesem Modell kann ich aber nicht die wahren Lebensmotive und Lebensimpulse im Inneren der Menschen beschreiben. Dies können die Menschen wahrscheinlich nur selbst erforschen. Die Psychologie hat deshalb den eigentlichen Kern des Menschen noch gar nicht erreicht. Auch die Gehirnforschung ist hier noch nicht wesentlich weitergekommen.

Selbstverwirklichung

Wenn ich mir die Frage nach dem Sinn des Lebens stelle, dann stelle ich mir zuallererst die Frage nach dem Sinn meines Lebens. Ich stelle diese Frage aus dem Bewusstsein heraus, dass ich mich im Kern meiner Persönlichkeit eigentlich nicht wesentlich verändere. Dies ist nur ein Gefühl, das ich habe. Es ist aber ein Gefühl, dass wohl fast jeder Mensch hat. Dieses Gefühl ist nicht das gleiche wie das so genannte Ich-Bewusstsein, das auf der Ebene des Verstandes arbeitet und mein Tun beobachtet.

Das „Ich" ist nach Sigmund Freud eine Verbindungsstelle zwischen dem Unbewussten und den gesellschaftlichen Anforderungen des „Über-Ich". Es ist ein Teil unserer Persönlichkeit, die uns wohl immer ein Rätsel bleibt. Wenn ich in meiner Umwelt agiere, dann tue ich dies z. B., um bestimmte Aufgaben zu erfüllen, die mir andere gestellt haben.

In einer stark arbeitsteiligen Gesellschaft kann man dann manchmal den Eindruck bekommen, dass man permanent nur dabei ist, irgendwelche Anforderungen zu erfüllen, die nichts mit den eigenen Interessen zu tun haben. Das geht dann schon früh am Morgen los: Körperpflege und die Auswahl der Kleidung, Frühstück und die Auswahl des Verkehrsmittels, um zur Arbeitsstelle zu kommen. Dies sind nicht unbedingt Tätigkeiten, um sich selbst zu verwirklichen. Auch die Arbeitsstelle ist nicht automatisch der Ort, wo wir uns besonders wohl fühlen.

Natürlich erfüllen wir alle die täglichen Anforderungen in der uns eigenen Art. Jeder Mensch wird eine Aufgabe vielleicht etwas anders lösen, auch wenn das Ergebnis das Gleiche ist. Das nennen wir dann unsere persönliche Handschrift. Hier scheint also auch immer etwas von unserer Individualität durch. Aber von unserer angeborenen

Einzigartigkeit ist häufig wenig zu sehen. Trotzdem bleibt das Gefühl erhalten, wir sind etwas Besonderes und ändern uns im Kern unserer Persönlichkeit nur wenig.

Die Verwirklichung der Persönlichkeit in den unspezifischen Alltagsaktivitäten ist der Normalfall in der Geschichte der Menschen. Individuelle Ausdrucksmöglichkeiten wie z. B. Kunst, Prosa und Musik nutzen die Wenigsten. Die meisten Menschen haben sich bisher mit dem „Luxus der Selbstverwirklichung" neben Arbeit und Familie nicht beschäftigen können. Der heutige Wohlstand in den Industrienationen hat meine Generation wahrscheinlich als erste in die Lage versetzt, sich Gedanken über die Selbstverwirklichung zu machen und das Leben entsprechend zu verändern.

In den fortgeschrittenen Industrienationen nutzen wir heute viele Vereinfachungen des Lebens, die uns die Technik liefert, wenn wir uns das leisten können. Vieles davon könnte dem Zweck dienen, dass unser eigentliches Ich mehr Zeit für sich selbst bekommt.

Früher haben besonders Frauen viel Zeit mit der Herstellung und Zubereitung von Nahrungsmitteln, dem Wäschewaschen und Geschirrspülen verbracht. Der Begriff Freizeit war noch nicht erfunden. Heute haben die Menschen potenziell mehr Zeit für andere Dinge, aber sie nutzen sie oft nicht wirklich für sich selbst, sondern verbringen viel Zeit vor dem Fernseher, surfen im Internet oder konsumieren. Das Gefühl, das wir danach oft haben, ist ein Gefühl des ausgebrannt seins. Unsere Persönlichkeit ist dabei nicht gefordert.

In allem, was ich tue, steckt etwas Erlerntes und auch etwas Persönliches. Die Persönlichkeit hält sich aber im Alltag doch merklich zurück. In einer Arbeitsrolle muss man freundlich sein, auch wenn einem nicht danach ist. Man schaut interessiert, auch wenn man sich langweilt und hofft, dass die Sitzung bald vorbei ist.

Die Stabilität unserer Persönlichkeit

Die Bestimmung des Persönlichkeitsbegriffs ist den verschiedenen Psychologieschulen bislang nicht überzeugend gelungen. Dies hängt damit zusammen, dass die Persönlichkeit als Ganzes nicht messbar ist und die Selbstbeurteilung stark von den Bewertungen anderer Beobachter abweichen kann. Dabei ist die von außen wahrgenommene Persönlichkeit eines Menschen das Ergebnis eines zum größten Teil unbekannten Wechselspiels zwischen verschiedenen bewussten und unbewussten Teilen. Der Psychologe Carl Gustav Jung hat die regelnde Instanz des Unterbewusstseins „Selbst" genannt und dieses vom „Ich" abgegrenzt. In der Individualpsychologie wird das Selbst auch als Wesenskern oder Urgrund der Persönlichkeit bezeichnet. [86] Der Philosoph Immanuel Kant sah in der Selbsterkenntnis den Anfang aller menschlichen Weisheit.

Wie die Psychologie definiert, ist das Selbst eine „organisierte und dauerhafte Wahrnehmung" im Leben des Einzelnen, es ist auf diese Person beschränkt und bildet einen zentralen Teil der Persönlichkeitsstruktur. Ein Teil in uns nimmt einen Teil von uns als Ich-Persönlichkeit wahr. Den wahrnehmenden Teil von uns kann aber das wahrgenommene Ich selbst nicht erkennen. Wir nehmen uns nicht als Ganzes wahr, sondern machen uns ein Bild von uns selbst, indem wir einzelne Handlungen mit unserem inneren Wert- und Zielsystem vergleichen.

Das Ich, das das Ich wahrnimmt, muss etwas anderes sein als das Ich, das handelt und entscheidet. Es gibt also nicht nur ein Ich-Bewusstsein, sondern es gibt mindestens zwei Instanzen unserer Persönlichkeit, aus denen das Ich-Bewusstsein gebildet wird. Vereinfacht können wir diese Instanzen unterscheiden, indem wir vom Ich-Potenzial (Selbst) und der Ich-Realität (Ich) sprechen. Mein Eindruck ist, dass sich beide Elemente auch in der Dimension unterscheiden, in der sie wirken. Das Ich ist die Instanz, die sich in unserer dreidimensionalen Welt bewegt und den Verstand ausmacht und teilweise auch über Instinkte und damit Erfahrungswissen gesteuert wird. Das Selbst entspricht nach meiner Meinung einem höher-dimensionalen Bewusstsein und ermöglicht uns über die Intuition eine ganzheitliche Sicht auf die Dinge. Zum Selbst zähle ich die persönliche Grundmotivation und die inneren Werte (Gewissen).

Die Kommunikation zwischen dem Ich-Bewusstsein und dem Selbst des Menschen funktioniert aufgrund des Dimensionsunterschieds nur über Gefühle. Physikalisch sind Gefühle Kraftwirkungen, die entstehen, weil wir die höheren Dimensionen nicht erkennen können. Albert Einstein hat zum Beispiel erkannt, dass die Schwerkraft (Gravitation) durch eine Veränderung in der vierten Dimension bewirkt wird, die wir nicht direkt wahrnehmen können. Diese eigentlich geometrische Veränderung wirkt in unserer Welt als Kraftwirkung. Auf dieser Erkenntnis baut die Allgemeine Relativitätstheorie auf, die unsere Wirklichkeit bis heute am besten beschreibt. Auf dieses Thema gehe ich noch detailliert im zweiten Teil meiner Trilogie zum „Sinn des Ganzen" ein.

Wie wir seit Sigmund Freud wissen, macht unser Unterbewusstsein den größten Teil unserer Persönlichkeit aus. Die Gehirnforschung hat darüber hinaus festgestellt, dass unsere Willensentscheidungen nicht im bewussten Teil unserer Ich-Persönlichkeit getroffen werden. Das Ich wird eigentlich nur über diese Entscheidungen zeitversetzt informiert. Daraus wurde teilweise abgeleitet, dass wir keinen Freien Willen hätten. Nur weil wir aktuell kein Werkzeug besitzen, das Unbewusste zu erforschen, ist dieser Schluss der Gehirnforschung verfrüht. Hier zeigt sich, dass wir uns wahrscheinlich ein falsches Bild vom Wesen des Menschen gemacht haben.

Die Psychologie beurteilt oft nur das Sichtbare und tut sich schwer mit dem bislang unsichtbaren Kern des Menschen. Besonders die Verhaltenspsychologie hat versucht, den Menschen als rational entscheidendes Wesen zu beschreiben und so zu tun, als wenn wir nur auf Außenreize reagieren würden. Viele Erkenntnisse sind in die Marketingstrategien der Unternehmen eingeflossen. Dabei interessiert nur der zum Konsumieren neigende Teil der menschlichen Persönlichkeit. Hier kommt es auf Berechenbarkeit an. Die vielen verschiedenen Typologie-Modelle der Psychologie dienen dem Zweck, Menschen berechenbarer zu machen. Im Kern sind wir Menschen aber das geblieben, was wir immer schon waren: Gefühlsgesteuerte einzigartige Persönlichkeiten.

Wenn man Menschen beispielsweise im Rahmen einer psychologischen Studie befragt, dann hat eigentlich fast jeder Mensch den Eindruck, dass sich der Kern der Persönlichkeit im Laufe eines Lebens wenig verändert. Verändern tun sich nur die situationsbedingten

Möglichkeiten des Ausdrucks. Die Psychologin Nina Strohminger (University of Pennsylvania) ist allerdings der Meinung, dass das Konzept eines unveränderlichen Selbst „wissenschaftlich unhaltbar" sei und es nichts gebe, das wir als wahres Selbst entdecken könnten. [87] Viele Psychologen und Psychologinnen teilen wahrscheinlich diese Meinung, weil sich der Kern einer Persönlichkeit nicht wissenschaftlich untersuchen lässt. Deshalb wird beispielsweise auch nicht zwischen Instinkten und der Intuition unterschieden.

Meines Erachtens steht der herrschenden Psychologie ein Paradigmenwechsel bevor, den es in der Physik schon vor etwa 50 Jahren durch die Erkenntnisse der Quantenmechanik gegeben hat. Dabei hat sich gezeigt, dass die eigentliche Natur von Teilchen ihr Wellencharakter ist, sich dieser nur nicht-linear beschreiben lässt und auch zeitlose Prozesse im Rahmen verschränkter Teilchen ablaufen können. Auch wenn wir uns das vielleicht nicht eingestehen wollen: Der irrationale Teil unserer Persönlichkeit ist der eigentliche Kern unseres Wesens.

Die große Leistung des Tiefenpsychologen Sigmund Freud (1856-1939) war es, unbewusste Triebkräfte im Menschen beschrieben zu haben, die ihn ein Stück unberechenbar machen. Dadurch, dass Freud hauptsächlich psychisch Kranke untersuchte, hat er das Triebhafte im Menschen allerdings übersteigert und seine daraus abgeleiteten Modelle zu wenig an der normalen Lebenswirklichkeit überprüft. Sein Verdrängungsmodell und auch die Vorstellung vom „Ödipuskomplex" haben sich zur Erklärung menschlichen Verhaltens nicht bewährt.

Die Vorstellung von einem stabilen Kern der Persönlichkeit hat erst der Freud-Schüler Alfred Adler (1870-1937) entwickelt. Adler ist von einer unteilbaren „Bewegungslinie" ausgegangen, einer Art Grundausrichtung, einem „Schema des Lebens" und einem „Lebensplan", aus dem sich die gesamte seelische Struktur des Individuums aufbauen würde. Adler ist der Begründer der „Individualpsychologie".

Alfred Adler hat ein in sich widersprüchliches Streben des Menschen beschrieben. Der Mensch strebt auf der einen Seite nach Gemeinschaft und auf der anderen Seite nach persönlicher Überlegenheit. Die eine Kraft eint und die andere Kraft entzweit die Menschen. Dieser Dualismus der menschlichen Persönlichkeit beschreibt sehr gut die Ursache für die Dynamik der Entwicklung und gleichzeitig die Ursache für die Tragik der menschlichen Existenz. Der Mensch kann offensichtlich allein nicht glücklich sein, weil er von Natur her ein Gemeinschaftswesen ist. In Gemeinschaft wird er aber auch nicht glücklich, weil das ein Verlust an Autonomie bedeutet.

Dieses Spannungsfeld lässt nur kurze Zeiten des Gleichgewichts zu. Ein stabiles Gleichgewicht scheint unerreichbar. Man kann sich diesem Gleichgewicht wahrscheinlich nur durch permanente Aktivität annähern. Die verschiedenen Richtungen der heutigen Psychologie haben sich bislang nicht auf eine gemeinsame Vorstellung von der menschlichen Persönlichkeit einigen können.

Die Verhaltenspsychologie versucht, auf den Einbezug von Wertvorstellungen zu verzichten und beschränkt sich darauf, Methoden zur Verstärkung bestimmter Persönlichkeitsmerkmale und Strategien zu entwickeln. Der Mensch wird quasi als Bündel von Gewohnheiten definiert. Auf eine Erklärung bzw. Beschreibung der dahinter liegenden Ziele, Motive und Wertvorstellungen verzichtet man weitgehend. Das Wesen unserer Persönlichkeit bleibt also weiter im Verborgenen. Die Psychologie spricht hier von einem lebensgeschichtlichen Zusammenhang zwischen den Erfahrungen, die ein Mensch gemacht hat, und dem roten Faden, der sich durch den Strom der Ereignisse hindurch zieht.

Die Frage, was das Ich-Bewusstsein im Unterschied zum Selbst-Bewusstsein genau ist, kann bislang niemand so richtig beantworten. Viele Menschen haben oft das untrügliche Gefühl, dass da am Grunde unserer Seele etwas Einzigartiges existiert, das unsere unverwechselbare Identität ausmacht. Auch wenn wir älter werden, kommt es uns so vor, als ob sich unser eigentliches Wesen nur unbedeutend verändert hat.

Jeder Mensch ist eine einzigartige Persönlichkeit. Dieser Einzigartigkeit sind sich die meisten Menschen aber wahrscheinlich nicht bewusst. Dies hat auch wesentlich damit zu tun, dass unsere ökonomische Welt die Austauschbarkeit und Vergleichbarkeit betont, um Menschen als Arbeitskräfte sinnvoll einsetzen zu können. Nur im Bereich der kreativen Berufe wird die Einzigartigkeit geschätzt und auch vorausgesetzt.

Wir müssen uns wohl damit abfinden, dass unsere Persönlichkeit aus Sicht unseres Verstandes in sich widersprüchlich erscheint und nicht richtig beschreibbar ist. Trotzdem haben wir das Gefühl, dass diese verschiedenen Seiten unserer Persönlichkeit einem Ganzen entspringen. Das ist ein Paradox, dass die psychologischen Wissenschaftsrichtungen bislang nicht auflösen konnten.

Der Grund liegt möglicherweise in der eingeschränkten Wahrnehmungsweise unseres Verstandes. Die Motive zur Mustererkennung und zur Klärung von Ursachen führt zu einer starken Vereinfachung der Wirklichkeit. Ähnliche Situationen, ähnliche Personen und Dinge können dadurch schnell erkannt und Erfahrungen zugeordnet werden. Dadurch sehen wir sehr schnell, welche Risiken oder Chancen vor uns liegen. Diese Dimensionsreduzierung von der Komplexität zu einfachen Bewertungen führt zu einer geballten Konzentration von vergleichbaren Erfahrungen. Wenn diese kondensierten Lebenserfahrungen im Alter immer wieder die Reaktionsmuster eines Menschen bestimmen, dann spricht man von Altersweisheit oder auch Altersstarrsinn. Die Grenzen verwischen sich dabei. Diese Persönlichkeiten sind dann oft kalkulierbar geworden und reagieren auf neue Situationen unflexibel.

Die Vereinfachung komplexer Wirklichkeit hat aber auch den großen Nachteil, dass wir nicht vorurteilsfrei auf andere Menschen zugehen können. Wir sortieren alles in unseren Katalog von Wahrnehmungsmustern ein.

Die Gegenspieler zum Verstand sind die Intuition und die Liebe. Beide sind möglicherweise das Ergebnis einer Fähigkeit des Menschen, Personen, Dinge und Situationen ganzheitlich in ihrer eigentlichen Dimensionsvielfalt zu erfassen. Diese Art der Wahrnehmung unterscheidet sich deshalb grundsätzlich von der Wirklichkeitsreduktion des Verstandes. Deswegen denken wir nicht, sondern wir fühlen. Das Ich-Bewusstsein kann leider die verschiedenen Gefühle, die wir haben können, nicht gut unterscheiden, da wir auch tierische Instinkte besitzen, die uns in gefährlichen Situationen gute

Dienste erweisen und evolutionäre Vorteile boten.

Ich gehe später noch darauf ein, warum ich glaube, dass Intuition etwas vollkommen anderes ist als die menschlichen Instinkte und Liebe etwas vollkommen anderes ist als Sexualität.

Der Freie Wille

Wenn wir uns mit dem Sinn unseres Lebens beschäftigen, dann stellt sich auch sofort die Frage, ob wir unser Leben wirklich selbst gestalten können oder ob wir nur nach einem unbekannten Plan bzw. Programm funktionieren. Wenn wir entsprechend den steinzeitlichen Anforderungen - wie viele Wissenschaftler bzw. Wissenschaftlerinnen heute gerne behaupten - verhaltensprogrammiert sind, dann könnten wir daran nichts ändern. Dann wären aber auch alle Forderungen beispielsweise zur christlichen Nächstenliebe eine Überforderung des Homo sapiens. Wir wären unfähig, unser „Betriebssystem" den heutigen Anforderungen anzupassen.

Die Neurobiologie hat dem Verstand die Rolle als „Berater" zugewiesen. Die Entscheidungen werden danach auf der Basis eines emotionalen Erfahrungsgedächtnisses und auf der Grundlage von angeborenen Affekten oder Grundbedürfnissen getroffen. Der Verstand wird häufig sogar erst über Entscheidungen informiert, wenn sie emotional schon getroffen worden sind. Dann legt der Verstand sich nachträglich Gründe für diese Entscheidung zurecht und tut so, als hätte er selbst diese Initiative ergriffen.

Viele Gehirnforscher leiten aus diesen Gehirnmessungen ab, dass der „Freie Wille" deshalb nur eine Illusion sei. Nach dem gegenwärtigen Stand der Hirnforschung scheint es so zu sein, als wenn wir uns nicht frei entscheiden könnten, aber die Illusion eines freien Willens besitzen.

Dass dies so ist, habe angeblich eine lange Reihe von Experimenten bewiesen. Der US-Forscher Benjamin Libet will sogar den zeitlichen Abstand zwischen Handlung und vermeintlichem Willensentschluss gemessen haben: Das Gefühl, eine Bewegung absichtlich ausgeführt zu haben, sagt er, stellt sich exakt 350 Millisekunden nach der Bewegung ein.

Diese fast einheitliche Bewertung der Gehirnforscher ist schwer zu verdauen, da dies unserem aktuellen Selbstverständnis (zumindest in Europa) widerspricht.

Vielleicht ist der Widerspruch aber auch keiner, wenn man diese Aussagen nur auf Vernunft begründete Entscheidungen bezieht. Wenn unbewusste Motive aber für eine Handlung entscheidend sind, gäbe es keine Schuld im juristischen Sinne, denn wir haben ja tatsächlich etwas nicht bewusst getan. Diese Vorstellung hätte in der Rechtsordnung gravierende Folgen. Bislang muss auch jemand Verantwortung für unbewusst veranlasste Handlungen übernehmen. Wenn das nicht so wäre, würden wir uns bei jeder Gelegenheit auf unser Unbewusstes berufen.

Der Hirnforscher Wolf Singer (*1943) führt das Ergebnis der Messungen darauf zurück, dass das Gehirn im Unterschied zum Bewusstsein nichtlinear und parallel arbeitet. Es gebe auch keine Trennung zwischen einem Arbeits- und Programmspeicher und keine zentrale Instanz, die diese Prozesse steuert. Deshalb sei der Vergleich mit einem Computer grundsätzlich falsch. Da Gehirne komplexe Systeme mit einer nichtlinearen Dynamik sind, sei das Ergebnis der Denkprozesse grundsätzlich nicht vorhersehbar. Das bewusste lineare Denken ist nach den Vorstellungen der Gehirnforschung grundsätzlich ein Ergebnis von unbewussten nichtlinearen Prozessen im dezentral organisierten Gehirn und nicht die Ursache. Wolf Singer:

„Offensichtlich haben sich im Gehirn, schon lange bevor dem Probanden seine Entscheidung bewusst wird, spezifische Aktivitätsmuster ausgebildet, die diese und keine andere Aktion präjudizieren … Menschen handeln oder entscheiden ungern ohne Begründung, und wenn ihnen die ‚wahren‘ Gründe verborgen sind, machen sie sich ad hoc erfundene zu eigen.“ [88]

Wolf Singer ist bei diesem Sachverhalt bewusst, dass wir die Frage nach dem Freien Willen noch nicht endgültig beantworten können, weil wir die „Mechanismen zur Codierung und Verarbeitung von Informationen" noch nicht kennen. Deshalb sind wir auch weiterhin für Entscheidungen verantwortlich, für die wir keine echten Gründe kennen, weil unser nichtlineares Gehirn uns nur über das Ergebnis des unbewussten Denkprozesses informiert hat. Das ist natürlich keine wissenschaftliche sondern eher eine politische Bewertung.

Warum nimmt der Verstand in unserer Wahrnehmung eigentlich eine relativ bedeutende Rolle ein, obwohl die Leistungen unserer Verstandesarbeit eher enttäuschend sind? Pro Sekunde können nämlich nur etwa 50 Bits verarbeitet werden. Ein Bit ist die kleinste Informationseinheit in der digitalen Sprache und kann nur aus zwei verschiedenen Zuständen - z. B. ja oder nein - bestehen. Die Denkkapazität reicht gerade mal aus, um sich 7 Aspekte gleichzeitig zu merken. Forscher haben ausgerechnet, dass pro Sekunde die unvorstellbare Informationsmenge von 400 Milliarden Bits auf uns einströmt (für Computerfreaks: Das ist der Inhalt einer 50 Gigabyte-Festplatte pro Sekunde!). Daran kann man aber auch die Leistungsfähigkeit des Verstandes zur Reduktion der Datenmenge erkennen. Aus 400 Milliarden Bits werden 50. Dabei gehen wir davon aus, dass nach dieser Informationsverdichtung trotzdem noch die wesentliche Information erhalten bleibt.

Das individuelle Fassungsvermögen des visuellen „Arbeitsspeichers" wurde auch in verschiedenen Experimenten gemessen. Die meisten Probanden konnten nach einem kurzen Blick auf ein Bild z.B. nur drei bis vier Charakteristika im Gedächtnis behalten. Andere merkten sich ein oder zwei, wenige Teilnehmer bis zu fünf Objekte. Das ist nicht gerade viel für die „Krone der Schöpfung".

Wenn der Verstand allein die Ursache für unsere Kreativität und Intelligenz wäre, dann wäre der Homo sapiens in seiner Entwicklung sicher nicht sehr weit gekommen. Auch wenn wir es nicht wahrhaben wollen: Unser Verstand hat uns nicht zur „Krone der Schöpfung" gemacht. Oft muss man den Eindruck bekommen, dass er der Weiterentwicklung eher im Wege steht.

Die Ergebnisse der Gehirnforschung könnten ein Indiz dafür sein, dass unsere Verhaltensentscheidungen auf einer anderen als der neurophysiologischen Ebene getroffen werden. Der Verstand entscheidet nicht, sondern wird nur darüber in Kenntnis gesetzt. Die Handlungsimpulse werden eventuell nicht im Gehirn erzeugt, sondern woanders.

Die entscheidende Frage ist dann, welche informationsverarbeitenden Ebenen es sonst noch im menschlichen Körper gibt. Bislang gehen wir davon aus, dass nur bestimmte Zelltypen in der Lage sind, elektrische Impulse zu verarbeiten. Wo sich diese Nervenzellen befinden, ist bekannt. So gibt es beispielsweise im Magen-Darmbereich starke Ansammlungen von vernetzten Zellen. Dieses „Bauchgehirn" scheint aber eher eine dezentrale Steuereinheit zur Regulierung der komplexen Vorgänge im Verdauungstrakt zu sein und bilden damit möglicherweise auch den Kern unseres Immunsystems.

Was wäre aber, wenn es auch noch andere Informationsmedien gäbe, die nicht elektromagnetischer Natur sind? Möglicherweise besteht unser Körper auch aus verschränkten Elementarteilchen, die in Echtzeit außerhalb der Raumzeit kommunizieren können. Solange wir diese Art der Kommunikation nicht direkt erkennen können, können wir auch die Wirkungen nicht ausschließen.

Was wäre, wenn das Gehirn teilweise nur der Empfänger von Informationen ist? Dann könnte der Sender den Tod des Empfängers vielleicht auch überleben.

Ich gehe weiterhin davon aus, dass wir grundsätzlich zu freien Willensentscheidungen fähig sind und dass dies sogar ein wesentliches Unterscheidungsmerkmal zur Tier- und Pflanzenwelt ist. Dabei scheint nicht der Verstand bzw. das Ich-Bewusstsein die Willensentscheidung zu treffen. Dies hat die Gehirnforschung mit ihren Messungen im Grunde bestätigt. Damit ist allerdings nicht ausgeschlossen, dass die Willensentscheidungen in einem möglicherweise mehrdimensionalen Kern der Persönlichkeit - auch Selbst genannt - getroffen worden sind. Der Verstand und das Ich können diesen Kern aufgrund der Dimensionsunterschiede nicht direkt wahrnehmen.

Am besten kann man die Wirkung höherer Dimensionen verstehen, wenn man sich ein zweidimensionales Strichmännchen auf einem Blatt Papier vorstellt. Dieses Wesen kann Veränderungen in der dritten Dimension nicht direkt wahrnehmen. Wenn wir durch Zerknüllen des Blatts eine drei-dimensionale Oberfläche schaffen würden, dann würde dieses Männchen die „Berge" und „Täler" zwar nicht sehen können, aber merken, wenn es den Berg hoch geht. Es ist dann plötzlich anstrengender. Das Strichmännchen würde die dritte Dimension als Kraftwirkung fühlen.

Dieses Modell ist im Übrigen die Ursache für die Allgemeine Relativitätstheorie geworden. Einstein hat erkannt, dass eine Krümmung des Raumes in der vierten Dimension als Schwerkraft in unseren Dimensionen wirkt und gemessen werden kann.

Es wäre also gut möglich, dass bestimmte komplexe Gefühle wie Liebe und Intuition ihren Ursprung in einer höheren Dimension haben. Einer Welt des Potenzials und der Zeitlosigkeit. Vergleichbar mit dem Vakuumfeld der Quantenphysik. Liebe könnte auf dieser Ebene bedeuten, eine Persönlichkeit als Ganzes wahrzunehmen, d.h. gleichzeitig die Geschichte, das Potenzial und die Entwicklung. Das Wesen eines Menschen in einer Dimension der Zeitlosigkeit.

Möglicherweise gibt es diese „echte" Liebe nicht wirklich. Es muss aber einen Grund haben, warum die Menschheit die Liebe seit Jahrtausenden so verherrlicht. Liebe ist mit Abstand das größte Gefühl, zu dem wir Menschen fähig sind. Es ist aber leider auch ein Gefühl, bei dem wir uns häufig schon getäuscht haben.

Intuition ist auch ein großartiges und geheimnisvolles Gefühl. Dabei geht es nicht um eine Kraft, die Verbindungen schafft, sondern eher um einen ganzheitlichen Blick über das Hier und Jetzt hinaus. Intuition ist nach meiner Meinung eine mehrdimensionale Wahrnehmungsleistung, die unsere Sinne und unser Denken hervorragend ergänzt und der eigentliche Ursprung für kreative Leistungen ist. Wir müssen sie nur nutzen wollen.

Evolution und DNS-Code

Das renommierte „Science"-Magazin hat die fast 150 Jahre alte Evolutionstheorie zum „Durchbruch des Jahres 2005" gekürt. Darwin sei nur der Anfang gewesen, heißt es im Wissenschaftsmagazin „Science". Jüngste Daten und Beobachtungen hätten seine Lehre untermauert.

Als Charles Darwin 1859 sein Buch „Über den Ursprung der Arten" vorlegte, war eine neue Weltsicht neben die Schöpfungsgeschichte der Bibel getreten. Eine naturwissenschaftliche Weltsicht, die vorgab, die Vielfalt und Entwicklung des Lebens beschreiben zu können, ohne auf einen göttlichen Schöpfungsakt angewiesen zu sein. Lebendige Ordnung kann danach aus dem Chaos entstehen, ohne dass es eine strukturierende und ordnende Kraft geben muss. Ein festgelegtes Schicksal mit einem definierten Lebenspfad gibt es demzufolge nicht. Alles lässt sich aus der Aufeinanderfolge von Zufällen erklären. Das Wunder der Natur und des Menschen ist nach Darwin also nüchtern beschreibbar.

Darwin ist sehr faktenorientiert vorgegangen. Trotzdem gibt es Annahmen, die plausibel, aber schwer beweisbar sind. So geht Darwin davon aus, dass sich die Arten prinzipiell unendlich vermehren möchten:

„Da jede Art bestrebt ist, sich infolge des geometrischen Verhältnisses ihrer Fortpflanzung in ihrer Zahl unendlich zu vermehren, ... so wird in der natürlichen Zuchtwahl ein beständiges Streben vorhanden sein, die am meisten divergierenden Nachkommen einer jeden Art zu erhalten."

Das Artensterben ist nach Darwin ein natürlicher Vorgang:

„Das Erlöschen von Arten ... folgt fast unvermeidlich aus dem Prinzip der natürlichen Zuchtwahl, denn alte Formen werden durch neue und verbesserte Formen ersetzt". 90

Auch Darwin neigte schon dazu, seine Ergebnisse zu verallgemeinern und Glaubenssätze zu formulieren:

„Ich glaube, dass die Tiere von höchstens vier oder fünf und die Pflanzen von ebenso vielen oder noch weniger Stammformen herrühren. Die Analogie würde mich noch einen Schritt weiterführen, nämlich zu glauben, dass alle Pflanzen und Tiere nur von einer einzigen Urform herrühren; doch könnte die Analogie eine trügerische Führerin sein". 91

Die heutige Biologie hat den Glauben an eine Art Urzelle als ein naturwissenschaftliches Axiom festgeschrieben, obwohl es dazu noch keine Fakten über die „Missing-Links" zwischen den Arten gibt. Die Hoffnung geht über eine Urzelle hinaus. Heute will man den Anfang des Lebens in den Proteinen und dem genetischen Code entdecken und den Übergang von der toten zur lebendigen Materie erklären können. Mit großer Wahrscheinlichkeit fand dieser Prozess dann nicht auf der Erde statt, da wir heute davon ausgehen, dass die Bausteine des Lebens ursprünglich per Meteorit aus dem Kosmos eingereist sind.

Darwin ist hinsichtlich der Schöpfungsgeschichte etwas offener gewesen und hat sie nicht vollständig ausgeschlossen. Eine weltweite Sintflut hielt er aber für unwahrscheinlich, da nach seiner Ansicht

„die regelmäßige Aufeinanderfolge der Generationen niemals unterbrochen worden ist". Er wollte wohl die Kirchen etwas besänftigen, indem er am Schluss seines Buches folgenden Satz formulierte:

„Es ist wahrlich eine großartige Ansicht, dass der Schöpfer den Keim alles Lebens, das uns umgibt, nur wenigen oder nur einer einzigen Form eingehaucht hat". [92]

Das hat seine missionarischen Nachfolger allerdings nicht davon abgehalten, den Streit mit den Kirchen zu suchen. Richard Dawkins hat in „Der Gotteswahn" nachweisen wollen, „warum es mit ziemlicher Sicherheit keinen Gott gibt" und behauptet:

„Die natürliche Selektion ist nicht nur eine sparsame, plausible und elegante Lösung, sie ist auch die einzige jemals vorgeschlagene Alternative zum Zufall, die wirklich funktioniert". [93]

Nach Dawkins begünstigt die Natur diejenigen Arten, die Zeit und Energie auf das Überleben und die Fortpflanzung verwenden:

„Die Natur kann sich leichtfertige Spielereien nicht leisten. Erbarmungslose Nützlichkeit ist Trumpf, auch wenn es nicht immer den Anschein hat." [94]

Wenn sich neue Ideen durchsetzen sollen, ist es manchmal sinnvoll, die Dinge zuzuspitzen und zu polarisieren. Wenn sich diese Vorstellung dann durchgesetzt hat, muss man wieder Raum zur vorurteilsfreien Reflexion schaffen, um weitere Innovationen zu ermöglichen. Leider hat dies in der Geschichte der Naturwissenschaften selten funktioniert.

Die Evolutionsbiologie ist heute selbst zu einem Dogma geworden und hat die Beschreibung der Natur durch die Sicht auf die Konkurrenz und den Überlebenswillen der Arten stark vereinfacht. Es ist aber unbestritten, dass evolutionäre Prozesse ablaufen und es offensichtlich kein vorbestimmtes Optimierungsergebnis gibt. Die Frage nach dem Anfang und dem Ende darf trotzdem gestellt werden.

Es gibt augenscheinlich einen definierten Anfang im sich entwickelnden kosmischen Urknall. Wohin sich das Leben entwickelt, ist nicht vorhersehbar, da es keine festgelegten Wahrscheinlichkeiten und keine fixierten Entwicklungsziele gibt. Bis heute halten wir diese Vorstellung von der Natur für wissenschaftlich belegt. In den Schulen und Hochschulen wird Darwins Evolutionstheorie weiterhin als unumstößliche Tatsache hingestellt und zunehmend auch für die Erklärung der Weltwirtschaft genutzt.

Die Evolutionstheorie kommt mit einfachen Grundannahmen aus, die jeder leicht verstehen kann. Die drei Grundelemente Mutation, Selektion und Kumulation lassen sich auch umgangssprachlich gut darstellen. Dies war sicher eine Voraussetzung dafür, dass der Glaube an die Evolution sich weltweit so weit verbreitet hat.

Mutation: Auch wenn die biologischen Grundlagen die gleichen sind, so ist doch keine einzelne Pflanze oder Tier identisch. Die Natur produziert also nicht wie eine Maschine mit gleichbleibenden Formen und gleicher Qualität. Jedes Lebewesen ist in gewisser Weise einzigartig mit kleinen Abweichungen gegenüber den eigenen Familienangehörigen. Auch wenn diese Abweichungen nicht auf den ersten Blick erkennbar sind, so sind sie doch immer da. Diese

Abweichungen werden mit Standortfaktoren wie z. B. Strahleneinflüssen und Mangel- oder Überfluss erklärt und sind rein zufällig. Aus diesen spontanen und unbeabsichtigten Abweichungen können Vorteile oder Nachteile für das einzelne Individuum in seinem Kampf ums Überleben entstehen. Viele Abweichungen wirken sich aber eventuell auch gar nicht negativ oder positiv aus und sind quasi entwicklungsneutral. Positiv wirkende Abweichungen sind sehr selten und meistens noch unwahrscheinlicher als ein Lottogewinn. Nur ein Tausendstel Prozent aller Mutationen sollen sich positiv auswirken können.

Selektion: Wenn individuelle Überlebensvorteile weitervererbt werden, können sie irgendwann auch zu einer bestimmenden Eigenschaft der jeweiligen Art werden. Die Geschwindigkeit der „Auslese" hängt dabei nicht nur vom Vorteilsgrad der Abweichung ab, sondern auch der Größe der Population, deren räumliche Verteilung und dem Verhalten der Feinde. Dabei spielt die eigene Vermehrungsfähigkeit eine große Rolle. Der „Tüchtigste" überlebt.

Kumulation: Das massenhafte Kopieren der einmal spontan bei einem Individuum entstandenen Fehler führt zur Anhäufung dieser neuen Eigenschaft und bleibt der Art solange erhalten, wie er sich im täglichen Kampf als überlebenswichtig erweist. Da sich auch die Umweltbedingungen, die Feinde und konkurrierende Arten verändern, wird die Frage, was von Vorteil ist, ständig neu bewertet. Viele Fragen, die wir uns beim Blick auf die Entwicklung der Arten gestellt haben, können mit diesem Gedankenmodell plausibel beantwortet werden.

Das Erklärungsmodell hat aber auch viele Schwächen, die mit seinem Ausschließlichkeitsanspruch zusammenhängen. In den USA tobt seit dem Jahr 2005 die Debatte um „Intelligent Design", die pseudowissenschaftliche Form der biblischen Schöpfungslehre. Eltern streiten vor Gericht, ob ihre Kinder im Biologieunterricht neben Darwins Evolutionstheorie auch das Konzept eines göttlichen Schöpfers lernen sollen.

Das vermeintlich gründlicher aufgeklärte Europa wähnte sich vor diesem Konflikt bisher weitgehend sicher. Jetzt aber stellt sich heraus, dass auch in Großbritannien die Vorstellung recht populär ist, ein höheres Wesen habe die Erde und das Leben vor erst wenigen tausend Jahren erschaffen. Eine Umfrage im Auftrag der BBC führte zu interessanten Ergebnissen: Auf die Frage, was ihre Sicht der Entstehung und der Entwicklung des Lebens am Ehesten beschreibe, nannten 48 Prozent der mehr als 2000 Befragten die Evolutionstheorie, 22 Prozent den „Kreationismus" und 17 Prozent „Intelligent Design". Der Rest äußerte sich unentschlossen. [95]

Fast 40 Prozent glauben also, dass wir Menschen von einer übermenschlichen Intelligenz geschaffen worden sind. Die „Kreationisten" sind im Unterschied zu den Vertretern des „Intelligent Design" darüber hinaus streng bibelgläubig und nehmen auch die Zeitangaben der Schöpfungsgeschichte ernst. In Deutschland hat die neue Richtung der „Schöpfungswissenschaft" noch wenig Anhänger. Aber auch hier nimmt die Auseinandersetzung zu.

Die Grenzen der Evolutionstheorie

Die Evolutionstheorie von Darwin erscheint grundsätzlich plausibel, also in sich schlüssig. Was ist aber wirklich wissenschaftlich belegt? Der Übergang von der komplexen Chemie zu den ersten Einzellern kann bislang nicht erklärt werden. Es ist zwar nicht zu übersehen, dass das Leben das Prinzip der Selbstorganisation nutzt und Wachstum und Entwicklung erzeugt. Aber woher dieser Impuls zum Überleben kommt und wodurch er ausgelöst wurde, bleibt weiter im Dunkeln.

Das Schöne an dem Darwinismus ist, dass viele Fragen von vornherein ausgeschlossen werden. Wo per Definition Zufall herrscht, brauchen wir nicht Absichten oder Entwicklungs- und Wachstumsziele zu untersuchen und moralische Fragen nach Gut und Böse zu stellen. Es gibt keine vorbestimmte Entwicklung und es gibt keine zu bewertenden Ziele. Die Frage nach Sinn oder Unsinn stellt sich nicht. Zermürbende philosophische bzw. religiöse Diskussionen sind überflüssig. Wir haben mit einem Federstrich von Darwin viele existenzielle Fragen einfach abgeschafft.

Eine Zeit kann man damit gut leben. Auch die Zeit, wo wir glaubten, dass sich der Kosmos um die Erde dreht, hat eine Zeit lang Vorteile für die Ausrichtung des Denkens gebracht. Weltsichten und Gedankenmodelle wirken wie Filter bzw. Linsen. Ich konzentriere mich auf das, was ich sehen möchte und nicht auf das, was da ist.

Das Leben zeichnet sich offensichtlich auch durch evolutionäre Sprunghaftigkeit aus. Dies bereitet den Darwinisten besonderes

Kopfzerbrechen. Die Kernfrage lautet dabei, wie denn eine vorteilhafte zufällig entstehende Mutation erklärt werden soll, wenn dazu auf der Ebene der DNS mehrere hundert zielgerichtete biochemische Veränderungen erfolgen müssten. Die Wahrscheinlichkeit, dass zufällig gleichgerichtete und sinnvolle Veränderungen in der genetischen Sprache entstehen, ist sehr gering.

Natürlich verändert sich die Natur selbstständig oder durch Nachhilfe durch Züchter. Manchmal werden genetische Bausteine einfach addiert. So ist z. B. die „Loganbeere" durch Fusion der Chromosomensätze einer Brombeerart und der Himbeere entstanden. Die meisten Lebensformen lassen sich aber leider nicht durch eine einfache Verschmelzung von Genbausteinen beschreiben. Dann hätten wir schon längst das Periodensystem des Lebendigen gefunden und könnten auch Kombinationen beschreiben, die es einmal gab bzw. vielleicht noch geben wird. Allein der genetische Baustein erklärt aber auch noch nicht das Lebendige.

Der amerikanische Wirtschaftswissenschaftler Jeremy Rifkin sieht die Informationsverarbeitung als Kern der Evolution an:

„Evolution lässt sich als Optimierung von Informationsverarbeitung betrachten. Je erfolgreicher eine Art bei der Verarbeitung immer komplexerer, immer vielfältigerer Informationen wird, umso besser kann sie sich einem größeren Spektrum umweltbedingter Veränderungen anpassen. Mit dieser neuen Denkweise lässt sich der Schlüssel zur Evolution in der Art der Informationsverarbeitung finden. Negative Rückkopplung führt zum Stillstand, positive Rückkopplung zur Transformation." [96]

Fälschungen im Geiste Darwins

Wenn die Wirklichkeit den Darwinismus nicht im vollen Umfange beweist, dann haben in der Vergangenheit einige seiner überzeugtesten Anhänger auch mal mit Fälschungen nachgeholfen. Besonders bei der Berechnung des Alters von Skelettteilen sind viele Fälschungen produziert worden.

Der Frankfurter Anthropologe Reiner Protsch von Zieten hat z. B. nach Überzeugung einer Expertenkommission jahrzehntelang sein Amt für Fälschungen und Manipulationen missbraucht. Die Experten haben Protsch vorgeworfen, „im Verlauf der vergangenen 30 Jahre immer wieder wissenschaftliche Fakten gefälscht und manipuliert" zu haben. Erstmals war im August 2004 der Verdacht aufgekommen, dass Protsch vermeintliche Schädelfunde aus der menschlichen Vorgeschichte um Zehntausende von Jahren vordatiert und damit ein verfälschtes Bild von der Entwicklung des Menschen gezeichnet hatte. Untersuchungen mit der Radiokarbonmethode ergaben nach Expertenangaben, dass die von Protsch als Sensationsfundstücke vorgestellten Schädelfragmente statt mehr als 30.000 Jahre nur wenige Hundert Jahre alt waren. [97]

Der „Archäoraptor", ein gefeiertes „Missing Link" zwischen Vögeln und Sauriern, ist auch eine Fälschung gewesen. Im Oktober 1999 wurde auf einer Pressekonferenz der National Geographic Society ein aufsehenerregender Fund vorgestellt: Archäoraptor - ein Bindeglied zwischen Dinosauriern und Vögeln. Ein Jahr später wurde bestätigt, was damals bereits von einem chinesischen Paläontologen vermutet wurde: Das Skelett des in China gefundenen Tieres ist aus verschiedenen Teilen zusammengesetzt worden. Schwanz und hintere Extremitäten gehören zu einem Dromaesaurus. Der Schädel, der Schultergürtel und die Flügel dagegen stammen von einem anderen Fossil. [98]

Darwin ist zum Mythos geworden.

Die Lebensgeschichte von Charles Darwin erscheint selbst als eine Aneinanderreihung von Zufällen. Der Theologe Darwin wäre nämlich wahrscheinlich völlig unbekannt in seiner Landpfarrei gestorben, wenn er nicht die Einladung zur 5-jährigen Reise mit dem Marine-Erkundungsschiff HMS Beagle bekommen hätte. Der Kapitän Robert FritzRoy brauchte eine Person, mit der er sich auf der langen Reise anregend unterhalten konnte. Weil der ursprünglich vorgesehene Herr absprang, fiel die Wahl auf Darwin. Ohne diesen Zufall hätte Darwin sicher nie die Galapagosinseln besucht und seine Studien über Finken und Schildkröten machen können.

Obwohl sein Buch „Die Entstehung der Arten" hieß, hat Darwin keine Erklärung dafür entdeckt bzw. angeboten. Darwin hat auch nicht den Begriff Evolution benutzt, sondern nur von der „Abstammung mit Abwandlung" gesprochen. Sein Hauptthema war die Auslese der Lebensunfähigeren durch die Dominanz der Überlebensfähigen. Damit hat er einen wesentlichen Mechanismus der Evolution beschrieben.

Der Ausleseprozess sorgt in der Tat dafür, dass nicht alle Arten überleben können. Darwin hat angenommen, dass sich die Arten zwar unter dem Druck der Nahrungskonkurrenz und der Umweltbedingungen verändern und anpassen, aber doch letztlich auf einen gemeinsamen verwandtschaftlichen Ursprung zurückführen lassen. 1871 hat ihn diese Vorstellung dazu getrieben, in seinem Werk „Die Abstammung des Menschen" die Behauptung als Tatsache zu verkaufen, dass wir von den Affen abstammen. Belege dazu gab es nicht. Darwin hat wohl einfach den Neandertaler als unseren Vorfahren gesehen und die Linie weitergezeichnet. Das schien damals die plausibelste Erklärung zu sein.

Ohne die Forschungen eines anderen Landgeistlichen mit Namen Gregor Mendel wären Darwins Abstammungslinien im Übrigen nicht zu erklären gewesen, da eine Vermischung von Eigenschaften dazu führen müsste, dass nur noch durchschnittliche Fähigkeiten verbleiben. Das wäre im wahrsten Sinne des Wortes „Wasser im Wein" der Evolution. Erst die Erkenntnis von Mendel, dass zwar immer zwei Faktoren vererbt werden, aber nur einer davon „dominant" ist und sich durchsetzt, hat Darwins Beobachtungen erklärbar gemacht.

Die moderne Evolutionstheorie ist eine Zusammenfassung dieser Vorstellungen. Wird aber damit schon erklärt, was Leben eigentlich ausmacht? Sicher nicht. Auch der Ursprung des Lebens bleibt damit unbekannt. Viele Fragen werden also durch die Evolutionstheorie nicht wirklich beantwortet. Es wird aber häufig so getan. Es gibt viele Hypothesen über den Ursprung. Da gibt es zum Beispiel die Idee, dass am Anfang eine Art Urzelle („LUCA") existierte, die sich geteilt hat und aus der alles Lebendige entstanden sein soll. Aber wie soll dann diese Zelle aus der toten Materie entstanden sein? Sie muss dann ja schon die wesentlichen Funktionen wie die Energieversorgung und Teilung beherrscht haben. Die Diplombiologin Rosemarie Benke-Bursian sieht den Ursprung in speziellen Bakterien:

„Wichtige, wenn nicht gar die wichtigsten Wegbereiter für die Evolution höherer Organismen waren die Cyanobakterien, die vor ca. 3,5 Mrd. Jahren auf der Erde auftauchten. Cyanobakterien haben die Fotosynthese „erfunden". Unter Fotosynthese versteht man die Umwandlung der Lichtenergie in chemische Energie, welche dann wiederum eingesetzt wird, um aus Wasser und Kohlendioxid Zucker herzustellen." [99]

Darwins Erkenntnisse sind in eine neue Glaubensrichtung eingeflossen, die den Eindruck erweckt, wir hätten den Schlüssel für das Lebensrätsel gefunden. Vieles davon sind reine Modellannahmen und bislang nicht bewiesen worden.

Auch hier ist es an der Zeit, Glauben und Wissen vorurteilsfrei zu trennen. Zweifel am Darwinismus sind bei unserer wissenschaftlichen Elite aber genauso unangebracht, wie die Kritik an der Relativitätstheorie von Albert Einstein.

Die Vorstellung von Darwin, dass wir nur Arterhaltung im Sinn haben und weiter auf der Suche nach den besten Überlebensstrategien sind, kann mich nicht überzeugen. Hier hat Darwin Mechanismen aus der Tierwelt einfach auf den Menschen projiziert, ohne sich das Wesen des Menschen genauer anzusehen. Die geistigen Qualitäten des Menschen bleiben bei dieser Sicht außen vor. Auch die spirituelle Seite des Menschen und die Bedeutung der Religionen in der Geschichte werden hier ausgeblendet.

Fazit: Der Mensch als Sinn suchende Lebensart tut nun einmal nicht nur das, was der Arterhaltung dient. Die Epigenetik und der Placebo-Effekt zeigen, dass die Entwicklung und das Verhalten auch geistig beeinflusst werden können. Wir können uns so verhalten, wie die Generationen vor uns, wir können uns aber auch anders entwickeln, wenn wir das wollen (und wenn wir es verantworten können ...).

„Biophotonen" – Lichtspeicher der Zellen?

Um 1920 hatte der russische Biologe Alexander Gurwitsch nach Experimenten mit keimenden Zwiebeln eine geheimnisvolle „mytogenetische Strahlung" entdeckt. Er vermutete, dass die Zellen Lichtimpulse verwendeten, um die Zellteilung auszulösen. Der Nachweis konnte damals aber noch nicht erbracht werden, da die sehr schwachen Lichtimpulse noch nicht gemessen werden konnten. Die Biochemie war aber gerade dabei, die Signalstoffe der Zellen zu enträtseln. Der Hinweis, dass neben den stofflichen Vorgängen auch noch elektromagnetische Abläufe für das Verständnis der Zellentwicklung erforderlich sind, wurde nicht weiter ernst genommen.

1954 gelang es allerdings den Astronomen L. Colli und U. Facchini, die spontanen Lichtimpulse der Zellen mithilfe eines Lichtverstärkers nachzuweisen. Dies ist eine enorme technische Leistung gewesen, wenn man bedenkt, dass die Intensität vergleichbar ist mit einer Kerze in 20 km Entfernung.

Um 1970 hatte dann der Physiker Fritz-Albert Popp zusätzlich die Wellenlänge im Bereich des UV-Lichts und der Infrarotstrahlung bestimmt (200 bis 800 nm) und festgestellt, dass jede Zelle statistisch nur einmal im Monat einen Lichtimpuls aussendet. In der Physik geht man davon aus, dass Licht als elektromagnetische Welle oder als Teilchenstrahlung beschrieben werden kann. Die Teilchen werden Photonen bzw. Lichtquanten genannt.

Prof. Popp hat den Namen „Biophotonen" erfunden, um zum Ausdruck zu bringen, dass die Photonen von lebendigen Systemen abgestrahlt werden. Schon diese Begriffsneuschöpfung hat bei seiner Physikerzunft Ärger erzeugt. Ich finde zurecht, da physikalisch zwischen Photonen und „Biophotonen" bislang kein Unterschied festzustellen ist. Die Begriffsschöpfung hat sich aber trotzdem eingebürgert und einen neuen Forschungsbereich mit vielen vermarktbaren Anwendungen entstehen lassen.

Wissenschaftlich sind aber noch viele Fragen offen. Wenn die Lichtimpulse – wie behauptet – von den Zellen tatsächlich zum Austausch von Informationen genutzt werden, dann wundert man sich über die geringe Häufigkeit und die große Bandbreite der Wellenlänge. Sender und Empfänger können sich nämlich nur auf jeweils der gleichen Wellenlänge „unterhalten". Ein Radioempfänger, der gleichzeitig alle Sender wiedergibt, wäre ziemlich unsinnig, da sich alle Sender überlagern würden. Informationsaustausch wäre in diesem Chaos unmöglich.

Deshalb scheint die Lichtemission der Zellen auch kein Informationsaustausch zu sein. Statistisch gesehen würden Zellen nur durchschnittlich einmal in hundert Jahren (!) auf der gleichen Frequenz senden. Eine „kohärent" gebündelte Strahlung wie bei einem Laserstrahl (gleiche Wellenlänge und gleiche Phase) kann so nicht entstehen. Bis heute ist dieser wissenschaftliche Einwand nicht widerlegt worden. Das Tragische an der „Biophotonen-Forschung" ist, dass hier Ursache-Wirkungs-Ketten postuliert werden, die unplausibel sind, anstatt sich erst einmal mit dem Phänomen Lichtemission aus Zellen intensiver zu beschäftigen. Unsere Wissenschaftler wollen sich die Welt natürlich erklären können. Prof. Popp hat aber ohne Not in die Trickkiste gegriffen und esoterische Theorien mit seinen Messergebnissen verbinden wollen.

Im Bereich der Grenzwissenschaften gibt es nämlich eine lange Tradition, um die Struktur von Seele und Geist zu beschreiben. Von „Lichtwesen" und Aura ist da die Rede. Esoteriker haben Prof. Popp deshalb sofort als Kronzeugen für den Beweis ihrer auf Erfahrungen beruhenden Erkenntnisse genutzt. Das Internet ist jetzt voll von Firmen, die den Begriff „Biophotonen" benutzen, um ihre Geräte besser vermarkten zu können und bewusst den Eindruck erwecken, die Wirkung wäre jetzt wissenschaftlich bewiesen.

Die Uni Marburg hat sich frühzeitig von ihrem Professor getrennt. Jetzt gibt es ein „Internationales Institut für Biophysik" in Neuss, das die Forschungen von Prof. Popp weiterführt. Auch wenn der Sinn der Lichtspeicherung und -emission der Zellen weiterhin unklar bleibt (vielleicht doch nur ein ungerichtetes Ergebnis des Zell-Stoffwechsels?), es gibt doch eine interessante Anwendung. Die Fähigkeit der Lichtemission ist nämlich anscheinend auch ein Maß für den Gesundheitszustand eines lebendigen Systems. Nestlé nutzt die Lichtmessungen heute, um z. B. gentechnisch veränderte Rohstoffe von Natur-Rohstoffen unterscheiden zu können. Man kann z. B. auch Bio-Eier von Legebatterie-Eiern unterscheiden. In der Beurteilung der Lebensmittelqualität kann die Biophotonenforschung ein wichtiges Standbein bekommen, wenn die Lichtmessgeräte bezahlbar werden und eine eindeutige Aussage über die Lebensmittelqualität erlauben. Dieser Nutzen wird die Lebensforschung sicher insgesamt weiterbringen. Im Unterschied zu unseren Haustieren haben wir Menschen nämlich unsere Sensoren für Lebensmittelqualität weitgehend verloren und sind auf die Technik angewiesen. Wir sehen zwar sofort, wenn ein Salatkopf oder Apfel überlagert ist und können vielleicht noch eine Bio-Kartoffel in ihrem Geschmack von Kunstdünger beeinflussten Konkurrenten unterscheiden, aber den Einfluss von Schadstoffen oder einer Wärmebehandlung können wir nicht erkennen. Unsere Katzen können hingegen die Qualität von Fleisch noch sehr gut einschätzen. Auch Ratten, Hühner und Kaninchen bevorzugen eindeutig die Biokost, wenn sie die Wahl haben. Wie die Tiere das machen, ist aber noch völlig unklar. Es kann wohl als ausgeschlossen angesehen werden, dass sie die schwachen Lichtemissionen auswerten.

Prof. Popp hatte behauptet, dass die Lichtemissionen der Zellen ein Indiz für einen Informationsaustausch auf elektromagnetischer Basis seien würden. Dies scheint aufgrund der Seltenheit des Photonenausstoßes wohl nicht zu stimmen. Gleichwohl werden zusätzlich zu den bekannten Botenstoffen unter den Zellen auch noch andere Informationsmedien vermutet, da sonst bestimmte Vorgänge nicht erklärt werden können.

Marco Bischof hat sich mit den „Biophotonen" intensiv ausein-andergesetzt und kam zu folgendem Ergebnis:

„Streng wissenschaftlich bewiesen ist heute, dass es die Biophotonen gibt - was vor einigen Jahren noch gar nicht so sicher war. Bewiesen ist, dass

es sich um ein universelles Phänomen handelt: man ist sich heute einig,
dass die Biophotonenstrahlung nicht nur bei Gurkenkeimen, sondern
bei allen lebendigen Organismen auftritt. "[100]

Früher hatte man das Medium „Äther" postuliert und damit nicht
das Betäubungsmittel gemeint, sondern eine überall vorhandene
feinmaterielle Energieform, die auch zum Austausch von Informationen genutzt werden könnte. Heute spricht man gerne von „Nullenergiefeld". Diese Vorstellung passte allerdings nicht in die Welt
von Albert Einstein (Relativitätstheorie) und wurde deshalb bis
heute zu den Akten gelegt. Die physikalische Seite des Phänomens
bleibt weiter im Dunkeln (wie das Wesen der „Dunklen Energie").

Wir haben uns heute aber angewöhnt, von Informationsprozessen
zu sprechen, um das Verhalten von Lebewesen zu beschreiben. Wir
sind in der Lage, einen Teil der Natur zu benennen, zu katalogisieren und die Nützlichkeit für uns und die Umwelt zu beschreiben.
Wir sehen auch, dass der Mensch zwar Teil der Natur ist, aber mit
seinen geistigen Eigenschaften auch etwas Besonderes. Die Biologie
geht davon aus, dass wir das Produkt eines besonderen Zufalls im
Rahmen der Evolution sind und unsere besonderen Eigenschaften
nur besitzen, um als Tüchtigste besser überleben zu können.

Die Frage nach dem Sinn des Lebens und dem Sinn der Menschen
kann (bzw. braucht) dann nicht mehr gestellt zu werden. Damit
wäre dieses Buch über den Sinn des Ganzen schnell zu Ende. Die
biologischen Fakten lassen sich aber auch in die Richtung deuten,
dass die Natur mithilfe eines genialen Programmcodes erschaffen
wurde. In diesem Programm gibt es widersprüchliche Tendenzen.
Es gibt bestimmte Regeln und ein paar Freiheiten. Es gibt die Macht

des Stärkeren und es gibt die Intelligenz der Schwachen, es gibt Konkurrenz und es gibt Kooperation. Der Mensch steht als ein denkendes Wesen mittendrin und fragt nach dem Sinn des Ganzen (seit mehreren tausend Jahren).

Unentdeckte Lebensenergie

Von den Grundkräften der toten Materie zur Erklärung der „Lebenskräfte" ist ein weiter Weg. Die Lebensenergie scheint eine eigenständige - wissenschaftlich noch wenig untersuchte - Energieform zu sein, die sich bislang nur mit Prinzipien wie Wachstum, Ausdehnung, Formenvielfalt, Selbsterhaltungswille und Wettbewerb beschreiben lässt.

Tote Materie will sich nicht selbst verändern und verbessern. Die Lebewesen haben sich aber mit an Sicherheit grenzender Wahrscheinlichkeit aus toter Materie entwickelt. Wir sind also auf der Suche nach einer „vereinheitlichten Theorie der Evolution", die die Entwicklung vom Urknall bis zum heutigen Menschen erklären könnte.

Wesentliche Elemente des Lebendigen wie die Membranstrukturen, der Stoff- und Energiewechsel, die Bewegung und die Möglichkeit zur Selbstkopie (Vererbung) müssten aus der Weiterentwicklung der Materie erklärt werden können. Da hat die Naturwissenschaft aber einige grundsätzliche Probleme.

Der Unterschied zwischen anorganischer und organischer Materie ist da noch recht einfach, da er per Definition durch Auftreten von Kohlenstoffatomen erklärt wird. Der Unterschied zwischen den organischen Verbindungen und den biochemisch wirkenden Stoffen in lebendigen Strukturen ist schon schwerer zu erklären. Es nimmt ja nicht nur die Komplexität zu, sondern es treten auch neue Kräfte in Erscheinung, für die wir in der unbelebten Welt keine vergleichbaren Vorbilder haben.

Materie ist kondensierte Energie, wie wir seit Einstein wissen. Das Leben nutzt die Materie und strukturiert sie neu und nutzt dazu auch die bekannten Grundkräfte des Universums.

Leben ist also eine strukturierende ordnende Kraft und damit quasi die kosmische Gegenkraft zur Entropie. Es ist eine Kraft, die im Wesentlichen mit Information und damit eigentlich energielos wirkt.

Wir werden über diese Kraft nichts erfahren können, wenn wir nur die Kräfte der Materie studieren. Das wäre so, als wenn ich über das Studium des Kalksteins und Granits die Pyramiden erklären wollte. Um hier weiter zu kommen, muss ich mich auch mit den Bautechniken und Bauplänen beschäftigen. Irgendwann muss ich mich aber auch mit den Absichten der Baumeister auseinandersetzen, um den Sinn und wahren Nutzen dieser Strukturen zu erfassen. Ich kann mich natürlich auch damit begnügen, zu denken, dass alles zufällig und absichtslos strukturiert wird und nur einen Nutzen hat, nämlich das Überleben der eigenen Art zu sichern. Das wäre so, als wenn wir die Entstehung der Pyramiden durch einen zufälligen Wirbelsturm in der Wüste erklären wollten.

Es ist jetzt meines Erachtens die Zeit gekommen, den Blick wieder zu weiten und zu erkennen, dass das Leben eine eigenständige Kraft im toten Universum darstellt und wissenschaftlich anders untersucht werden müsste. Wir müssen aus dem Stadium heraus, nur Lebensformen zu katalogisieren und in ihren Beute-Räuber-Beziehungen zu beschreiben. Was fehlt ist eine Art biologische Quantenmechanik oder biologische Astrophysik. Vielleicht gibt es irgendwann den neuen Einstein, der uns mit einer Theorie einer allgemeinen Lebenswissenschaft die Augen öffnet. Dies würde allerdings auch eine Neuorientierung im Bereich der digitalen Informationswissenschaften bedeuten.

Das Leben wirkt mit der Kraft der Information unter Nutzung vorhandener Materie und schafft etwas Neues. Dies lässt sich aber nicht als binäres System mit digitalen Strukturen beschreiben. Das Leben ist komplexer, aber eventuell auf einfachen Prinzipien aufgebaut. Hier haben wir es aber nicht mit leicht beschreibbaren Zuständen, sondern mit Wahrscheinlichkeiten zu tun. Wir brauchen also eine eher analoge Sicht der Dinge.

Möglicherweise gibt es sogar eine noch unbekannte Energie, die die biologischen Entwicklungskräfte erklären könnte. Der Psychoanalytiker Wilhelm Reich (1897-1957) hatte 1939 eine bläuliche bioelektrische Energieform entdeckt, die er „Orgon" nannte. Auf der mikroskopischen Ebene beschrieb er mit Orgon aufgeladene Partikel („Bione"), die sich wie Bakterien fortpflanzen können und spontan beim Zerfall organischen Materials entstehen würden.[101] Als Marxist hatte Reich das Aufkommen des Nationalsozialismus kritisiert und einen Beitrag zur „Massenpsychologie des Faschismus" geschrieben. 1933 wurden seine Bücher zusammen mit vielen anderen Büchern öffentlich verbrannt. Er emigrierte nach Norwegen und

1939 in die USA. Dort hat er die Orgonforschung weiter vorange-
trieben und damit angeblich auch das Wetter beeinflusst. Er geriet
ab 1950 in den Focus der anti-kommunistisch gefärbten McCarthy-
Ära. 1955 entschied ein amerikanisches Gericht, dass der von Reich
gebaute „Orgon-Akkumulator" und alle seine Bücher vernichtet
werden sollten. Reich starb 1957 kurz nach seiner Inhaftierung angeblich an einem Herzinfarkt. Seine Forschung wurde bis heute
nicht wieder aufgenommen, obwohl er einen Zusammenhang zur
Krebsentstehung beschrieb. Im zweiten Band zur „Entdeckung des
Orgons" sind verschiedene „objektive Nachweise" zu dieser pulsierenden Energieform beschrieben worden, die man gezielt prüfen
könnte. [102] Meines Wissens ist das bis heute noch nicht geschehen.
Damit bleibt die Frage nach dem Wesen des Lebendigen im Großen
und Ganzen noch unbeantwortet.

Die Beschreibung nur der Formen des Lebendigen lenkt uns von
der Untersuchung des Wesens des Lebens ab. Eine neue Lebenswissenschaft müsste deshalb mehr sein als die Biologie, Ökologie, Genetik und Bionik gegenwärtig zu leisten vermögen. In Bezug auf das
Leben befindet sich unsere Wissenschaft noch im Stadium der Me-
chanik und des Handwerks. Das grundlegende Verständnis vom Leben und den damit verbundenen Kräften ist sehr unterentwickelt.
Dies hängt auch sicherlich damit zusammen, dass wir uns die Welt
und die Entstehung des Lebens zwanghaft ohne die Mitwirkung einer planenden Intelligenz vorstellen wollen, um den Unterschied
zwischen Glauben und Wissen herauszustreichen.

Kreativität ist die eigentliche Kraft hinter dem Lebendigen. Sie schafft neue Ordnungen und wirkt der thermodynamischen Kraft der Unordnung entgegen.

Der genetische Code

Als 1944 der Wissenschaftler Oswald Avery das DNS-Molekül als Grundlage des genetischen Programms entdeckte, glaubte in der Fachwelt niemand so richtig daran. Die genetische Forschung hat aber seitdem eine enorm erfolgreiche Entwicklung erfahren und die komplizierte Struktur bis heute fast vollständig aufgeklärt. Seitdem hat uns immer wieder die Frage beschäftigt, wie stark unser Leben von den Genen beeinflusst und vorbestimmt wird.

Die Auseinandersetzung zwischen den Biologen und Soziologen zu dieser Frage hat meine Generation besonders beschäftigt. Als ich 1970 an der Universität Hamburg Politikwissenschaften, Soziologie und nebenbei auch Psychologie studierte, war die Stimmung am Campus eindeutig: Die Erziehung und damit die ökonomischen und sozialen Verhältnisse waren die Ursache für die unterschiedlichen Potenziale der Menschen. Die Hauptforderung an die Politik war deshalb die Schaffung von Chancengleichheit unabhängig vom sozialen Umfeld und auch unabhängig vom Geschlecht. Der aufkommende Feminismus hat diese Vorstellung besonders genutzt. In der Wahrnehmungswelt der damaligen Studenten und Studentinnen hatte sich das Bild durchgesetzt, dass Frauen und Männer grundsätzlich gleiche Potenziale besitzen und diese aber z. B. durch die geschlechtsspezifische Erziehung „systematisch aberzogen" werden.

In den 90er Jahren hat dann die Biologie stark dagegengehalten und teilweise die Behauptung aufgestellt, dass unser Leben überwiegend genetisch festgelegt ist. Heute ist die Vorstellung, dass unser Verhalten noch wie in der Steinzeit genetisch gesteuert wird, weit verbreitet. Die Soziobiologie dominiert inzwischen diese gesellschaftliche Debatte. Die Zahl der Bücher, die den Unterschied zwischen den Geschlechtern herausarbeiten, ist riesig. Dabei hat die erstarkende Gehirnforschung zusätzlich Erkenntnisse beigesteuert.

Heute gehört es schon zur Allgemeinbildung, dass Frauen Probleme bei der Raumorientierung haben, aber dafür mehr soziale und emotionale Kompetenz als Männer besitzen. Die Gehirnforschung hat dann z. B. noch entdeckt, dass Männer und Frauen Probleme anders lösen. Männer sollen grundsätzlich Vorteile beim logischen strukturierenden Denken besitzen, während Frauen beim vernetzenden ganzheitlichen Denken besser sind. Frauen müssten heute in der modernen Welt schon allein deshalb mehr Chancen haben, weil die Wirtschaft immer stärker auf die Lösung komplexer Probleme angewiesen ist und die Kommunikation dabei eine immer größere Rolle spielt. Bisher haben allerdings häufig die männlichen Karriere-Netzwerke das Aufsteigen der Frauen verhindert.

Die genetisch fixierte Fähigkeit der Männer, in der Wildnis zu jagen und sich im Wettbewerb durchzukämpfen, spielt in Zukunft voraussichtlich eine immer geringere Rolle. Diese Darstellung der Arbeitsteilung zwischen den Geschlechtern in der Steinzeit hat allerdings durch neuere Forschungen Risse bekommen. Eine Geschlechtsbestimmung von Gräbern in Nord- und Südamerika von Randall Haas (University of California) kam zum Ergebnis, dass etwa 40 % der Jagenden Frauen gewesen waren.[103]

Die Wirkung der Gene ist aber in den letzten Jahren auch stark überbewertet worden. Durch intensive Forschung an Zwillingen konnte zwar bestätigt werden, dass die Gene enormen Einfluss auch auf Intelligenz, Persönlichkeit und Verhalten haben. Es konnte aber auch festgestellt werden, dass die Umwelteinflüsse eine wichtige Rolle bei der Entwicklung spielen. Damit ist die Debatte um die Selbstverantwortung und Selbstbestimmung natürlich noch nicht zu Ende. Im Augenblick erleben wir eine wissenschaftliche Pattsituation. Offensichtlich haben alle Seiten einen Teil der Wahrheit beschrieben. Aber eben immer nur eine Seite. Es bleibt uns also nichts weiter übrig, als genau und vorurteilsfrei hinzusehen. Erst wenn wir genug wissen, sollten wir uns ein Urteil erlauben. Die Biologin Rosemarie Benke-Bursian:

„Die genetische „Sprache" ist eine „Einheitssprache" für alle Lebewesen. Das heißt, alle Lebewesen benutzen in den Grundzügen für ihre Baupläne den gleichen Code. Jedes Lebewesen kann daher die Bauplananweisung der anderen Lebewesen mehr oder weniger gut lesen, und da sie über gleiche Stoffwechselwege verfügen, auch entsprechend umsetzen." [104]

Der Einfluss der Gene wird meistens nicht mehr ideologisch diskutiert. Deshalb spielen Fakten auch wieder eine größere Rolle. Durch die Fortschritte der Genetik befinden wir uns augenblicklich in einer weltweiten Experimentierphase. Viele Tierversuche laufen, um herauszufinden, was das An- und Abschalten der Gene tatsächlich bewirkt.

Dabei spielen ethische Grenzen - zumindest außerhalb Europas – offensichtlich keine Rolle mehr. Eine Arbeitsgruppe um Bing Su vom Kuming-Institut für Zoologie hat das Kurzzeitgedächtnis von elf Rhesusaffen durch Einsetzen eines menschlichen Gens, das für die Hirnentwicklung verantwortlich ist, verbessert. Für den Gen-Transport nutzten sie die Affenversion des HI-Virus.

Viren – Der Ursprung des Lebens

Viren sind Bestandteile des Lebens, die besonders geheimnisvoll sind. Nicht erst seit Covid19 beeinflussen sie unser Leben massiv. Bis heute haben wir nicht verstanden, warum Viren überhaupt existieren und ob man sie zur Welt des Lebens dazu zählen kann.

Viren sind im strengen Sinne nicht lebendig. Sie besitzen nur genetische Informationen in Form von RNS- oder DNS-Strängen, die durch eine besondere Hülle geschützt werden und sich an lebendige Zellen andocken können. Sie leben selbst nicht und haben keinen eigenen Stoffwechsel, sondern überbringen nur Programme, die die Produktionsmöglichkeiten einer Zelle nutzen, um sich zu vermehren. Sie verbrauchen deshalb keine Energie und können jahrelang inaktiv in uns Schlummern. Warum sie dann plötzlich - wie terroristische „Schläfer" – aktiviert werden, ist unklar.

„Überleben" können Viren nur, wenn sie sich in den Strukturen an ihre Wirtszellen perfekt anpassen und sich gleichzeitig durch „Kopierfehler" dem Immunsystem entziehen. Es bleiben immer ein paar resistente von den Antikörpern nicht erfassten Viren übrig. Das Immunsystem muss ständig neu die Oberflächenstruktur der Viren erlernen und ein Gegenbild als Antikörper erschaffen. Dabei kann sich der Körper an erfolgreich bekämpfte Viren erinnern. Das Verhältnis zwischen Anpassung und Änderung ist das eigentliche Überlebensrezept der Viren. Das Überlebensproblem der Parasiten ist aber auch, dass die besonders Erfolgreichen den Wirt ausrotten und sich dann damit selbst vernichten.

Der Grund, warum es Viren gibt, bleibt weiterhin unentdeckt. Im Unterschied zu den Bakterien scheinen Viren nicht so richtig in die Evolution zu passen. Möglicherweise sind sie aber sogar der eigentliche Motor der Evolution, denn sie sind ständig dabei, ihre äußere Form zu verändern, damit sie von unserem Immunsystem nicht entdeckt werden. In gewisser Weise tragen sie dazu bei, dass unser Immunsystem ständig auf der Hut ist und permanent Neues lernen muss. Vergleichbar einem Virenscanner in unseren Computern.

Die Existenz von Viren passt nicht so richtig in das Bild von der Evolution, obwohl Viren die genetische Entwicklung möglicherweise stärker beeinflussen als Mutationen. Ungefähr 8 Prozent unserer DNA soll auf die Infektion mit Viren zurückzuführen sein.[105] Dabei tragen Säugetiere mindestens 300.000 verschiedene Virustypen mit sich herum. Der Mensch bildet da keine Ausnahme. Vor etwa 150 Millionen Jahren sollen Viren dafür gesorgt haben, dass sich eine Plazenta bildete und die Schwangerschaft sich wesentlich veränderte. Das wurde nur durch das Einschleusen von zwei Genen ermöglicht (Syncytine). Dann konnten Säugetiere ihre ungeborenen Jungen überallhin mitnehmen und vor Feinden schützen.[106] Ein großer Vorteil gegenüber Eiern, die vor Ort beschützt werden müssen oder ungeschützt bleiben.

Es gibt auch Viren, die größer als Bakterien sind und eine große Menge von verschiedenen Genen transportieren. Während beispielsweise ein Influenzavirus 13.000 Basenpaare besitzt, können die sogenannten Mimiviren über 1 Mio. Basenpaare als genetische Information enthalten. Dabei sollen auch Gene sein, die Enzyme codieren können, die eigentlich nur für lebende Zellen Sinn machen. Man nimmt an, dass diese Gene ein Überbleibsel von uralten Zellen sind, aus denen sich diese Viren durch Verkleinerung gebildet haben könnten. Das ist aber nur eine Hypothese, weil man ausschließen will, dass Viren die wahren Treiber der genetischen Evolution sind.

Die Mikrobiologen Forterre und Claverie sehen hier einen „horizontalen Gentransfer", der maßgeblich verantwortlich ist für die genetische Vielfalt.[107] Es gibt sogar Viren, die ihre RNA in DNA verwandeln können und diese in Zellen einschleusen. Diese Viren werden Retroviren genannt. Dazu gehört zum Beispiel das HI-Virus („Humane Immundefizienz"), das in einer Zelle inaktiv verbleiben kann und irgendwann aktiv wird. Viren wie das SARS-CoV-2 besitzen sogar ein eigenes Korrekturprogramm, das Fehler beim Kopieren beseitigen kann.

Die Virusforschung ist eigentlich erst am Anfang. Doch schon heute wissen wir, dass Viren die Gesamtzahl der auf der Erde vorhandenen Zellen um das 10- bis 100-fache übertreffen. Möglicherweise ist die DNA sogar viralen Ursprungs.[108] Hier zeigt sich, dass wir die Mechanismen des Lebens noch nicht richtig verstanden haben, weil wir die einzelnen Organismen betrachten aber nicht das System. Aufgrund der Evolutionstheorie sehen wir nur den Kampf zwischen den einzelnen Arten und Individuen. Wir sehen nicht die Prozesse, die das Gesamtsystem Leben optimieren und den wahren Charakter des Lebens beschreiben.

Das Leben ist mehr als die Summe seiner Teile. Viren und Bakterien sind wesentliche Bestandteile des Gesamtsystems und an der Weiterentwicklung maßgeblich beteiligt. Dabei werden Informationen in Form von Genen in großem Umfang ausgetauscht. Die Komplexität und Vielfalt des Lebens nimmt weiter zu. Dies scheint der eigentliche Sinn dieses vernetzten Systems zu sein. Wie diese Programmiersprache ursprünglich mal entstanden ist, bleibt das eigentliche Geheimnis.

Im menschlichen Körper sind jeweils etwa 40 Billionen Körperzellen, Bakterien und Viren aktiv.[109] Die meisten Viren sind sogenannte Bakteriophagen, die ihre genetischen Informationen über Bakterien vervielfältigen. Wir reden über Viren, wenn sie uns krank machen. Die meisten Viren erhöhen im Gegenteil unsere Gesundheit und unsere Überlebensfähigkeit. Ohne Viren wäre das Leben wohl nicht möglich. Auf der Erde sollen 10^{33} einzelne Viren existieren. Das sind 100 Millionen Mal mehr Viren als Sandkörner. Die Virologin Prof. Karin Moelling von der Uni Zürich ist der Meinung, dass die Viren ganz am Anfang der Evolution standen.[110] Sie behauptet sogar, dass mindestens 50 Prozent unserer DNA ursprünglich von Viren abstammen.

Dies bedeutet, dass die Evolutionsbiologie mit ihrem Modell von

Mutation und Selektion die eigentliche Ursache des Prozesses überhaupt noch nicht erkannt hat. Die Evolution wäre dann im Wesentlichen auf einen Informationsprozess durch Viren erklärbar, die Gene eingeschleust haben. Natürlich ist damit der Darwin'sche Ansatz nicht aus dem Spiel. Wenn die durch Viren verursachten Gen-Veränderungen Nachteile für die jeweilige Art verursachen würden, dann wäre der Untergang dieser Art im Kampf der Arten untereinander vorprogrammiert.

Es stellt sich dann aber die Frage, woher kommen dann diese Programme, wenn die Viren sie nicht selbst erzeugen konnten, sondern nur transportieren? Die Zellen von lebendigen Organismen sind seit Jahrmillionen durch Viren in ihrer genetischen Vielfalt verändert und wohl auch verbessert worden. Der größte Teil der menschlichen Gene scheint auf diese „Infektionen" zurückführbar. Möglicherweise werden unsere Körperzellen irgendwann auch die genetischen Informationen von HI- oder COVID19-Viren eingebaut haben. Was kann das für unsere eigene Evolution bedeuten und wie lange dauert das? Nach der Schätzung der Virologin Moelling kann das bis zu 500 Jahre dauern. Ein etwa 45 Mio. Jahre altes und dem heutigen HI-Virus vergleichbares Virus wurde bereits in unseren Genen entdeckt.

Viren werden oft nur dann als Viren bezeichnet, wenn sie uns schaden. Das ist bei unseren Computern nicht anders. Die meisten Viren wollen sich nicht nur vervielfältigen, sondern bestimmte Programme oder sogar das Betriebssystem verändern. Damit die Virenscanner sie nicht entdecken, verstecken sie sich in nützlichen Programmen. Man nennt sie dann „Trojaner" in Anlehnung an das

Trojanische Pferd. Darin waren die griechischen Soldaten versteckt, um die Stadt zu erobern. Das sind dann Viren, die das Betriebssystem verändern, um den Nutzern Schaden zuzufügen. Kleine Programme, die das Betriebssystem verbessern sollen, nennt man nicht mehr Viren, sondern Updates. Es könnte also sein, dass Viren eigentlich auch Updateeigenschaften haben und uns verbessern könnten. Die Prozedur hat allerdings auch Nebenwirkungen. Wie bei Covid19 stirbt ein kleiner Prozentanteil der Infizierten. Möglicherweise ist das Vervielfältigen des Virus und das dadurch überforderte Immunsystem nicht der eigentliche Zweck. Prof. Moelling hat die Hypothese aufgestellt, dass unser Erbgut sogar bis zu 90 Prozent viralen Ursprungs ist. [111] Wenn Viren wirklich Updateprogramme sind und auch die Evolution des Menschen erklären und voranbringen, dann muss man natürlich die Frage stellen, wer oder was diese Programme in die Welt entlässt und welche Motive damit verfolgt werden. Ich bin mir deshalb sicher, dass die weitere Erforschung der Viren unser Bild vom Leben und der Evolution des Lebendigen grundsätzlich verändern wird.

Das menschliche Gen-Programm

In jeder Körperzelle besitzt der Mensch rund 20.000 Gene. Darin sind die Baupläne für die verschiedenen Eiweiße (Proteine), die Werkzeuge und Bausteine des Körpers, gespeichert. Aus einer winzigen befruchteten Eizelle kann sich nur deshalb ein erwachsener Mensch mit all seinen verschiedenen Organen entwickeln, weil die einzelnen Gene jeweils nur zu bestimmten Zeiten angeschaltet sind und die Zelle nur dann die entsprechenden Proteine produziert. So besitzt zwar jede Körperzelle auch ein Gen für die Augenfarbe des Menschen, es ist dort jedoch nicht aktiv. Generell sind die meisten Gene die überwiegende Zeit abgeschaltet. Zum Glück. Sonst hätten wir sehr schnell z. B. 100 Arme und Augen ...

Ein Gen besteht aus einer langen Reihe von vier verschiedenen Bausteinen mit den Basen Adenin (A), Thymin (T), Guanin (G) und Cytosin (C). Für Genetiker beginnt ein Gen etwa folgendermaßen ATCCGCG TACTAGG ...

Seit 2001 gilt das menschliche Genom als entschlüsselt. Wir wissen nun, dass wir ca. 20.000 Gene auf 46 DNS-Fäden besitzen, und können dies in einer Buchstabenfolge von A, T, C und G darstellen. Jeder kann sich diese ca. 3 Milliarden lange Buchstabenkette des menschlichen Genoms im Internet herunterladen. Das wären etwa 100.000 Telefonbuchseiten mit nur 4 verschiedenen Buchstaben geschrieben.

Da jede Base immer mit einer anderen als Paar erscheint (GC bzw. AT) haben wir hier in gewisser Weise einen digitalen Programmcode vor uns liegen. Eine universelle Sprache, in der auch die Anweisungen für den Bau von Pflanzen und Tieren codiert sind. Die Code-Entstehung kann bislang nicht erklärt werden.

Joachim Bublath kommt in seinem Buch „Die neue Welt der Gene" zu folgender Bewertung:

„Die Entschlüsselung des Erbmoleküls - das Human Genome Project - zeigte, dass der komplexe Mensch, verglichen mit einfacher gebauten Tieren, nur eine erstaunlich geringe Anzahl anderer Gene hat. Der Schlüssel unserer Entwicklung und unserem Körper liegt also nicht nur

in der Abfolge der Bausteine des Erbmoleküls. Das Wissen darüber ist noch zu klein, um die menschliche Biologie zu begreifen." [112]

Bei jeder Zellteilung wird auch das darin enthaltene Programm auf die Tochterzelle verteilt. Wir besitzen etwa 200 verschiedene Arten von Körperzellen und insgesamt 100 Billionen (10^{14}) davon. Wir merken nicht, dass in jeder Sekunde 50 Millionen Zellen absterben und fast alle erneuert werden. Von den 20 Mrd. Nervenzellen des Gehirns verlieren wir allerdings täglich 100.000. Davon werden nur maximal 2% ersetzt. Der Erneuerungsprozess läuft bei jedem Zelltyp unterschiedlich ab. So werden die Oberflächenzellen der Lunge fast jede Woche ausgetauscht, die Hautzellen mindestens einmal pro Monat. Die Blutzellen werden nach ungefähr 3 Monaten erneuert, nach dem sie etwa 1600 km zurückgelegt haben. Nicht ersetzt werden beispielsweise die Zellen in den Augen und Schweißdrüsen.

Wie die Zellen die Information erhalten, wann sie ersetzt werden, ist noch unklar. Man kann sich leicht vorstellen, dass bei diesem Abstimmungsprozess auch viele Fehler passieren können. Es ist sogar möglich, dass auch mal die Anzahl der Chromosomen nicht mehr stimmt. Normalerweise haben wir davon 46.

Man könnte jetzt denken, dass der Mensch als die höchst entwickelte Lebensform auf der Erde, das längste Genom mit den meisten genetischen Bauanweisungen besitzt. Aus noch unbekannten Gründen ist das nicht so. Der nur Millimeter große Fadenwurm Caenorhabditis elegans hat genau so viele Gene wie der Mensch. Pflanzen haben etwa 5 mal so viel Gene wie der Mensch und können sich deshalb an Umweltveränderungen schneller anpassen.

Dies zeigt auch, dass sich der Mensch eigentlich nicht besonders über die Gene definieren lässt, sondern durch seine geistige und kulturelle Entwicklung beschrieben werden muss. Wir haben nämlich die Fähigkeit, die eher unflexible Genom-Ausstattung durch mentale Leistungen zu kompensieren. Deshalb macht es auch wenig Sinn, die Entwicklungsmöglichkeiten des Homo sapiens nur nach den Möglichkeiten einzelner Individuen beurteilen zu wollen. Wir müssen schon versuchen, die Intelligenz der miteinander wechselwirkenden Teile der menschlichen Art zu beschreiben, um eine Prognose über die Stabilität und Leistungsfähigkeit des Gesamtsystems erstellen zu können. Die ganze Menschheit ist eben nicht nur einfach als die Summe der einzelnen Menschen zu sehen. Einen Termiten- oder Ameisenstaat können wir auch nicht aufgrund der Intelligenz der Einzelwesen beschreiben. Miteinander vernetzte Teile müssen als System betrachtet werden. Obwohl wir systemanalytische Ansätze nutzen, wie zum Beispiel die Ökologie oder die Systemtheorie von Niklas Luhmann, haben wir bisher zur Art Homo sapiens noch kein überzeugendes Verhaltensmodell entwickelt. Das hängt natürlich damit zusammen, dass es bei Milliarden Individuen auch fast unendlich viele Wechselwirkungen zu beurteilen gäbe. Einfache Ursache-Wirkungsketten gibt es in solchen Systemen nicht, weil es zusätzlich Rückkopplungen gibt, die sich nur nichtlinear beschreiben lassen. Wie in der Quantenphysik können wir statistische Wahrscheinlichkeiten über das Gruppenverhalten errechnen. Das bedeutet aber auch, dass wir unwahrscheinlichere Reaktionen nicht einfach ausschließen dürften. Wir werden damit leben müssen, dass Menschen zum großen Teil unkalkulierbar sind und bleiben.

Die Sequenziermaschinen des „Human Genom Projects", mit denen die menschlichen Gene entschlüsselt wurden, sind seit 2001 abgeschaltet worden. Zum Glück hat sich der Wissenschaftler Craig Venter nicht damit durchsetzen können, die einzelnen Bausteine auch noch patentieren zu lassen. Schon 1999 hatte seine Firma Celera versucht, Patentanträge für 6500 menschliche Gene durchzusetzen. Dies haben der amerikanische Präsident Clinton und der britische Premierminister Blair durch eine gemeinsame Erklärung am 14. März 2000 verhindert. Was bei Pflanzen und Tieren heute – zumindest in den USA – möglich ist, wurde bei den menschlichen Genen wenigstens untersagt. Es ist absurd, dass wir Gene aus der Natur patentieren lassen können, um sie wirtschaftlich zu nutzen.

Die Mindestanzahl von Genen

Der Genforscher Craig Venter hat sich nach dem Projekt zur Entschlüsselung der menschlichen Gene den Bakterien zugewandt. Er wollte diese kleinsten Produktionsstätten der Natur vollkommen verstehen, um sie dann gezielt zur Produktion bestimmter Stoffe verwenden zu können. Auf diesem Wege hat er eine Erkenntnis über die absolute Mindestausstattung eines funktionierenden Genoms gewonnen.

Das Minimalgenom besteht aus 382 Genen.[113] Das sind 382 aufeinander abgestimmte Programmbestandteile, die erforderlich sind, damit ein simples einzelliges Lebewesen funktioniert. Das eigentliche Bakterium hat übrigens etwa 500 Gene, die die Forscher alle einzeln einmal an und ausgeschaltet haben. Ein Fünftel der Gene konnte ausgeschaltet werden, ohne dass das auf die Überlebensfähigkeit des Bakteriums negative Auswirkungen hatte. Typisch für

Craig Venter ist nun, dass er sich diese Grundausstattung patentieren lassen möchte.

Wenn diese Minimalausstattung für einzelliges Leben erforderlich ist, dann hat die Evolutionsbiologie ein nicht zu lösendes Erklärungsproblem. Die Wahrscheinlichkeit, dass sich Leben mit 382 komplexen Molekülen zufällig entwickelt hat, ist gleich null! Wie sind wir dann aber entstanden? Da hilft uns unsere Naturwissenschaft im Augenblick noch nicht weiter.

Craig Venter hat sich mit diesen Ergebnissen nicht zufrieden geben wollen. „Darth Venter" (wie ihn einige Kritiker nennen) hat ein künstliches Bakterium mit 473 bekannten Genen erschaffen und es „Syn 3.0" genannt. Einen praktischen Nutzen hatte diese Neuschöpfung aus vorhandenen Gen-Bausteinen nicht.[114] Ziel ist die Entwicklung von maßgeschneiderten Genen, die beispielsweise in Bakterien eingeschleust werden, um für die pharmazeutische Industrie kostengünstig Medikamente herzustellen. „Designer-Mikroorganismen" könnten durch Unachtsamkeit aus den Laboren bzw. Reaktoren entweichen. Deshalb müsste auf jeden Fall nachgewiesen werden, dass sie in unserer Umwelt nicht überleben könnten. Es gibt viele Länder auf der Erde, die neue Genlabore unkontrolliert vor sich hin werkeln lassen.

Es ist nur eine Frage der Zeit, dass Mikroorganismen in unsere Umwelt entweichen und sich auch in uns unkontrollierbar vermehren. Es gibt die Befürchtung, dass beispielsweise das Corona-Virus und das Ebola-Virus nicht von Tieren sondern aus unbekannten Genlaboren entwichen sind.

Als Francisco Pizarro 1531 mit 200 Männern und 30 Pferden im heutigen Peru landete, dauerte es nur 40 Jahre und die Hochkultur der Inkas war zerstört. Die Eroberung geht nicht nur auf Mord, Verrat und Betrug zurück. Wahrscheinlich haben die aus Europa eingeschleppten Bakterien und Viren einen wesentlichen Anteil an der Ausrottung des Inka-Volkes gehabt. Die heutigen Südamerikaner bzw. Südamerikanerinnen sind deshalb kaum mit den Ureinwohnern ihres Kontinents verwandt, wie genetische Untersuchungen an alten Mumien bewiesen.

Unterschiede im genetischen Code?

Die Frage nach dem Unterschied zwischen Menschen und Tieren ist wohl deshalb nicht so leicht zu beantworten, weil wir Menschen vielleicht nur Tiere mit einer besonderen Form des Bewusstseins sind. Die Gehirnforscher gehen heute davon aus, dass wesentliche Eigenschaften früherer Tiergenerationen (von den Reptilien bis zu den Raubtieren) in uns weiterleben und uns wesentlich beeinflussen. Der Mensch ist danach ein Produkt aller Lebensformen auf diesem Planeten. Dies würde sich auch in dem unterschiedlichen Gehirnaufbau widerspiegeln. Der „Reptilienkomplex" würde z. B. das „Freund-Feind-Denken" und das „Territorialverhalten" festlegen[88]. Dieses System verursacht einfache und starre Lebensschemata mit klaren Arbeitsteilungen. Diese Lebewesen können nicht mit anderen Wesen kooperieren, da alle „anders Aussehende" grundsätzlich nur als potenzielle Feinde wahrgenommen werden.

Mit dieser Grundausstattung kann man es aber anscheinend in dieser Welt weit bringen. Krokodile leben fast unverändert seit 230 Millionen Jahren auf unserer Erde. Das Gehirn dieser Reptilien ist zwar unter dieser Gattung verhältnismäßig groß, aber mit Walnussgröße in dem riesigen Kopf fast nicht zu finden. Wenn Krokodile aus ihren Eiern schlüpfen, sind sie eine willkommene Beute für andere Tierarten. Die Eltern bieten ihnen keinen Schutz. Es ist ein Wunder, dass Krokodile immer noch nicht ausgestorben sind. Intelligenz und fürsorgende Brutpflege sind also nicht unbedingt Voraussetzungen fürs Überleben auf diesem Planeten.

Die dunkle Seite der Gene

Merkwürdig ist, dass 98,5 % unseres Genoms aus „Datenmüll" bzw. „Junk-DNA" zu bestehen scheint. Hier liegen Buchstabensequenzen, die teilweise nur häufig wiederholt werden, aber offensichtlich keinen Bauplan oder Steueranweisungen enthalten. Der Sinn dieses „Füllmaterials" konnte bislang nicht erklärt werden. Joachim Bublath:

„Wenn man sich das Genom des Menschen anschaut, so sind von den 3 Milliarden Bausteinen etwa 20 Prozent genetisch aktiv, und nur wiederum ein Bruchteil davon kodiert für Eiweiße. Der große Rest hat – soweit wir es heute überblicken können – keine direkte Funktion. Viele interpretieren diesen Rest als Überbleibsel aus den verschiedenen Stufen der Evolution, das wir mit uns herumtragen." [115]

Doch Ende 2004 haben Genetiker entdeckt, dass die vermeintliche Müll-DNS viel wertvoller ist als bislang gedacht. Das Interessanteste steht offenbar zwischen den Genbausteinen. Eine Erkenntnis, die vom Fachmagazin „Science" als einer der zehn wichtigsten wissenschaftlichen Durchbrüche des Jahres 2004 ausgezeichnet wurde. So sind dort Abschnitte der DNS anzutreffen, die für das Ein- und Ausschalten bestimmter Gene verantwortlich sind. Teilweise sind dies sogar variable Elemente - Gensequenzen, die von einem Ort zum Nächsten springen können. Ihre Präsenz kann beispielsweise die Umsetzung bestimmter Proteine verlangsamen oder ganz stoppen. [116]

Wir können den genetischen Code zwar buchstabieren, aber seine Bedeutung haben wir noch nicht erfassen können. Wir wissen, dass jedes der 20.000 bekannten Gene des Menschen sogar mehrere Bauanleitungen für bestimmte Proteine enthalten kann und dass einige Gene dazu dienen, bestimmte Abläufe als Ganzes zu kontrollieren bzw. zu steuern. Je nachdem, ob eine Darmzelle oder z. B. eine Hautzelle ein Gen „abliest" kommen unterschiedliche Produkte heraus. Das wäre so ähnlich wie eine Bauanleitung, die gleichzeitig zum Bau eines Hauses, eines Autos oder einer Waschmaschine genutzt werden kann, je nachdem wie ich sie halte. Man schätzt deshalb, dass der menschliche Körper unter dem Einfluss von ca. 100.000 verschiedenen Proteinen steht. [117] Die Enträtselung der Proteine ist damit zum Hauptforschungsfeld geworden, das konkrete Manipulationsmöglichkeiten verheißt.

Proteine (auch Eiweiße genannt) sind Makromoleküle, die aus Kohlenstoff, Wasserstoff, Sauerstoff und Stickstoff aufgebaut sind und auch andere Elemente wie Schwefel und Selen beinhalten können.

Den Schlüssel zu den Proteinen bilden 21 Aminosäuren. Diese werden kettenförmig angeordnet und dann in ein 3-dimensionales Protein-Molekül verwandelt. Die Kombinationsmöglichkeiten sind hierbei gigantisch. Aus 21 verschiedenen Aminosäuren ergibt sich schon bei einer Kettenlänge von 100 die unvorstellbare Zahl von 10^{132} Verknüpfungsmöglichkeiten. Diese Zahl übersteigt bei Weitem die Anzahl aller Atome des Universums („nur" 6×10^{79} Teilchen).

Normalerweise haben die Proteine Ketten mit mehr als 100 Aminosäure-Gliedern. Es gibt Proteine, die bis zu 30.000 Aminosäure-Kettenglieder besitzen. Dann sind die Kombinationsmöglichkeiten noch um einiges größer. Die Steigerung von „unvorstellbar" ist aber nicht „unmöglich", sondern eher „unglaublich".

Aus wenigen Grundbausteinen entstehen so Substanzen mit völlig unterschiedlichen Funktionen: Transportproteine wie der Blutfarbstoff Hämoglobin, Signalproteine (Hormone) wie das Insulin, Strukturproteine wie das Kollagen, Immunproteine wie die Antikörper und Werkzeugproteine wie die Enzyme. Und das findet alles in den Körperzellen statt. Das sind unglaublich vielseitige Fabriken des Körpers, die grundsätzlich alles herstellen können, wenn die Grundrohstoffe durch Nahrung und Atmung zugeführt werden.

Darüber hinaus hat jede Zelle auch noch sein eigenes Kraftwerk (die Mitochondrien). Es ist fast nicht vorstellbar, dass diese Prozesse sich alle selbst steuern. Wir verstehen zwar noch recht wenig von diesen komplizierten Prozessen in den Zellstrukturen. Das hindert uns aber nicht daran, unser Teilwissen produktiv anzuwenden. Bei Mäusen konnten schon interessante Erkenntnisse über die Wirksamkeit einiger genetischer „Schalter" erzielt werden. So gibt es ein Gen, das die Lebenszeit um fast ein Drittel erhöht. Es gibt auch ein Gen, das die Fettleibigkeit fördert. Anscheinend beeinflussen einzelne Gene auch die Gedächtnisfähigkeit und das Lernvermögen.

Sogar das Sozialverhalten soll sich über Gene steuern lassen: Im Unterschied zur Hausmaus besitzt z. B. die Präriewühlmaus ein Gen, das ein Hormon namens Vasopressin erzeugt, soziale Erinnerungen an einen Partner verstärkt und darüber zu eher monogamen Verhältnissen führt. Hausmäuse kennen diese Partnerbindungen nicht. Jedenfalls solange nicht, bis ihnen dieses Gen eingepflanzt wird. Dann verhalten sie sich plötzlich auch partnertreu. Auch im Menschen wirkt dieses Hormon. Untreue Partner können jetzt also darauf verweisen, dass hier wahrscheinlich der Hormonspiegel und nicht die Partnerschaft gestört war.

Sind unsere Gene unser Schicksal?

Diese Vorstellung ist immer dann sehr angenehm, wenn wir eine gute Ausrede für eine sonst schwer zu begründende Verhaltensweise brauchen. Dann sagen wir einfach: „Das war das Reptil in mir, das sich auch mal ausleben musste." Es ist schön, dass wir Verantwortung nur für die Dinge übernehmen müssen, die gut gelaufen sind. Für alles andere machen wir unsere Eltern, Lehrer oder die Politiker verantwortlich. Wenn das nicht überzeugt, dann greifen wir in die naturwissenschaftliche Erklärungskiste.

Mäuse und Menschen sind verblüffend ähnlich - zumindest in Hinblick auf ihre Gene. Von den etwa 22.000 Mäuse-Genen findet man die meisten auch bei uns Menschen. Rein genetisch gesehen sind wir zu 99 % Mäuse bzw. die Mäuse zu 99 % menschlich! Frühere Hochrechnungen waren von einem deutlich größeren Unterschied zwischen den Arten ausgegangen. Man könnte jetzt vermuten, dass sich beide Genome offenbar nur geringfügig geändert haben, seit die Entwicklung vor rund 90 Millionen Jahren angeblich getrennte Wege ging. Im Schnitt bildete sich ein neues Gen oder verschwand ein altes Gen nur alle 192.000 Jahre, so vorläufige Schätzungen.[118] Den wirklichen Unterschied zwischen Menschen und Maus können wir über die Gene nicht rekonstruieren.

Mithilfe der Gene können wir zwar eine Tier- oder Pflanzenart eindeutig bestimmen und sogar die einzelnen Individuen identifizieren, aber die Evolution der Arten lässt sich damit nicht erklären.

Ist es nicht überraschend, dass die Pflanzen mehr Gene besitzen als die „Krone der Schöpfung“? Während unser genetisches Programm mit etwa 3 Mrd. Buchstaben beschrieben werden kann, gibt es Pflanzen, deren Gene mit bis zu 100 Milliarden Buchstaben beschrieben werden müssen. Der Grund: Verschiedene Zellen einer Pflanze haben nicht notwendigerweise dieselben Gene. Das Gewebe in ein und derselben Pflanze kann unterschiedlich viele Chromosomensätze enthalten und auch noch verschiedene Varianten derselben Gene aufweisen. So können Pflanzen zu jedem Zeitpunkt und unter verschiedenen Umweltbedingungen die gerade vorteilhafte Variante auswählen. Das Reservoir an Varianten ist also viel größer als das von Tieren. Wer hätte das gedacht?

Bei der Erforschung der Gene mussten viele Vorstellungen über Bord geworfen werden. Die Evolution der Arten lässt sich über die

Gene nicht darstellen, da sich Programmteile nicht aus anderen entwickeln konnten. Der DNS-Code beweist, dass Bakterien, Pilze, Pflanzen, Tiere und der Mensch in einer Programmsprache codiert sind und je nach dem Zweck in allen Organismen eingesetzt werden können und funktionieren. Die Programmiersprache selbst hat sich also nicht weiterentwickelt und kann nur ein Produkt einer höheren Intelligenz sein. Wir verstehen diese „göttliche" Programmiersprache zwar noch nicht, aber nutzen die einzelnen Module in immer größerem Ausmaß. Ein Schweine-Gen kann seine Arbeit z. B. auch in einer Erbse erledigen, wie eine Firma kürzlich gezeigt hat. Die Kombinationsmöglichkeiten sind riesig. Wir können zwar noch keine neuen Programm-Module „basteln", aber Teile dort einsetzen, wo sie einen neuen Nutzen versprechen. Mit Hilfe der „Genschere" CRISPR/Cas9 sind heute viele Manipulationsmöglichkeiten gegeben, die dann wohl auch genutzt werden.

Das Gen-Experiment ist weltweit in vollem Gange. Wieder haben wir ein Instrument entdeckt, um unsere Welt zu verändern. Vielleicht entdecken wir auch eines Tages, dass wir nicht alles verwirklichen sollten, was wir können. Wenn wir dies aber erkennen, dann können wir das, was wir getan haben, aber wahrscheinlich nicht mehr rückgängig machen. Zur Freiheit gehört auch die Verantwortung. Die Verantwortung für die Freisetzung neuer Organismen kann aber keine GmbH tragen, die nun einmal nur „mit beschränkter Haftung" handelt.

Die mysteriöse Epigenetik

In den letzten Jahren hat sich immer deutlicher gezeigt, dass das Verständnis des Erbguts als Baukastensystem nur die halbe Wahrheit ist. Das derzeit in der Wissenschaft noch bestehende Dogma, einzelne Gene könnten über die Artengrenze hinweg verschoben werden und behielten dabei ihre Funktion unverändert bei, basiert auf falschen Vorstellungen. Gene sind keine nur mit chemischen Formeln darstellbare Bausteine oder Werkzeuge: Sie reagieren verschieden, kommunizieren und interagieren mit andern Genen und Molekülen und unterliegen komplexen Regulationsmechanismen. Dabei spielt auch die neue Wissenschaftsrichtung Epigenetik eine weitaus größere Rolle als lange Zeit angenommen.

Die Epigenetik wird bislang als ein „übergeordnetes" Informationssystem der Gene beschrieben. Mithilfe dieses Systems kann die Zelle die Aktivität der Gene regulieren; sie kann einzelne Gene an- oder abschalten oder sie gar verändern. Die Wissenschaft steht bei der Erforschung epigenetischer Mechanismen noch am Anfang und ist dabei, unsere Vorstellung von der Welt der Gene grundsätzlich zu verändern.

Die Epigenetik beschäftigt sich mit der Wirkung von Genen auf das physische Erscheinungsbild eines Organismus. Im Zentrum dieses neuen Forschungsgebiets steht die Vorstellung, dass Gene über ein „Gedächtnis" verfügen. Die Epigenetik steht für eine Abkehr von der herkömmlichen Vorstellung, dass die DNA die gesamte Erbinformation enthalte und dass nichts, was ein Mensch in seinem Leben tut, biologisch an seine Kinder weitergegeben werde. Diese

Lehre stellt die bisherige Betrachtungsweise der DNA-Sequenz als Grundstein der modernen Biologie infrage. Wissenschaftler haben eine ganz neue Grundlage der Vererbung jenseits der DNA entdeckt. Sie konnten nachweisen, dass die Gene ihrerseits der Kontrolle epigenetischer „Schalter" unterliegen, die von Umwelteinflüssen wie Nahrung und Stress ein- und ausgeschaltet werden. Aus dieser neuen Erkenntnis ergibt sich die Schlussfolgerung, dass die Wirkung von Umweltfaktoren weitergegeben werden kann.

Bisher gibt es kaum Studien zu den unerwünschten Auswirkungen epigenetischer Veränderungen. Dass werdende Mütter sich gesund ernähren sollten, um gesunden Nachwuchs zur Welt zu bringen, ist eine Binsenweisheit. Doch, was wäre, wenn die Art der Nahrung, die sie während der Schwangerschaft zu sich nehmen, sogar noch Auswirkungen auf ihre Enkel und Urenkel hätte?

Die Ergebnisse eines Experiments, das ein australisch-nordamerikanisches Forscherteam unter der Leitung des Mediziners David I. K. Martin (vom Children's Hospital Oakland Research Institute) durchgeführt hat, legen den Schluss nahe, dass es diese Auswirkungen über mehrere Generationen gibt.

In ihrem Experiment wurde zwei Gruppen von trächtigen Avy-Mäusen unterschiedliche Nahrung vorgesetzt. Während die eine Gruppe eine Standardkost erhielt, wurde dem Futter der anderen eine Woche lang eine Reihe von Nährstoffen wie Zink oder Vitamin B12 beigemischt. Wie von den Wissenschaftlern erwartet, bekamen die Mäuse, die man mit einer Sonderration verwöhnt hatte, Junge, deren Fell statt goldgelb dunkelbraun gefärbt war. Der Grund: Die

Nährstoffzufuhr bewirkt, dass das Avy-Gen, das ein helles Fell hervorbringt, stillgelegt wird. Überraschend war jedoch: Auch die Enkel kamen mit dunklem Fell auf die Welt, obwohl ihren Müttern nur die herkömmliche karge Kost verabreicht worden war. Dieser Umstand deutet darauf hin, dass die für die Abschaltung des Avy-Gens verantwortliche Information weitervererbt wird. Wo und wie diese Information gespeichert ist und wie sie transportiert wird, ist noch völlig unklar.

Etliche menschliche Erkrankungen lassen sich teilweise epigenetisch erklären. Beispielsweise kann Krebs dadurch entstehen, dass Gene, die sonst Schutzmechanismen in Gang setzen, ausgeschaltet worden sind. Auch für Probleme bei der Stammzelltherapie und beim Klonen liefert die Epigenetik Erklärungsansätze. Die Gebrechen des Klonschafes »Dolly« etwa sind nicht auf Mutationen des Erbguts zurückzuführen, sondern auf epigenetische Veränderungen, die bei natürlichen Geburten so nicht auftreten.

Dr. Lars-Olov Bygren und Professor Marcus Pembrey haben durch Forschungen in Overkalix in Schweden gezeigt, dass die Ernährung der Großeltern die Sterblichkeit der Enkel Jahrzehnte später noch beeinflussen kann. Dr. Mike Skinner vom „Center for Reproductive Biology" der Washington State University belegte, dass Krankheiten in der Schwangerschaft sich auf vier Generationen von Ratten auswirken.

Können wir unsere Gene beeinflussen?

Uns wurde beigebracht, dass Gene selbstständig funktionieren, dass sie die Entscheidung treffen können, sich an- oder auszuschalten.

Daher kommt auch die Vorstellung, dass es ein Krebs-Gen gäbe, welches sich manchmal „anschaltet". Gene sind nichts anderes als Bauvorlagen für spezielle Aminosäuren, aus denen Proteine, die Bausteine der Zellen und Gewebe, zusammengesetzt werden. Vorlagen können sich aber nicht von selbst an- oder ausschalten.

Die epigenetischen Mechanismen entsprechen in etwa dem Bauunternehmer, der sich aus dem Gesamt-Entwurf des Gebäudes die Vorlagen heraussucht, die zum Beispiel für das Errichten einer Wand notwendig sind. Jede Zelle enthält einen vollständigen Satz an Vorlagen und die epigenetischen Mechanismen wählen daraus die spezifischen Informationen aus, um beispielsweise Muskel-, Leber- oder Gehirnzellen zu entwickeln.

Durch diese Mechanismen kann ein einzelnes Gen über 30.000 verschiedene Proteine produzieren. Dabei findet das Entscheidende nicht im Zellkern, sondern auf der Zellmembran statt. Auf der Oberfläche der Haut befinden sich molekulare Rezeptoren, die Informationen aus dem Umfeld wahrnehmen.

Die Epigenetik befasst sich also mit den Mechanismen, durch welche sich Umweltinformationen auf die Genaktivität auswirken. Die Epigenetik beweist, dass unsere Gene gezielt an- und abgeschaltet werden und diese Informationen von außen wirken. Die Gene werden intelligent genutzt. Wo und wie diese Informationen gespeichert sind, ist bislang unklar.

Ohne Zweifel spielt der DNS-Code eine herausragende Rolle zum Verständnis der Naturprozesse. Mit einer verhältnismäßig einfachen Programmiersprache wird eine sehr große Anzahl von Werkzeugen und biochemischen Prozessen codiert, die in lebendigen Organismen Unglaubliches zu leisten vermögen. Wie diese Struktur im Einzelnen gesteuert wird, ist noch unbekannt.

Das Wesen des Homo Sapiens

Offensichtlich unterscheiden den Menschen von den übrigen Arten insbesondere seine Kreativität, sein Hang zum grenzenlosen Wachstum, seine Fähigkeit zur Weitergabe von Informationen (Kultur) und der Ausbildung immer neuer Bedürfnisse. Wir sind anscheinend nie zufrieden mit dem, was wir erreicht haben und versuchen immer weiter über uns selbst hinauszuwachsen. Tatsache ist, dass wir Menschen offensichtlich glauben, alle Ziele erreichen zu können, die wir uns ausdenken.

Es gibt etwa 30 Millionen unterschiedliche Lebensformen auf der Erde. Der Homo sapiens hält sich nun für etwas ganz Besonderes, weil er einen freien Willen und Bewusstsein besitzt. Diese Vorstellung wird insbesondere aus dem Alten Testament abgeleitet. Wir sollen dem Schöpfer selbst gleichen und haben den Auftrag erhalten, uns die „Erde untertan zu machen".

Die menschliche Spezies hat unzweifelhaft eine Rolle auf der Erde eingenommen, die als dominant bezeichnet werden kann. Wir haben den Planeten in den letzten tausend Jahren erheblich verändert. Daraus darf aber nun nicht der Schluss gezogen werden, der Planet Erde könne ohne uns jetzt nicht mehr existieren.

Das Überleben des Homo sapiens hängt heute im Wesentlichen davon ab, ob wir lernen, uns und unsere Lebensgrundlage nicht zu zerstören. Die Antwort wird die Menschheit in den nächsten 100 Jahren geben. Tatsache ist, dass wir uns die Erde und die Flora und Fauna „untertan" gemacht haben und dabei sind, Energie und Rohstoffe bis zum Letzten auszubeuten und zu nutzen. Nachhaltigkeit ist zwar seit der Agenda 21 kein unbekanntes Ziel mehr, aber nachhaltiges Wirtschaften ist immer nur solange ein Thema, wie wir meinen, uns das auch leisten zu können. Im Augenblick überwiegt die Stimmung, dass die gegenwärtige Generation andere dringendere Probleme zu lösen hat, als auch noch die uns anvertraute Erde in einem Zustand zu bewahren, der auch die künftigen Generationen berücksichtigt.

Dass der Mensch als ein besonderes Säugetier Fähigkeiten besitzt, um andere Lebensformen für sich zu nutzen, und sich an sehr verschiedene Umweltbedingungen angepasst hat, kann sicher nicht bestritten werden. Ob das, was wir gesellschaftlich tun, ein Ausdruck von überlegener Intelligenz ist, mag aber bezweifelt werden. Wir können zwar viel Macht über einzelne Naturkräfte im Sinne von Naturbeherrschung ausüben, aber dies können wir nur, weil wir die in Millionen Jahren entwickelten Energiereserven der Erde in nur wenigen Jahrzehnten verbrauchen. Von außen betrachtet wird dies jeder unabhängige Beobachter als einen untrüglichen Ausdruck von Dummheit bewerten müssen.

Wir können uns rühmen, den größten Raubbau an den Schätzen der Natur zu begehen. Dabei fallen wir auch noch regelmäßig mit ausgefeilter Rüstungstechnik über uns selbst her. Keine andere Tierart ist dazu in der Lage. Biologisch ist bei uns offenbar keine Tötungshemmung gegenüber der eigenen Art als Programm eingebaut worden. Dies scheint in der Tat ein elementarer Unterschied zu den übrigen Arten auf der Erde zu sein.

Der „Freie Wille" zeigt sich natürlich besonders deutlich, wenn man etwas vollkommen Unsinniges bzw. Schädliches tut. Wir haben durch Naturbeobachtung gelernt, dass die anderen Arten auf der Erde offensichtlich genetisch so programmiert sind, dass das eigene Verhalten in Bezug auf das Überleben der eigenen Art meistens als vorteilhaft und sinnvoll angesehen werden kann.

Evolutionsbiologen würden uns da aber eines Besseren belehren. Sie würden sagen, dass das eine Täuschung ist. Die Arten verändern sich mit der Umwelt, die sie ebenfalls verändern. Wenn sie sich nicht anpassen und ihre Überlebensstrategien ändern, dann sterben sie eben aus. Warum soll der Mensch da eine Ausnahme bilden?

Eigentlich denken wir, dass wir schon fast alles von der Entwicklung des Menschen wissen. Die Evolutionsbiologie geht davon aus, dass durch eine Mutation aus den eher affenähnlichen Vormenschen der Homo sapiens entstanden ist, der sich insbesondere durch sein größeres Gehirn auszeichnete. Zusammen mit dem aufrechten Gang sollen dadurch Vorteile entstanden sein, die die Erfolgsgeschichte des Menschen begründet haben. Die Nutzung des Feuers und die Benutzung von Werkzeugen und Waffen führten sehr schnell dazu, dass der Homo sapiens viele Erdteile bevölkerte und auch den Neandertaler verdrängte. Der Homo sapiens soll schon sehr früh soziale Gemeinschaften gebildet haben und dank seiner Kommunikationsfähigkeiten auch bei der gemeinschaftlichen Jagd sehr erfolgreich gewesen sein. Die Entwicklung der Viehzucht und des Ackerbaus war dann eine zwangsläufige Folge. Früh hat der Homo sapiens sich auch schon durch Steinbilder einen Namen gemacht. Untermauert wird diese Theorie durch viele steinzeitliche Funde.

Wir glauben aber auch an die Wirklichkeit der Schöpfungsgeschichte im Alten Testament. Zwar konnte noch nicht belegt werden, dass Gott tatsächlich den Menschen geschaffen hat und die Zehn Gebote übergab, aber einige archäologische Funde scheinen zu zeigen, dass das Alte Testament nicht nur aus erfundenen Geschichten besteht. So gibt es z. B. an der Existenz einer Sintflut keine großen Zweifel mehr. Auch Sodom und Gomorra scheinen passiert zu sein. Dort wurden verglaste Steine gefunden, die nur durch eine große Hitze entstanden sein konnten. Auf der Suche nach dem verlorenen Paradies sind wir allerdings immer noch.

Charles Darwin hat mit seinen Erkenntnissen zur Mutation, zur Anpassung und der Auslese der Überlebensfähigsten wichtige Hinweise zum Verständnis der Natur gegeben. Der Kampf der Individuen und Arten um das Überleben ist ein Fakt. Die Vielfalt der Lebensformen und Überlebensstrategien scheint ein Beleg für die Richtigkeit der Evolutionsbiologie zu sein. Bislang ist es aber noch nicht einmal theoretisch überzeugend gelungen, alle Arten auf wenige Ursprungsarten zurückzuführen.

Der Ursprung des Lebens bleibt weiterhin im Verborgenen. Es gibt auf diesem Erkenntnisweg noch viel, über das wir uns wundern können und das sich nicht mit dem Evolutionsgedanken erklären lässt.

Bei der ersten Ausgabe des Wissenschaftsblatts „Nature" vor 130 Jahren hat Thomas H. Huxley geschrieben: „Die Frage aller Fragen ist die nach dem Platz des Menschen in der Natur."[119]

Die Welt wäre einfach zu verstehen, wenn sich die Entwicklung des Menschen tatsächlich nach Darwins Evolutionstheorie darstellen ließe. Wir würden dann von den Affen abstammen und diese Linie könnte man zurückverfolgen bis zu einem Ur-Säugetier. Leider sind dies alles nur moderne Mythen. Die Wirklichkeit hat sich nicht an dieser Vorstellungswelt orientiert. Die „Missing Links" zu den Affenvorfahren waren nun einmal nicht zu finden.

Wenigstens die Vorstellung, dass wir vom Neandertaler abstammen, sollte uns noch einige Jahre erhalten bleiben. Etwas anderes war eigentlich nicht denkbar. Heute ist die Erkenntnis gewachsen, dass der Homo sapiens plötzlich auf der Bildfläche der vielfältigen Lebensformen auf der Erde erschien und wahrscheinlich sogar den Neandertaler verdrängte. An der Geschichte aus dem Alten Testament, dass Gott den Menschen nach seinem Vorbilde geschaffen hatte, könnte demnach doch etwas dran sein?

Tiere und Pflanzen

Es gibt viele Tier- und Pflanzenarten, die sich seit Jahrmillionen nicht verändern mussten, da ihre Überlebensstrategien offensichtlich von einem nachhaltigen Erfolg geprägt sind. Auch hier hat es nach Auffassung der Evolutionsbiologen Mutationen durch den Einfluss kosmischer Strahlen geben müssen, die sich aber gegenüber den alten Formen nicht durchgesetzt haben. Bewiesen wurde dies aber bislang nicht.

Der Zoologe Prof. Norbert Sachser (*1954) meint:

„Erst seit wenigen Jahren ist allgemein akzeptiert, dass manche Tiere Probleme nicht durch Versuch und Irrtum lösen, sondern durch Nachdenken eine Lösung finden." [120]

Prof. Sachser hat bei seinen Studien festgestellt, dass Tiere – sogar Insekten - individuelle Persönlichkeiten besitzen und Angst, Freude, Eifersucht und Frustration empfinden können. Shimpansen können sich sogar im Spiegel erkennen und die Welt aus der Sicht eines anderen sehen. Der Forscher Jan Rose (Uni Bochum) hat sich intensiv mit Rabenvögel beschäftigt und dabei festgestellt, dass die Kapazität des Arbeitsgedächtnisses mit dem von Affen vergleichbar ist. [121]

Lange Zeit hatte man den Tieren nicht nur Intelligenz, sondern sogar auch Gefühle abgesprochen. Natürlich haben Tiere Gefühle. Die Primatenforscherin Jane Goodall in einem Spiegel-Interview zu Schimpansen:

„Sie trauern, sie lieben, sie fühlen Leidenschaft, Einsamkeit und Zorn.

Sie sind brutal."[122]

Schimpansen können beispielsweise lernen, das Spiel „Schere, Stein, Papier" ebenso gut zu spielen wie Kindergartenkinder.[123] Es gibt Tierarten, die bestimmte Fähigkeiten zu einer Form der Perfektion entwickelt haben bzw. diese Fähigkeit schon immer besaßen, wo uns die Fantasie fehlt, dies noch zu verbessern. Mit den grenzenlosen Kriterien „Schneller, weiter, höher, größer, besser..." können allerdings jeder Lebensform das Erreichte „madig" gemacht werden. Der Mensch handelt häufig nach dieser Maxime und kann selten sagen, warum er dies tut. Grenzüberschreitung gehört offensichtlich zum menschlichen Programm.

Geparden könnten sich z. B. fragen, warum sie noch schneller laufen können sollten, wenn die Geschwindigkeit von 90 km/h ausreicht, alle existierenden Arten von Beutetieren zu schlagen. Geparden haben nur ein Problem: Nach einem 400-m-Sprint sind sie so erschöpft, dass sie eine halbe Stunde ausruhen müssen. In dieser Zeit verschwinden etwa 70 % der Beute im Magen von Hyänen und Löwen. Geparden sind also nur auf den ersten Blick perfekt.

Delfine sind ebenfalls körperlich weitgehend optimiert. Sie jagen nur nebenbei nach Nahrung und beschäftigen sich hauptsächlich mit sich selbst. Hier hat die Evolution den Spaßfaktor anscheinend auf die Spitze getrieben. Nahrungssuche und Fortpflanzung scheinen bei den Delfinen nicht den Hauptsinn ihres Seins auszumachen. In den Meeren gab es offensichtlich schon eine „Fun-Gesellschaft" als der Mensch noch nicht an Freizeit dachte.

Katzen, die Mäuse bis zum Tode quälen, müssen sich dafür nicht moralisch verantworten, da sie ein biologisches Programm umsetzen, das sie nicht verändern können. Sie tragen also auch keine Schuld für ihr Tun. Die Frage, ob die Katze ein Produkt von Zufall und Auslese oder aber eine göttliche Schöpfung bzw. beides darstellt, ist vor diesem Hintergrund dann eher zweitrangig.

Der Mensch braucht offensichtlich zusätzliche Regeln, die er befolgen sollte, um seine Bestimmung zu erreichen. Der Mensch ist aus einem noch ungeklärten Grund biologisch nicht so programmiert, dass er sich nur in einer arttypischen Weise verhalten kann und muss. Wir können uns unser Verhalten in einem bestimmten Umfang aussuchen und uns eigene Ziele setzen. Wenn aber jeder Mensch nur nach seinen eigenen Regeln leben würde, wären wir schon längst ausgestorben.

Das Darwin'sche Modell kann bei bestimmten Tierarten zu plausibel erscheinenden Beschreibungen der Verhaltensursachen führen. Es gibt aber auch eine Reihe von Tier- und auch Pflanzenarten, die sich faktisch nie verändert haben, obwohl die Umweltbedingungen die Notwendigkeit zur Veränderung erzwingen müssten. Dazu gehören beispielsweise Haie, Asseln und Meeresschildkröten. Wenn man sich dann aber die Art mal genauer anschaut, kann man nicht mit Bestimmtheit sagen, warum sie so optimal an ihre Umwelt angepasst sein soll, dass sie sich im Sinne der Evolutionsbiologie nicht verändert hat. Dass die Größe keine Garantie fürs Überleben ist, das haben die Saurierarten wohl schmerzlich erfahren müssen. Auch eine gehobene Stellung in der Nahrungskette bedeutet nicht automatisch eine Garantie fürs Überleben. Worauf müsste die Menschheit denn nun achten, wenn sie ein paar Millionen Jahre existieren möchte? Können wir von den „alten" Arten lernen?

Unterschiede zum Menschen

Was den Menschen von den Tieren wirklich unterscheidet, ist schwer zu fassen. Tiere als seelenlos zu bezeichnen oder ihnen geistige Fähigkeiten abzusprechen hat man sich heute eher abgewöhnt, da diese Begriffe nicht eindeutig abgegrenzt werden können. Man ist auf der Suche nach wesentlichen Unterschieden, die sich durch Tatsachen beschreiben lassen.

Dies betrifft insbesondere den genetischen Code und die Unterschiede in der Informationsverarbeitung im Gehirn. Äußere Erscheinungsformen wie die Nutzung von Werkzeugen, die Entwicklung von sozialen Systemen, die Ausprägung von Kunst, Sprachen und Musik, das Verhältnis zu den Toten etc. sind nur Anhaltspunkte für fundamentale Unterschiede. Sie sind aber nicht wirklich überzeugend. Es gibt nämlich viele Tierarten, die auch Gegenstände aus der eigenen Umgebung als Werkzeuge benutzen. Der Unterschied zum Menschen ist dann eher darin zu sehen, dass der Mensch gezielt Werkzeuge herstellt, die so nicht in der Natur vorkommen.

Die Entwicklung von sozialen Systemen ist hingegen keine herausragende Eigenschaft. Es gibt z. B. komplexe und sehr stabile staatenbildende Insekten, die sogar eine eigene Pilzzucht entwickelt haben. Es gibt auch sehr große Ökosysteme von verschiedenen Arten, die harmonisch zusammenleben. Wenn man diese Systeme mit menschlichen Städten vergleicht, fällt im Unterschied dazu auf, dass dort Energien und Rohstoffe optimal genutzt werden und auch das

Abfallproblem gelöst worden ist. Diese Systeme können wachsen, ohne ihre Probleme zu erhöhen. Ich habe den Eindruck, dass wir da vielleicht noch etwas lernen könnten.

Die Frage, was den Menschen wesentlich von den Tieren unterscheidet, wird häufig mit Begriffen beantwortet, die bislang wissenschaftlich entweder nicht beschrieben werden können (wie z. B. Geist, Bewusstsein und Seele) oder gegenwärtig eher infrage gestellt werden (wie z. B. der Freie Wille durch die Gehirnforschung). Das größere und komplexere Gehirn lässt zwar die Vermutung aufkommen, dass hier auch mehr abläuft. Die Frage aber, ob das Ergebnis der Gehirntätigkeit dazu führt, das der Homo sapiens als Art überlebensfähiger wird oder sogar zur Schaffung eines Überorganismus taugt, kann wohl erst die Zukunft beantworten. Wie unterscheiden wir uns von den Tieren?

Oft wird dabei auf unsere Intelligenz verwiesen. Intelligenz ist - vereinfacht gesagt - unsere Fähigkeit, äußere Signale und Muster richtig einzuordnen, mit unseren Erfahrungen zu verbinden und daraus für die Zukunft zu lernen. Dabei setzt uns unser Arbeitsgedächtnis leider bestimmte Grenzen, da wir uns nur maximal sieben Informationseinheiten bzw. Aspekte gleichzeitig merken können. Hier sind uns Schimpansen überlegen. Sie können sich neun Aspekte gleichzeitig merken und sogar Zahlen schneller merken.[124] Wenn es um die Aufnahme von Informationen geht, dann sind wir sehr schnell überfordert. Der Arbeitsspeicher heutiger Computer (RAM = Random Access Memory) stellt den Arbeitsspeicher unser Gehirne erst recht in den Schatten.

Die Frage ist, was wirklich typisch menschlich ist. Häufig bekommt man als schnelle Antworten: Bildung sozialer Gemeinschaften, Fähigkeit zur Arbeitsteilung, Fähigkeit zur Kooperation, gedankliche Planung, differenzierte Sprache, Aggression gegenüber der eigenen Art, Werkzeug- und Technikgebrauch, der aufrechte Gang, Fähigkeit zur Trauer und zum Lachen, permanente Fortpflanzungsfähigkeit, der Freie Wille, das Ich-Bewusstsein und die Selbstreflexion.

Die ersten 7 Fähigkeiten kann man - allerdings etwas eingeschränkt - auch in der Tierwelt beobachten. Die letzten 7 Fähigkeiten beschreiben wahrscheinlich etwas typisch Menschliches. Die Beschreibung von menschlichen Fähigkeiten bzw. Ausdrucksformen beantwortet uns aber noch nicht die Frage, was den Menschen wirklich antreibt und ob es vielleicht sogar fixierte Entwicklungsziele gibt. Wir können aber eventuell von diesen Fähigkeiten auf dahinter liegende Motive schließen.

Was unsere Sprachen und Lieder betrifft, stehen uns z. B. die Wale und Delfine in nichts nach. Bedeutend ist allerdings die Zunahme der Ausdrucksmöglichkeiten durch die Entwicklung von „Musik-Werkzeugen" (Instrumente). Auch die bildhaften Darstellungen und Kunststile drücken etwas aus, was anscheinend eine Besonderheit des Menschen ausmacht: Eine Wahrnehmung im Gehirn (verursacht durch äußere Reize und innere Verarbeitung) nach außen zu spiegeln und anderen mitzuteilen. Dies sind also im Wesentlichen Kommunikationsformen.

Wir dürfen aber nicht übersehen, dass die Kommunikation über chemische Signale eventuell ähnlich vielfältig ist. Die Erforschung der Tierwelt ist hier noch sehr am Anfang. Die Frage darf hierbei gestattet sein, wie effektiv die Kommunikationsformen im Sinne von eindeutiger und nachhaltiger Informationsübertragung sind.

Das Tänzeln einer Biene oder die Duftstoffe eines Wolfsrudels wirken eventuell eindeutiger als die menschliche Sprache. Die Tiere scheinen sich nicht so häufig falsch zu verstehen wie die Menschen. Auch Tiere können viel Freizeit haben, wenn sie effektiv jagen oder in „paradiesischen" Zuständen leben. Dann verbringen sie diese Zeit aber häufig mit gesellschaftlichen Spielen wie die Delfine oder mit Schlafen wie die Löwen. Der Impuls, immer mehr zu wollen, fehlt den anderen Tierarten offenbar.

Die vielfältige Nutzung des Feuers war z. B. sicher eine Schlüsseltechnologie. Die Verbesserung der Jagdwaffen und der Selbstverteidigung war aber genauso wichtig. Gemeinschaftliches Jagen war nur durch eine differenziertere Sprache möglich. Dies ist aber nichts, was den Menschen allein auszeichnet. Auch Raubkatzen, Wölfe und z. B. Ameisen jagen in Gruppen. Auch die Arbeitsteilung zwischen Nahrungsbeschaffern und der Aufzucht der kommenden Generation ist bei vielen Tierarten bekannt. Staatenbildende Insekten wie Termiten und Ameisen haben riesige Gesellschaften mit hoher Arbeitsteilung geschaffen, die sogar ihre eigenen Nahrungsmittel anbauen (Pilzkulturen) oder andere Tiere nutzen (Ameisen melken regelmäßig „ihre" Blattläuse). Die künstlich geschaffenen Behausungen sind der hohen Arbeitsteilung angepasst worden. Diese Lebensgemeinschaften verändern sich aber teilweise seit Jahrmillionen nicht. Offensichtlich sind sie optimal an ihre Umwelt angepasst. Vielleicht fehlt ihnen aber einfach nur die Selbstreflexion.

Der Zustand eines Delfins, der sich vielleicht einfach nur ständig darüber freut, lebendig zu sein und andere an seinem Glück teilhaben lässt, erscheint dann eher als ein Zustand der ewigen Kindheit.

Vielleicht ist es gerade das, was Kinder besonders zum Ausdruck bringen, nämlich die unbedingte Bewegung im „Hier und Jetzt". Was morgen vielleicht kommt oder gestern war, ist unwichtig. Wenn ein Kind Grund hat, sich in einem Augenblick zu freuen, dann tut es dies ausgiebig mit Luftsprüngen, kreischend und mit glänzenden Augen. Wir Erwachsene denken aber ständig an Konsequenzen für das Morgen und an Erfahrungen im Gestern. Auch dieses Zeitbewusstsein ist es, das uns tendenziell daran hindert, eine Situation auszukosten und auszuleben.

Auch die unterschiedlichen Arten von Beziehungen, die zwischen Menschen bestehen können, sind nicht unbedingt ein typisches Merkmal des Homo sapiens.

Zum Thema „Homosexualität" stellt die Biologin Rosemarie Benke-Bursian fest:

„Homosexualität ist beileibe keine „Erfindung" der Menschen, sondern auch im Tierreich weit verbreitet. Homosexualität hat einen evolutiven Vorteil. Sie ist keine Laune der Natur, sondern ein wesentlicher Bestandteil von sozialen Gemeinschaften. In einer Gruppe aus vielen Männchen oder nur Weibchen erfüllt die homosexuelle Paarung die gleiche soziale Bindung wie eine heterosexuelle. Mittlerweile ist die Homosexualität bei mindestens 1.500 Tierarten beobachtet worden." [125]

Dann ist allerdings nicht zu verstehen, warum die Katholische Kirche homosexuelle Handlungen als „moralische Unordnung" betrachtet, die der „schöpferischen Weisheit Gottes entgegenstehen" und dem Naturrecht widersprechen würden, weil die „Weitergabe des Lebens" beim Geschlechtsakt ausgeschlossen bleibt. [126]

Kommunikation – typisch menschlich?

Kommunikation ist eine Form der Verständigung zwischen zwei oder mehr Individuen, bei der es ein Feed-back gibt. Dabei kann so etwas wie ein Dialog entstehen. Dann ist jeder Sender auch Empfänger. Kommunikation setzt voraus, dass eine codierte Information gesendet wird und der Empfänger sie versteht. Dabei nimmt jede Seite einmal eine aktive Position (Senden) und einmal eine passive Position (Empfangen) ein. Das muss man gelernt haben. Bei Menschen bedeutet dies, dass man auch gut Zuhören muss, um die Botschaft wirklich zu verstehen. Man muss sich auch in die andere Person hineinversetzen können, um die Motive zu erraten, warum etwas mitgeteilt wird. Ohne echte Empathie wären die Missverständnisse vorprogrammiert. Dabei müssen alle Beteiligten nicht nur die jeweilige Sprache beherrschen, sondern auch den kulturellen Hintergrund kennen, um die Botschaft im Sinne des Senders zu verstehen. Selbst wenn man die gleiche Sprache spricht, kann es sein, dass man sich nicht versteht. Es gibt viele unterschiedliche Milieus, Generationen und Kulturbereiche, die eine eigene Sprache und eine eigene Symbolik verwenden. Sogar Hochschulabsolventen verstehen sich immer weniger. Man stelle sich eine Diskussion zwischen Leuten vor, die Jura, Physik, Soziologie oder Maschinenbau studiert haben. Auch die junge Generation versteht häufig nicht, was die Alten sagen und denken. Das gilt natürlich auch umgekehrt. Interdisziplinäre, interkulturelle und Generationen übergreifende Diskussionen müssen deshalb häufig von Personen moderiert werden, die alle beteiligten Seiten verstehen und kennen. Das ist zunehmend in globalisierten Unternehmen und der internationalen Politik eine Herausforderung. Was gemeint ist und was dann beim Gegenüber ankommt bzw. verstanden wird, sind oft sehr unterschiedliche Dinge.

Wenn dann noch die nonverbalen Informationen wie Mimik und Gestik wegfallen, wird eine verständliche Kommunikation noch schwieriger. Während wir bei den sogenannten Messengern wie WhatsApp noch einen zeitunabhängigen Dialog zwischen mehreren Teilnehmenden haben können, sind die Interaktionen in den Sozialen Netzwerken nur noch auf „Likes" oder Kommentare begrenzt. Dabei wird hier besonders deutlich, dass sich die Teilnehmenden oft noch nicht mal auf der gleichen Ebene bewegen. Besonders bei Twitter und Facebook reagieren viele, indem sie von der Sach- auf die Beziehungsebene wechseln. Das kann aber natürlich genauso auch in der Echtzeit-Kommunikation passieren.

Dabei ist es besonders leicht, Missverständnisse zu erzeugen, aber sehr schwer, sie wieder aus der Welt zu schaffen. Im Internet geht dies fast nicht mehr. Wenn die Reaktionen schon weitergeleitet wurden, wird man seine verbale Fehlleistung nie mehr aus dem Netz herausbekommen. Das Internet vergisst nicht. Erstaunlich ist, dass die meisten Teilnehmenden - häufig unüberlegt - agieren und reagieren. Das hat natürlich auch damit zu tun, dass man im Netz meistens anonym unterwegs ist und keine Konsequenzen fürchtet. Diejenigen, die die Sozialen Netzwerke zur Erhöhung ihrer eigenen Popularität nutzen, werden dann mit anonymen Reaktionen sehr unterschiedlicher Art konfrontiert. Das kann Beleidigungen, Hass-Reaktionen und sogar Morddrohungen einschließen. Die „Büchse der Pandora" wurde geöffnet. Wir könnten wenigstens dafür sorgen, dass wir ein Internet erschaffen, dass die Würde des Menschen respektiert. Das geht wohl nicht ohne Aufhebung der Anonymität und der damit zusammenhängenden Konsequenz, für sein Handeln Verantwortung zu tragen. Wir werden es dann auch wohl akzeptieren müssen, dass der Rest ins Darknet abwandert. Das werden wir weiterhin brauchen, da es immer mehr Staaten gibt, in der die Meinungsfreiheit nicht existiert.

Auch Tiere und Pflanzen kommunizieren miteinander. Um die Bedeutung der menschlichen Kommunikation besser zu verstehen, könnte es Sinn machen, sich auch diese Kommunikationsformen genauer anzusehen. Dabei gibt es Unterschiede zu beachten. Es geht grundsätzlich um Verständigung und damit um einen Austausch von Signalen. Die Signale können unbeabsichtigt und ungerichtet sein. Sie können auch vorsätzlich und zielgerichtet sein. Es gibt also auch Kommunikationsformen, bei denen der Empfänger nicht selbst antwortet, aber vielleicht entsprechend reagiert. Eine Verhaltensänderung wäre auch schon eine Antwort. Bei den Tieren und Pflanzen kann man einfache und komplexe Formen der Verständigung erforschen.

Die Pflanzenforschung beschäftigte sich bislang hauptsächlich mit der Erhöhung des Nutzens durch verbesserte Anbaumethoden und gezielter Düngung. Kognitive Fähigkeiten hatte man bisher nicht beobachtet und auch nicht untersucht. Nun konnte bei Erbsen nachgewiesen werden, dass ihr Wachstums-Verhalten auch durch einen bedingten Reflex wie bei dem Pawlowschen Hundetraining ausgelöst werden kann. Die Pflanzen hatten gelernt, dass bei einem Luftstrom Licht folgen würde und verhielten sich beim isolierten Luftstrom genau so, als wenn das Licht angemacht worden wäre.[127] Wie ein Hund, dem das Wasser im Mund zusammen läuft, wenn eine Glocke ertönt. Pflanzen sind also eindeutig lernfähig und müssen sich nicht nur programmgerecht verhalten.

Wilhelm Boland vom Max-Planck-Institut für chemische Ökologie in Jena und japanische Kollegen experimentierten mit Mondbohnen und Roten Spinnmilben. Dabei kam heraus, dass mindestens sechs Gene aktiviert werden, wenn eine Mondbohne von den Saft saugenden Milben angefallen wird. Als Folge produziert die Pflanze Stoffe, die der eigenen Verteidigung dienen; sie machen den Pflanzensaft für die Milben weniger bekömmlich. Außerdem sendet sie Signalstoffe aus, deren Botschaft von anderen Bohnen verstanden wird. Die gewarnten Nachbarpflanzen beginnen daraufhin, ihre eigene Verteidigung vorzubereiten.[128]

Dies bedeutet, dass einzelne Pflanzen auch Programme besitzen, die die Aufgabe haben, dass die Art als Ganzes überlebensfähiger ist. Die Bedrohung eines Individuums wird automatisch als Bedrohung der eigenen Art interpretiert. Das ist der Grund, warum Signale ausgesandt werden. Das ist aber noch keine Form der Kommunikation, die Feed-back voraussetzt. Die chemischen Warnsignale werden direkt in Aktivitäten umgesetzt, da gibt es keine Interpretationsschwierigkeiten.

Als der Förster Peter Wohlleben sein Buch über das „geheime Leben der Bäume" veröffentlichte, war der Aufschrei seiner Fachkollegen groß. Er hatte beschrieben, wie sich Bäume gegenseitig helfen, indem sie unterirdisch über die Wurzeln und die mit ihnen in einer Symbiose lebenden Pilze Zucker verteilen. Er hatte nicht nur festgestellt, dass Bäume miteinander Informationen austauschen, sondern sich auch sozial verhalten.[129]

Peter Tomkins und Christopher Bird haben in ihrem Buch „Das geheime Leben der Pflanzen" sogar das Gefühlsleben der Pflanzen beschrieben:

„Pflanzen reagieren wie Menschen. Blumen «sprechen» wirklich! Sie haben Gefühle und ein Erinnerungsvermögen. Sie nehmen optische und akustische Eindrücke wahr, sie unterscheiden zwischen Harmonien und Dissonanzen. Experimente zeigten, dass Pflanzen, die an empfindliche Messgeräte wie zum Beispiel Polygraphen angeschlossen waren, schreckhaft reagierten, wenn sie sich bedroht fühlten." [130]

Sie berichteten sogar von Experimenten, die angeblich belegt haben, dass Pflanzen auf menschliche Gedanken reagieren. Das wurde bislang wissenschaftlich nicht bestätigt.

Wie Pflanzen funktionieren, ist noch nicht ausreichend erforscht. Klar ist, dass sie kein zentrales Nervensystem besitzen, aber doch Informationen speichern und Freund und Feind unterscheiden können. Der Direktor des Max-Planck-Instituts für Chemische Ökologie in Jena Prof. Jan Baldwin (*1958) hat den Wilden Tabak intensiv untersucht. Der Samen keimt erst, wenn er Aromen von verbranntem Holz wahrnimmt, weil er dann auf dem Feld keine Konkurrenz hat. Die Pflanze kann bis zu 1700 verschiedene Substanzen produzieren, um Angreifer zu vertreiben und sogar die Blütenform verändern, um Kolibris anzulocken anstatt den Tabakschwärmer, wenn dieser zu viele Larven hinterlässt.[131]

Der Zellbiologe Frantisek Baluska von der Uni Bonn konnte nachweisen, dass Pflanzen ein komplexes sensorisches System zur Wahrnehmung nutzen und Entscheidungen treffen. Dabei könnte eine Art Zell-Gedächtnis eine Rolle spielen. Interessant ist, dass Anästhetika, die beim Menschen das Bewusstsein und das Schmerzempfinden betäuben, auch bei Pflanzen die Reizreaktionen stark vermindern.[132] Neueste Forschungsergebnisse lassen die Vermutung zu, dass Pflanzen auch sehen können. Sie besitzen mindestens elf verschiedene Photorezeptoren und können auch Infrarot- und UV-Licht wahrnehmen. Die Epidermis der Blätter könnte ähnlich arbeiten wie eine Linse und die Retina. Anders ist beispielsweise nicht zu erklären, dass eine besondere Kletterpflanze (Boquila trifoliolata) Mimikry beherrscht und ihre Blattform an die Formen der Blätter der Bäume anpasst, um die sie rankt.[133]

Um die eigene Art über größere Entfernungen zu informieren, ist das chemische Signalwesen nicht mehr ausreichend. Im Unterschied zu den Pflanzen finden wir bei Tieren deshalb vorwiegend die akustische Informationsübermittlung. Hier kennen wir viele arttypische Warnsignale, an denen auch wir die Tiere gut unterscheiden können. Ebenfalls eindeutig sind die Rufe, wenn es um Partnerwahl geht. Die Informationsbedürfnisse waren damit evolutionär aber noch längst nicht erfüllt. Als Tiere anfingen, gemeinsam Beute zu machen, mussten sie ihr Verhalten aufeinander abstimmen. Damit man erfolgreich jagen konnte, waren viele zusätzliche Laute bzw. Lautkombinationen erforderlich. Man musste zuerst auf die entdeckte Beute aufmerksam machen und dann gleichzeitig verschiedene Dinge tun. Ohne die Rückkopplung von Information waren diese Aufgaben nicht zu meistern.

Welche unterschiedlichen Signale erforderlich sind, um gemeinsam auf die Jagd zu gehen, können wir auch an einer menschlichen Jagdgesellschaft beobachten. Verschiedene Hörnersignale reichen da aus, um eine Jagd erfolgreich durchzuführen. Das ist in der Tierwelt nicht anders. Das gemeinsame Jagen bzw. die gemeinsame Nahrungssuche waren offensichtlich der Grund, um Sprache zu entwickeln.

Einfache Signale reichen aber bei bestimmten Aufgaben nicht aus. Wenn eine Biene anderen Bienen z. B. erklären will, wo die ertragreichsten Blüten zu finden sind, dann muss sie Angaben über die Richtung, die Entfernung und vielleicht noch die Blütenart machen. Bienen haben dazu den so genannten Schwänzeltanz erfunden. Während beispielsweise Ameisen auf dem Boden die Richtung durch Duftstoffe markieren können, ist dies in der Luft ja nicht möglich. Mit den chemischen Signalstoffen haben die Ameisen ein Navigationssystem erschaffen, das heute im Rahmen vernetzter Navigationssysteme genutzt wird. Die Biologin Florianne Koechlin hat dies so erklärt:

»Wenn eine Ameise außerhalb des Ameisenstaates nach Futter sucht, rennt sie scheinbar ziellos umher. Findet sie Nahrung, so geht sie auf

direktem Weg zur Kolonie zurück und hinterlässt dabei eine Duftspur. Die nächste Ameise, die diese Duftspur kreuzt, folgt dem bis zur Nahrungsquelle, bedient sich und kehrt zur Kolonie zurück. Ameisen erforschen also ihre Umgebung, ohne vorgegebene Richtung und ohne Programm. Später benachrichtigen sie Kolleginnen mit Duftstoffen über Futterquellen; es entstehen Ameisenpfade, aus zufälligen Bewegungen bildet sich Struktur." [134]

Zu den chemischen Signalen kamen die akustischen und optischen Lösungen hinzu. Auch Tiere kombinieren schon verschiedene Signale - man könnte fast sagen zu einzelnen Worten. Tiere tun sich aber schwer, komplexe Informationen richtig zu deuten. Die Sprachkünste von Primaten reichen gerade einmal dazu aus, sechs Silben gleichzeitig zu verstehen. Offensichtlich fehlen den Affen die grundlegenden Fähigkeiten, um akustische Informationen zügig im Gehirn zu verarbeiten und zueinander in Beziehung zu setzen. [135] Komplexe Sprachverarbeitung ist also ohne die Weiterentwicklung des Gehirns nicht möglich.

Menschen kommunizieren natürlich nicht nur im Zusammenhang mit Jagen und Partnerwahl (auch wenn man manchmal schon den Eindruck haben könnte ...). Die menschliche Sprache ist nicht mehr nur ein Instrument zur Erhaltung der eigenen Art, sondern auch ein Ausdruck von Individualität. Ist dies typisch menschlich oder etwas, das wir auch in der Tierwelt beobachten können?

Menschen identifizieren ihr Gegenüber nicht nur durch das Aussehen, sondern zusätzlich auch am Klang der Stimme. Während wir unser Aussehen verändern können, ist die Stimme so einzigartig wie der Fingerabdruck, die Iris unserer Augen und unsere Gene. Mit einer Stimmanalyse lässt sich jeder Mensch eindeutig identifizieren.

Auch Delfine können sich anhand von charakteristischen Pfeiftönen gegenseitig unterscheiden. Bislang war man davon ausgegangen, dass die Meeressäuger diese eigene Stimme nur in der Obhut von Menschen entwickeln. Jahrelange Beobachtungen einer Delfinschule vor der Küste Floridas führten zu neuen Erkenntnissen. Ganz ähnlich wie beim Menschen entwickeln die Meeressäuger ihre individuelle Stimme bereits in den ersten Lebensmonaten. Anhand der Signaturpfiffe können sich die Delfine auch bei schlechter Sicht erkennen - etwa in trübem Wasser. Außerdem dienen die markanten Laute der Aufrechterhaltung von sozialen Bindungen. Umso größer die Gruppe, desto mehr individuelle Laute geben die Tiere von sich.[136]

Die Sprachforschung bei Tieren hat erst in den letzten Jahren so richtig angefangen. Mit schwimmenden Lauschgeräten haben Wissenschaftler bzw. Wissenschaftlerinnen z. B. Walen beim „Unterwassergespräch" zugehört. Sie entdeckten Arten an unerwarteten Orten - und machten eine interessante Entdeckung: Blauwale sprechen Dialekt, je nachdem, in welcher Ecke des Ozeans sie zuhause sind. Die Blauwale des Ostpazifiks kommunizieren dort mit „tiefen, pulsierenden Klängen, gefolgt von einem Ton", stellte David Mellinger von der Oregon State University fest. Andere Blauwale klingen anders, weniger gutural - je nachdem, wo sie wohnen. Blauwale im Nordwestpazifik singen anders als die im westlichen Pazifik, und beide wiederum haben eine andere Tonlage als die in den Meeren rund um die Antarktis.[137]

Sprache ist also nicht etwas typisch Menschliches. Wohl eher die

Häufigkeit mit der kommuniziert wird. Sprache kann dabei verbinden und auch trennen. Ob Kommunikation nützlich ist, hängt auch nicht von der Menge, sondern der Qualität der Informationsübermittlung ab. Tiere scheinen sich dabei auf das Wesentliche zu beschränken. Es werden offenbar hauptsächlich Informationen ausgetauscht, die dem Überleben der eigenen Art dienen. So zumindest beim „Schwänzeltanz" der Bienen.

Die Lust an der Kommunikation zum Selbstzweck scheint etwas typisch Menschliches zu sein. Wir wissen aber immer noch nicht, ob die Delfine und Wale nicht auch mal Plaudern um des Plauderns willen. Auch bei einigen Vogelarten kann man den Eindruck bekommen, dass sie singen, weil sie Spaß daran haben und nicht nur, wenn sie auf der Suche nach einer Partnerin sind.

Lange Zeit war Evolution nur ein anderes Wort für den Kampf ums Dasein und des Überlebens der eigenen Art. Jetzt stellen immer mehr Forscher bzw. Forscherinnen fest, dass Tiere durch Hilfsbereitschaft, Mitgefühl und Freundlichkeit manchmal viel weiterkommen. Bei einer Kolonie von Vampir-Fledermäusen ist das zum Beispiel so (bei denen hätte man das sicher am allerwenigsten erwartet …). Als wissenschaftliche Sensation konnte ein Forschungsergebnis gewertet werden, wonach Vampire auch solche Artgenossen füttern, mit denen sie nicht verwandt, aber häufig zusammen sind. Blut aus dem Magen eines Tieres wird dabei ins Maul eines anderen gewürgt - ungewöhnlich, aber auch ein Zeichen für Selbstlosigkeit? Verhalten, lautet die biologische Faustregel, muss nützlich sein, ansonsten wird es von der Natur aussortiert. Was hat ein Spender-Vampir davon, dass er eine nicht verwandte Fledermaus vor dem Hungertod rettet? Kann es sich für ihn lohnen, einem Artgenossen zu helfen? Unter kontrollierten Bedingungen wurde erforscht, wer wem hilft. Erstaunlich dabei ist: Dem Blutaustausch zwischen nicht verwandten Tieren liegt ein Muster zu Grunde – nämlich das der Gegenseitigkeit. Die Vampire teilen ihre Kost nur mit solchen Artgenossen, die ihnen in ähnlicher Not etwas abgegeben haben. Verstößt ein Tier gegen diesen Vertrauenspakt und genießt, ohne zu teilen, lässt die Quittung nicht lange auf sich warten. Der Eigenbrötler wird von den anderen Mitgliedern der Kolonie nicht mehr gefüttert. Egoisten sind damit zum Hungertod verurteilt. Müssten die Blutsauger mit dem auskommen, was jedes Tier für sich allein erbeutet, stünde es schlecht um sie. Die Hälfte ihres Nachwuchses würde keine vier Wochen alt, und die gesamte Spezies wäre nach nur zwei Generationen ausgestorben. Nachbarschaftshilfe ist also ihre Lebensversicherung, das Ganze eine Art Sozialvertrag. So scheint plötzlich denkbar, dass nett sein zum Nachbarn manchmal die beste Überlebensstrategie sein kann.[138]

Soziales Verhalten könnte in einem bestimmten Umfang also sogar angeboren sein. Praktisch alle Primaten (aber auch Hyänen und Delfine) verfügen über Versöhnungsrituale nach Streitigkeiten. Diese Rituale stehen aber in einer besonderen Abhängigkeit zum Rang in der jeweiligen Hierarchie der Gruppe. Es gibt zum Beispiel bestimmte „Respekt-Gesten", um Ranghöhere zu besänftigen. Das ist bei den Menschen auch nicht anders. Die Rituale sind aber beim Menschen nicht überall gleich und auch nicht angeboren. Sie sind ein Produkt der jeweiligen Kultur. Gruppen und auch einzelne Unternehmen machen sich durch diese ritualisierten Regeln unterscheidbar. In den meisten menschlichen Lebens- und Arbeitsverhältnissen sind Hierarchien entstanden, die auch die Interaktionen beeinflussen. In festen Hierarchien gibt es normierte Rollenverteilungen, die dazu führen, dass normalerweise die Leistungen verbessert werden. In einer stabilen Hackordnung streiten sich beispielsweise auch Hühner weniger und legen auch mehr Eier. [139] Soziale Lebewesen stellen den Gruppenzusammenhang hauptsächlich durch Imitieren des Verhaltens der anderen Gruppenmitglieder her. Satte Hühner beginnen wieder zu picken, wenn sie mit hungrigen Hühnern zusammengebracht werden. Das Spiegeln bzw. „Nachäffen" des Verhaltens von anderen Individuen dient der Schaffung eines Zusammengehörigkeitsgefühls. Auch wir Menschen benutzen diesen simplen Trick.

Besondere Tiere und Pflanzen

Wenn wir unsere Sinnes-Fähigkeiten und körperlichen Möglichkeiten mit bestimmten Tieren vergleichen, dann sind wir nirgendwo Spitze und vielleicht noch nicht mal Durchschnitt. Ein paar Beispiele.

Eisbären können eine paarungsbereite Artgenossin etwa 160 Kilometer weit riechen. Ratten besitzen 1200 olfaktorische Gene, die die Ausbildung von unterschiedlichen Riechrezeptoren steuern (der Mensch besitzt nur 350). Fangschreckenkrebse können zwei dreidimensionale Bilder gleichzeitig verarbeiten und besitzen bis zu 16 Fotorezeptoren (der Mensch nur drei). Schweine haben doppelt so viele Geschmacksknospen auf der Zunge wie der Mensch. Schlangen können mit ihrem Infrarot-Sinn auch im Dunkeln sehen. Buckelwale nutzen das Magnetfeld der Erde zur Navigation. Haie und Schnabeltiere können elektrische Signale verarbeiten. Eulen hören ihre Beute noch in 100 Meter Entfernung in 40 cm hohem Schnee. Elefanten können über ihre Füße sogar Infraschall wahrnehmen und anscheinend Tsunamis wahrnehmen, wenn diese noch nicht die Küste erreicht haben, um zu fliehen. [140] Diese Liste könnte man noch mit vielen Beispielen Ergänzen. Ein paar bemerkenswerte Lebewesen möchte ich aber noch vorstellen.

Kraken

Kraken (auch Tintenfische genannt) gehören wie die Kalmare und Sepien zu den Weichtieren. Sie haben acht Fangarme, mindestens neun Gehirne und drei Herzen. Der Meeresbiologe Dr. Uwe Piatkowski vom Helmholtz-Zentrum in Kiel ist der Meinung, dass das komplexe Nervensystem dieser wirbellosen Kopffüßler viele Wirbeltiere in den Schatten stellt.[141] Der Nordpazifische Riesenkrake erreicht eine Spannweite von neun Metern und kann über 200 Kilogramm wiegen. Kraken sind Meister der Anpassung und können farblich und in der Form andere Tiere imitieren, um sich zu tarnen. Im Labor haben die Kraken ihre Intelligenz unter Beweis gestellt: Sie können durch Labyrinthe navigieren und Puzzles lösen. Ihre Lebenserwartung liegt allerdings bei maximal nur fünf Jahren.

Meeresschildkröten

Um zu verstehen, warum der Gedanke der Evolutionsbiologie - „die tüchtigsten bzw. die am besten angepassten Arten" würden überleben - nur die halbe Wahrheit sein kann, will ich mich einmal mit einem Wesen beschäftigen, das etwa seit 200 Millionen Jahren als Art auf der Erde existiert und sich fast nicht verändert hat. Mutationen muss es zwar im Laufe der Zeit auch gegeben haben. Aber die waren offensichtlich nicht überlebensfähiger bzw. optimaler an ihre Umwelt angepasst.

Ich meine die Meeresschildkröten. Meeresschildkröten ziehen seit einer fast unendlichen Zeit durch die Ozeane wie Zugvögel durch die Lüfte. Warum sie immer noch nicht ausgerottet sind, grenzt an ein Wunder. Wenn man sich ihr Verhalten anschaut, dann erkennt man nämlich nicht, was sie so überlebensfähig macht. Ein typisches Schildkrötenweibchen nistet nur alle zwei bis drei Jahre, dann aber mehrere Male über den Zeitraum vieler Wochen. Bestenfalls deponiert sie insgesamt 1000 Eier. Aber etwa nur eines ihrer Babys wird überleben. Denn während eine ausgewachsene Meeresschildkröte kaum natürliche Feinde besitzt und oft Jahrzehnte alt wird, schätzen fast alle Bewohner der Küste ihren Nachwuchs. Überhaupt eine Chance hat da nur, wer sich möglichst schnell ins offene Meer rettet, weg von den in Küstennähe konzentrierten Feinden. Das Wundersamste an der Meeresschildkröte ist nun ihr nahezu übersinnlich anmutendes Talent, ab der ersten Lebensminute den richtigen Weg zu finden. Obwohl jedes Treibholz, jede Furche im Sand ihnen den Blick versperrt, rennen die neu geborenen Schildkröten schnurgerade zum Meer. Schlüpfen sie an einem Strand, der nach Osten zeigt, hasten sie nach Osten. Gräbt man die Eier aus und trägt sie auf die andere Seite der Insel, hetzen sie, ohne zu zögern, nach Westen. Einmal im Wasser, strampeln sie auf dem kürzesten Weg fort vom Land.

Mittlerweile ahnen die Meeresbiologen, wohin zumindest manche der Babys verschwinden. Getragen von warmen Ozeanströmungen, begeben sie sich auf eine abenteuerliche Wanderschaft. Caretta-caretta-Schlüpflinge aus Florida etwa paddeln einmal um die Sargassosee in der Mitte des Atlantiks: von Florida hinüber zu den Azoren, vorbei an Westafrika und schließlich zurück nach Florida, insgesamt rund 13.000 Kilometer, für die sie fünf bis zehn Jahre benötigen. Danach sind sie groß genug, um vor Raubfischen sicher zu sein. Unklar ist, wie erwachsene Schildkrötenweibchen später genau den Strand wiederfinden, an dem sie einst geboren wurden und auf dem sie selbst bevorzugt ihre Eier ablegen. Es scheint zweifelhaft, dass die kurzsichtigen Meeresschildkröten sich an den Sternen orientieren wie einst Seefahrer. Lesen sie also vielleicht das Magnetfeld der Erde? Wir wissen, dass das Magnetfeld regional in Ausprägung und Neigung variiert. Es ist am stärksten und steilsten an den Polen, am schwächsten und flachsten am Äquator. Ein Wesen, das beides spürt, kann seine Position theoretisch so sicher bestimmen wie ein Schiff mit GPS-System. Die Meeresschildkröten müssten dann allerdings große Navigationsprobleme bekommen, wenn sich das Magnetfeld der Erde im Zusammenhang mit einem Polsprung stärker verschiebt, wie wir das schon beobachten können.

Ken Lohmann von der University of North Carolina testete die Hypothese, dass Meeresschildkröten sich am Magnetfeld orientieren. In einen Tank, an den er ein künstliches Magnetfeld angelegt hatte, setzte er frisch geschlüpfte Karettschildkröten. Er zog ihnen maßgeschneiderte „Badeanzüge" an, die mit einem Sensor verbunden waren. So konnte er messen, wohin die Tiere schwammen. Simulierte er ein Magnetfeld, wie es an der Küste von Florida herrscht, schwammen die kleinen Schildkröten nach Osten. Gaukelte er ihnen die Nähe der Azoren vor, wo ein Meeresstrom nach Schottland abzweigt, paddelten die Winzlinge unmittelbar nach Süden. „Sie erkennen offenbar, wo sie sich im Magnetfeld der Erde befinden", folgert Lohmann.

Meeresschildkröten besitzen offensichtlich ein hervorragendes Navigationssystem. Dieses scheinen aber andere Tiere auch zu kennen, die tausende Kilometer unterwegs sind, wie Aale, Zugvögel und Wale. Viele andere Tierarten haben sich auf die Gewohnheiten der Meeresschildkröten eingestellt und nutzen den reich gedeckten Tisch, wenn die Schildkröten schlüpfen. Warum diese Art mit diesem Verhalten so lange überlebt hat, bleibt ein Rätsel. Eigentlich ist es Dummheit, dass diese Tiere immer am gleichen Ort ihre Eier legen. So konnten sich die Fressfeinde gut darauf einrichten. Es sieht so aus, als wenn es ein Programm „zurück zum Geburtsort und Eier legen" gibt, das nicht geändert werden kann.

Fazit: Es muss deshalb noch irgendetwas anderes in der Welt geben, als das Prinzip „Der Stärkste überlebt". Viele Arten überleben, obwohl sie mit ihrem Verhalten längst ausgestorben sein müssten. Vielleicht erfüllen sie eine Aufgabe im gesamten Ökosystem, die unverzichtbar ist, aber von uns noch nicht erkannt wurde? Vielleicht gibt es neben der Kraft, die die Überlebensfähigkeit steuert, auch eine Kraft, die unter bestimmten Umständen die Schwachen überleben lässt?

Delfine

Delfine können mit mehreren hundert unterschiedlichen Pfeif- und Klicklauten kommunizieren und dabei sogar „Sätze" aus bis zu fünf „Wörtern" bilden. Dabei scheinen sie auch einen Dialog zu beherrschen und zu antworten, ohne dass sie unterbrochen werden. Sie „sprechen" sich auch anscheinend mit einem Namen an. Delfine schließen Freundschaften, haben Spaß an Wasser-strudeln und lieben das Wellenreiten. Sie jagen in der Gruppe und sind dabei sehr kreativ bei ihren Jagdtechniken. Der Stimmumfang reicht von 800 bis 28000 Hertz (Großer Tümmler) und ist vom Umfang her mit unserer Stimme (80 bis 12000 Hertz) grundsätzlich vergleichbar.[142]

Der Halimasch-Pilz

Schildkröten können teilweise als Individuum mehrere hundert Jahre alt werden. Das aber wohl größte und älteste Lebewesen auf der Erde ist ein Hallimasch-Pilz. Er wiegt 500 Tonnen, ist rund 2400 Jahre alt, frisst ganze Bäume und nimmt die Fläche von 1200 Fußballfeldern ein. An der Oberfläche stehen nur einige harmlos wirkende Pilze auf dem Waldboden. Doch, was sich unter der Erde im „Malheur National Forest" im US-Staat Oregon abspielt, ist unglaublich.

Der Pilz hat sich auf einer Fläche von rund neun Quadratkilometern ausgebreitet und ein für Bäume tödliches Geflecht von Fäden gesponnen. Auf die Spur des Riesenpilzes ist die Forstwissenschaftlerin Cathrine Parks von der Pacific-Northwest-Research-Station gestoßen. Parks hat aufgrund einer DNA-Analyse die Identität des Pilzes ermitteln können. In mehr als 60 Bäumen hat sie die DNA nachgewiesen. Dies zeigt, dass auch Schmarotzern ein langes Leben beschert sein kann, wenn sie ihren Wirt nicht schädigen, sondern nur nutzen. Wahrscheinlich stiftet der Pilz aber auch Nutzen für den Wald, in dem er Wasser speichert oder andere Schädlinge abwehrt. In der Natur gibt es viele Beispiele für Zweckgemeinschaften, die ihre eigene Überlebensfähigkeit erhöhen (Symbiosen und Ökosysteme).

Die evolutionären Vorteile der Kooperation

Die Evolutionsbiologie hat die „Kraft zur Gemeinsamkeit" bislang wenig untersucht. Ich nehme an, dass diese Kraft genauso bedeutsam ist wie die bestehende Konkurrenz unter bestimmten Arten. Die Kraft zur Kooperation passt aber noch nicht so recht in unser Weltbild. Diese Kraft ist aber trotzdem vorhanden und nicht nur ein zufälliges Ergebnis der Evolution. Wenn es diese Kraft nicht gäbe, wäre die Überlebensfähigkeit der vielen schwachen Arten nicht zu erklären. Man könnte diese Kraft auch die Kraft nennen, die die Schwachen schützt. Davon will unsere Evolutionsbiologie nichts wissen.

In der Natur gibt es aber viele Beispiele, die unsere Darwinisten in schiere Verzweiflung treiben. Mit dem Gesetz des Stärkeren und der Auslese lässt sich nämlich die Überlebensfähigkeit dieser Artengruppe nicht plausibel erklären. Es macht aber Spaß, sich das Leben der Schwachen anzuschauen, um zu sehen, wie sie es schaffen, trotzdem zu überleben. Natürlich sind Raubtiere wie zum Beispiel Haie und Löwen imposante Tiere. Sie strotzen nur vor Kraft. Die Starken haben uns schon immer besonders beeindruckt. Wir haben gelernt, im Kampf die Starken zu bewundern und die Schwachen zu bemitleiden. Es gibt aber auch Kampftechniken wie Jiu-Jitsu die das Zurückweichen und die eigene Schwäche nutzen, um eine andere Form der Stärke zu entfalten. Aus der Position der Schwäche eine Überlebensstrategie zu entwickeln verlangt mehr Intelligenz, als seine Stärke nur anzuwenden.

Tiere wie z. B. die Königspinguine hätten aufgrund ihres Verhaltens eigentlich längst ausgestorben sein müssen. Wenn man den Kinoknüller „Die Reise der Pinguine" gesehen hat, kann man sich das Überleben dieser Tiere nicht erklären. Ich möchte aber auch nicht falsch verstanden werden. Natürlich gibt es viele Tierarten auf der Erde, die längst ausgestorben sind oder kurz davorstehen. Der größte Artenschwund geht aber im Augenblick wohl eher auf die Eingriffe des Menschen zurück. Davon sind einige große Raubtierarten und insbesondere Bewohner der Regenwälder betroffen. Die Überlebensfähigkeit der Arten hängt heute also eher vom Handeln der Menschen ab, als von der eigenen inneren Dynamik in der Natur.

Rabenvögel

Zur Familie der Rabenvögel zählen auch besonders intelligente Arten wie der Kolkrabe, die Saatkrähe und die Elster. Diese Tiere können sich im Spiegel erkennen und Werkzeuge herstellen. Sie können vorausschauend planen und spüren, wenn sie beobachtet werden.[143] Ihre Intelligenzleistungen haben die Wissenschaft überrascht, weil die Gehirne relativ klein sind. Obwohl die Raben nur etwa 20 Prozent der Neuronen eines Schimpansen besitzen, sind die kognitiven Fähigkeiten vergleichbar. [144]

Zikaden

In der Tierwelt gibt es viele Merkwürdigkeiten. In weiten Teilen Nordamerikas treten z. B. Zikaden auf, die sich alle 13 oder 17 Jahre über der Erde massenhaft vermehren - danach leben sie als Larven wieder 13 oder 17 Jahre unter der Erde. Bemerkenswert an diesen Tieren ist ihre Pünktlichkeit, mit der sie wieder an die Oberfläche kommen. Die Prognosen liegen höchstens eine Woche daneben. Wenn sie dann erscheinen, dann kommen gleich einige Millionen Tiere pro Hektar. Können wir das wissenschaftlich erklären? Das Ganze sieht sehr danach aus, als wenn hier ein Programm abläuft. Das gefällt der Wissenschaft nicht, weil sie an die Selbstorganisation der Evolution glaubt. Deshalb gibt es ein Modell, mit dem man dieses Phänomen erklären möchte. Wissenschaftler bzw. Wissenschaftlerinnen des Max-Planck-Instituts für molekulare Physiologie in Dortmund und der Universidad de Chile haben im Computer ein Jäger-Beute-Modell entwickelt, in dem nur Lebenszyklen, deren Länge eine Primzahl von Jahren ist, stabil sind. Die Vermehrung im Intervall von 13 oder 17 Jahren erklärt man sich also mit Jäger-Beute-Beziehungen. Wäre die Zyklenlänge beispielsweise zwölf Jahre, so könnten die Zikaden von Räubern gefressen werden, die alle 1, 2, 3, 4, 6 und 12 Jahre erscheinen. Mutieren die Zikaden jedoch in einen Zyklus von 13 Jahren, so sind nur noch die Arten, die jedes Jahr oder alle 13 Jahre auftreten, Fressfeinde. Im Allgemeinen sollten demnach Primzahlen - also Zahlen, die nur durch sich selbst und durch eins teilbar sind - für Vermehrungsintervalle bevorzugt sein. In den biologischen Annahmen des Modells gibt es allerdings noch eine entscheidende Lücke, da der Jäger der Zikaden noch nicht gefunden wurde. Die Biologin Christine Simon von der

Universität in Connecticut spekuliert etwa, dass eine ausgestorbene parasitische Wespe der Jäger gewesen sein könnte. Kalifornische Wissenschaftler denken an einen Pilz, der Zikaden befällt.[77] Bislang gibt es also nur Hypothesen. Vielleicht ist aber auch dieses Phänomen nur zu erklären, wenn man von einem Zeitprogramm wie in einer Computersimulation ausgeht? Zeitphänomene dieser Art gibt es in der Natur ziemlich viele.

Polypen

Ein besonders überzeugendes Beispiel für die Entwicklung einer „Gruppenseele" ist eine Meerestierart mit dem Namen „Siphonophore" die zur Gattung der Hydromedusen zählt. Diese Süßwasserpolypen, die wie Quallen zu den Nesseltieren gehören, besitzen eine Eigenschaft, die als eine besondere Regenerationsfähigkeit angesehen wird. Statt beschädigte Zellen zu reparieren, werden diese ständig ersetzt, indem sich Stammzellen teilen und zum Teil differenzieren. Innerhalb von fünf Tagen erneuert sich eine Hydra praktisch vollständig. Die Fähigkeit sogar Nervenzellen ersetzen zu können gilt bisher als einzigartig im Tierreich.

Das Besondere an dieser Art ist nun, dass jedes ausgewachsene Tier aus Hunderten von Einzeltieren besteht, die sich dann in Organbestandteile des Gruppentieres verwandeln. Wenn das Gruppentier zerstört wird, sind die einzelnen Teile immer noch lebensfähig und verwandeln sich zurück. Noch aus Einzelstücken von 1/200 der Masse eines erwachsenen Polypen kann ein neuer heranwachsen. So kann sich beispielsweise eine Hydra, die durch ein Netz gedrückt wurde, wieder selbst zusammensetzen. Die einzelnen Teile sind aber auch allein lebensfähig. Sie ziehen es aber vor, wenn sie die Möglichkeit bekommen, als Gruppentier zu leben und sich darin neu zu organisieren. Wie das geschieht und worin die „Gruppenanziehung" begründet ist, wurde noch nicht aufgeklärt. Vielleicht ist hier eine ähnliche Kraft am Werke wie im Termitenstaat? Auch hier ist die Frage naheliegend, welche organisierende Kraft das Gruppentier aus den einzelnen Tieren zusammensetzt. Dabei geben die Einzeltiere bereitwillig ihre spezifischen Fähigkeiten auf und ordnen sich mit neuen Aufgaben in das Gesamtsystem ein.

Im Unterschied zum Termitenstaat gibt es hier aber kein „Kraftzentrum" wie die Königin. Die „Gruppenseele" der Hydra ist offenbar nicht-materieller Art. Entweder entsteht sie, wenn die Einzeltiere „zusammenstreben" oder sie ist verantwortlich dafür, dass die Einzeltiere „zusammengezogen" werden. Ursache und Wirkung sind hier schwer auseinanderzuhalten.

Dies stärkt die These, dass alle höheren Tierarten und auch der Mensch ursprünglich aus einzelnen Lebewesen entstanden sind. Bei uns wären aber einzelne Zellen wie beispielsweise Blutzellen nicht mehr allein lebensfähig. Die Verwandlung in Krebszellen lässt sich aber damit erklären, dass diese Zellen keine Information mehr darüber besitzen, dass sie zu einem Gesamtorganismus gehören und sich deshalb wie einzellige Lebewesen verhalten und sich ständig teilen. Damit zerstören sie irgendwann den Körper, zu dem sie eigentlich gehören.

Zell-Kommunikation

Weitgehend unerforscht ist weiterhin die Kommunikation der Zellen untereinander. Der Molekulargenetiker Marcello Buiatti von der Uni Florenz hat seine Sicht so beschrieben.:

„Eine Mitteilung, die Zellen an andere Zellen richten, lautet: Ihr dürft euch nicht zu oft teilen, sonst richtet ihr Schaden an. Wenn nun eine Zelle engen Kontakt zu ihren Nachbarinnen verliert und nicht mehr versteht, was diese ihr mitteilen, beginnt sie, sich ungehemmt zu teilen, sie wuchert und wird zu einer Krebszelle. Ununterbrochen zirkulieren solche und andere Informationen zwischen benachbarten Zellen hin und her, es ist eine Zellkommunikation auf sehr kurze Distanz.“ [145]

Ein Teil dieser Kommunikation wird durch chemische Botenstoffe erledigt. Alle Zellen haben eine Zellmembran, eine Art Haut, die sie umschließt. An ihr ist eine große Menge von Signalproteinen angelagert, je nachdem 500 bis 1000 pro Zelle. Ob sich damit die gesamte Koordinierungs- und Synchronizierungsarbeit der Zellen erklären lassen, wird noch bezweifelt. Es muss da wohl noch etwas anderes geben. Das Biophotonen-Modell ist als Erklärung offensichtlich nicht geeignet.

Um herauszufinden, warum sich mehrzellige Tiere zu Gruppentieren entwickeln können, müssten wir uns einmal anschauen, was eigentlich über die einzelligen Wesen bekannt ist. Sie sind praktisch vor etwa 3 Mrd. Jahren die ersten Boten des Lebens auf der Erde gewesen und wahrscheinlich durch Kometen aus dem All eingeschleppt worden. Aber das ist eine andere spannende Geschichte, auf die ich hier nicht eingehen kann. Ich will nur so viel feststellen:

Einzellige Lebewesen sind noch heute die dominierende Lebensform auf der Erde. Ohne die Arbeit dieser Legionen wäre ein Leben auf diesem Planeten nicht denkbar. Wie und warum sich die Einzeller zu mehrzelligen Wesen entwickelt haben, ist aber immer noch ungeklärt.

Die Schwarmintelligenz

Ein Schwarm ist eine Gruppe von Einzellebewesen, die ständig miteinander kommunizieren und ohne eine zentrale Lenkung gemeinsam handeln. Schwarm-Intelligenz findet man in der Natur z. B. bei sozialen Insekten wie Ameisen oder Bienen und verschiedenen Fisch- und Vogelarten. In den Kolonien der Insekten scheint jedes einzelne Tier seine Aufgabe zu erfüllen, ohne dass es eine zentrale Steuerung gibt. Das Geheimnis hinter der Schwarm-Intelligenz heißt kollektive Selbstorganisation.

Selbst organisierte Systeme haben in der Regel vier Eigenschaften:

- **Komplexität:** Sie sind komplex, wenn ihre Teile wechselseitig miteinander vernetzt sind. Komplexität erschwert die vollständige Beschreibbarkeit sowie Vorhersagbarkeit des Verhaltens von Systemen.

- **Selbstreferenz:** Das heißt, jedes Verhalten des Systems wirkt auf sich selbst zurück und wird zum Ausgangspunkt für weiteres Verhalten.

- **Redundanz:** In selbstorganisierenden Systemen erfolgt keine

Trennung zwischen organisierenden, gestaltenden oder lenkenden Teilen. Alle Teile des Systems stellen potenzielle Gestalter dar. Eine Hierarchie entfällt dadurch.

- **Autonomie:** Selbstorganisierende Systeme sind autonom, wenn die Beziehungen und Interaktionen, die das System als Einheit definieren, nur durch das System selbst bestimmt werden. Das System ist nicht autonom in Bezug auf eine materielle und energetische Austauschbeziehung mit der Umwelt. Schwärme verhalten sich meistens intelligenter als die Individuen, aus denen sie bestehen. Der Impuls zur Schwarmbildung ist aber unbekannt.

Unsere Evolutionsbiologie geht davon aus, dass sich Schwärme irgendwann einmal zufällig entwickelt haben und dann einen Überlebensvorteil bedeuteten. Das zufällige Zusammenrücken und synchrone Verhalten war aber sicher keine Folge einer Genmutation und konnte auch keine Genveränderung bewirken. Evolutionsbiologisch lässt sich die Existenz von Schwärmen nicht überzeugend erklären. Die Gestaltbildung von Schwärmen konnte aber zumindest durch Computersimulationen erklärt werden.

Das Prinzip könnte auf drei einfachen Regeln aufbauen, die die Einzelwesen beachten müssten: Bewege dich in Richtung des Mittelpunkts derer, die du in deinem Umfeld siehst. Bewege dich weg, sobald dir jemand zu nahekommt. Bewege dich in etwa in dieselbe Richtung wie deine Nachbarn.

Als Folge dieser Regeln auf der Ebene der Individuen ergibt sich eine neue Gesamtstruktur, nämlich der Schwarm. Diese Regeln sind wahrscheinlich genetisch festgelegt und artbestimmend. Erklären können wir die Existenz solcher „Schwarmwesen" aber noch nicht überzeugend.

Das klassische Beispiel für ein Schwarmwesen ist der Ameisenstaat. Größere Intelligenz ist bei keinem der beteiligten Individuen festzustellen. Im Gegenteil: Einzelne Ameisen sind regelrecht dumm. Erst im selbstorganisierenden Zusammenspiel ergeben sich neue, intelligente Verhaltensmuster.

Intelligenz ist also etwas, das durch die Vernetzung einzelner nicht intelligenter Wesen entsteht (oder sich ihrer bedient ...). Das Ganze ist also erheblich mehr als die Summe der Teile und ohne einen intensiven Informationsaustausch nicht denkbar. Die Frage ist, ob so ein System allein aufgrund chemischer Botenstufe bzw. optischer oder akustischer Informationsübermittlung erklärbar ist.

Unter dem Begriff „Morphische Felder" versuchte der Physiker Rupert Sheldrake z. B. verschiedene Phänomene bei der Staatenbildung von Insekten zu erklären.[146] Mit der Neuschöpfung eines wissenschaftlich klingenden Begriffs ist es aber nicht getan. Bislang ist es noch niemanden gelungen, diese Felder zu messen. Es ist aber naheliegend, dass es noch andere Informationsebenen geben muss. Ich kann mir jedenfalls nicht vorstellen, dass die Kommunikation bei den Bienen allein über den Schwänzeltanz abläuft.

Es gibt auch noch andere Erklärungsversuche. In den siebziger Jahren entwickelte der Chemiker Ilya Prigogine die Theorie der „Nichtgleichgewichtsthermodynamik" (Nobelpreis 1977).[147] Prigogine erkannte, dass fast alle alten Gesetze der Physik sich auf geschlossene

Gleichgewichtssysteme bezogen, die in der Natur so fast nicht vorkommen. Er studierte stattdessen offene Systeme, die einem ständigen Energiefluss unterliegen. Er fand heraus, dass auch offene Systeme sich zu einer höheren Ordnung entwickeln können. Die Existenz dieser Ordnung hängt entscheidend von den Systemparametern ab. Bereits kleine Variationen können die Ordnung zerstören und das System geht über in eine chaotische Phase.

Mittlerweile ist von vielen Wissenschaftlern bestätigt worden, dass dieses Modell auf jedes offene System im Universum anwendbar ist, egal, ob es sich um eine Ansammlung von Lebewesen oder von Molekülen, den menschlichen Körper oder die Sterne handelt. Daraus hat sich dann die Chaoswissenschaft entwickelt. Aber auch die Chaostheorie bringt uns hier nicht richtig weiter, denn dann wäre alles möglich und unmöglich zugleich.

Auch Menschen kennen in bestimmten Situationen eine Art von Schwarmverhalten. Dies kann man beispielsweise bei Groß-Demonstrationen oder religiösen Ritualen beobachten. Besonders eindrucksvoll ist es, wenn gläubige Muslime ein Mal im Jahr ihre große Pilgerfahrt (Haddsch) antreten und in Mekka die Kaaba umrunden. 2017 sollen dort etwa 2,3 Mio. Menschen ihre Lebens-Verpflichtung nach dem Koran erfüllt haben.

Das Verhalten von Menschenmassen wird von der Sozialpsychologie erforscht. Wenn Massen nicht geführt werden, können sie spontan reagieren und sind unberechenbar. In einer Masse geben Menschen einen Teil ihrer Individualität auf und passen sich der Massenbewegung an. Dabei nimmt offensichtlich die Kritikfähigkeit ab und die Emotionalisierbarkeit zu. In der Geschichte der Menschheit wurde dieses Verhalten oft politisch ausgenutzt.

Das Verhalten der Art Homo sapiens scheint aber nicht grundsätzlich fixiert zu sein, wie das Verhalten der meisten Tierarten. Es gibt zum Beispiel keine angeborene Tötungshemmung gegenüber den eigenen Artgenossen. Es gibt offensichtlich auch keine natürliche Begrenzung des Bevölkerungswachstums.

Bisher ist die Forschung davon ausgegangen, dass die Tierpopulationen sich ausschließlich durch das Nahrungsangebot, die Größe des notwendigen Territoriums und die Freßfeinde bestimmt. Beim Studium von Räuber-Beute-Systemen ist man allerdings einem neuen Muster auf der Spur. Danach führen ab einem gewissen Niveau mehr Beutetiere nicht zu einer proportionalen Erhöhung der Räuber-Bestände. Warum das passiert, ist bisher unbekannt.

Die neuere Forschung zeigt, dass uns viele Tiere in einzelnen Fähigkeiten überlegen sind. Der Homo sapiens hat diese Nachteile durch seine universellen mentalen Eigenschaften und seine sozio-kulturelle Entwicklung ausgleichen können. Seine Dominanz und Naturferne wird ihm aber möglicherweise zum Verhängnis und eine unbestimmte Zukunft bescheren.

Das Geheimnis der Intuition

Die Intuition kann uns dabei helfen, im Leben Orientierung zu finden und unseren ganz persönlichen Weg zu gehen. Sie hilft uns aber nur dann, wenn wir gelernt haben, dieses Gefühl wahrzunehmen und zu nutzen.

Intuition wird oft als eine Fähigkeit beschrieben, „ohne nachzudenken, das Richtige zu tun". Der Begriff ist ursprünglich abgeleitet vom lateinischen Wort „intueri", das Anschauen bzw. Betrachten bedeutet. Heute hat Intuition die Bedeutung von Eingebung, Geistesblitz und Ahnung von etwas. Das Ergebnis ist oft eine neue Idee, eine Lösung für ein Problem, ein kreativer Ausdruck für irgendetwas oder ein neues Lebensziel. Intuition ist auch manchmal eine Art von innerem Kompass, der uns auf den richtigen Pfad führt.

Der ehemalige Mitherausgeber der Frankfurter Allgemeinen Zeitung Frank Schirrmacher (1959-2014) schrieb in seinem Buch „Ego - Das Spiel des Lebens":

„Gerd Gigerenzer, der große Berliner Bildungsforscher, beweist, dass Menschen und Natur nicht von einer Mathematik des Eigennutzes getrieben werden, sondern von Intuitionen und Heuristiken." [148]

Intuition ist eine Form des Wissens, das einfach plötzlich da ist, ohne dass man erklären könnte, woher es kommt. Manchmal wird Intuition beschrieben als eine Form der Intelligenz, die auf einer nicht-bewussten Ebene entsteht, auf der alles mit allem verbunden ist. Dadurch, dass die Dinge ganzheitlicher gesehen werden, entstehen dann andere Bewertungen und Ergebnisse. Der Harvard-Psychologe Daniel Goleman (*1946) hat sich mit dieser „emotionalen Intelligenz" intensiv beschäftigt:

„Diese rasche Wahrnehmungsweise verzichtet um der Schnelligkeit Willen auf Genauigkeit. Sie nimmt die Dinge auf einmal und ganzheitlich auf und reagiert, ohne sich die Zeit für eine bedächtige Analyse zu nehmen". [149]

Intuition ist aber nicht nur eine andere perspektivische Sicht auf Dinge und Personen, mit denen wir uns beschäftigen. Hier scheint sogar eine andere Dimension eine Rolle zu spielen.

Die Kraft der Eingebungen wurde bislang immer unterschätzt. Bei Erfindungen gehört sie zur Grundausstattung. Intuition wird hier als Werkzeug akzeptiert, da die Ergebnisse überzeugen. Jede Komposition und jede kreative Ingenieurleistung haben hier ihren Ursprung. Wirklich Neues entsteht nur aus dem Urgrund des Unterbewusstseins. Unser Verstand versucht zwar meistens, das Ergebnis noch im Nachhinein zu erklären und logisch herzuleiten, aber oft nicht sehr überzeugend. Albert Einstein hat beispielsweise die Relativitätstheorie intuitiv und nicht logisch erschlossen. Einstein sagte einmal: „Intuition ist alles, was wirklich zählt."

Der bewusste Verstand ist eher angepasst, träge und wenig kreativ. Er kreist oft um sich selbst und berücksichtigt stark, was andere denken und sagen. Bislang wurde das „unbewusste Denken" als eine Form der kondensierten Erfahrung bezeichnet. Die „Weisheit der Gefühle" soll mit dem eigenen Erfahrungsschatz zunehmen. Eine

Erklärung für die hohe Entscheidungsfähigkeit mittels der Intuition ist das aber nicht.

Der Wissenschaftsredakteur Gerald Traufetter (*1972) hat in seinem Buch zur Intuition am Schluss folgende Definition gegeben:

„Intuition ist das Ergebnis von Lernprozessen. Sie bezieht ihre Weisheit aus Erfahrungen und Routinen, die sich im Laufe eines Lebens einstellen. Die Intuition kommuniziert mit dem Verstand durch die Sprache der Gefühle." [150]

Die Psychologie ist sich einig, dass „Intuition eine Form der unbewussten Intelligenz" ist.[151] Man ist sich auch einig darin, dass es ähnlich viele intuitive Männer wie Frauen gibt.[152] Was aber Intuition im Unterschied zu den Instinkten genau ist, sucht man vergebens.

Viele Menschen - insbesondere diejenigen, die viel entscheiden müssen - schwören aber auf die Klugheit ihrer „Bauchentscheidungen" und verlassen sich häufig auch darauf, wenn rationale Argumente nicht zu eindeutigen Empfehlungen führen und mehrere Optionen praktisch gleichgewichtig beurteilt werden. Ohne jegliche Sachinformation ist aber auch das intuitive Denken überfordert und gewissermaßen ziellos. Ein Roulette-Spieler, der nur seiner Intuition vertraut, hat bald Haus und Hof verspielt. Wenn er aber Wahrscheinlichkeiten durch Beobachtung der vergangenen Ergebnisse statistisch eingrenzen lernt, kann er Erfolg haben.

Kreative bringen auch nur dann etwas hervor, wenn der bewusste Geist sich mit einem Thema oder Problem intensiv beschäftigt. Um die Intuition nutzen zu können, müssen wir unser Bewusstsein auf die Lösung eines Problems lenken und quasi fokussieren.

Neue Gedanken und Lösungen kommen immer dann, wenn man auch mal loslassen kann und vielleicht die Sache erst einmal „überschläft". Was dann allerdings genau im Gehirn abläuft, ist bisher nicht erforscht. Es wird aber vermutet, dass bestimmte entspannte Zustände – z. B. durch autogenes Training oder Meditation – die Fähigkeit der neuronalen Neuvernetzung beflügeln. Oft werden Lösungen einfach nur ausgeschlossen, weil „wir es ja so noch nie gemacht haben".

Die Emotionen spielen in unserem Leben eine weitaus größere Rolle als die, die unser Verstand ihnen zubilligen möchte. Die meisten Entscheidungen werden aber – wissenschaftlich belegt – „aus dem Bauch heraus" bzw. intuitiv getroffen und nachträglich vom Verstand erklärt bzw. rationalisiert. Unser Bewusstsein versucht also immer so zu tun, als würde es unser Verhalten kontrollieren. Dabei sind unsere Gefühle dem Intellekt in vielen Dingen überlegen. Sie warnen uns z. B. frühzeitig vor brenzligen Situationen. Nur häufig hört der Verstand nicht darauf.

Die Psychologie hat die Gefühlswelt des Menschen sehr lange auf wenige Emotionen reduziert. In einem Standardwerk der Psychologie werden nur folgende „fundamentale" Emotionen aufgelistet: Furcht, Freude, Zorn, Traurigkeit, Vertrauen, Ekel, Neugierde und Erstaunen.[153] Das Gefühl der Intuition wird dort nicht einmal erwähnt. Diese Emotionen könnten Ausdruck von Erfahrungen sein, die wir und unsere Vorfahren gemacht haben und die teilweise auch nicht mehr in die moderne Welt passen. Sie verkörpern damit in gewisser Weise die alte Intelligenz der Gattung Mensch. Aber auch diese Vorstellung ist nur ein Modell. Es erklärt uns aber eine Reihe von Verhaltensweisen, die aus heutiger Sicht nicht gerade als klug erscheinen, aber in der Steinzeit noch ihren Zweck erfüllten. Diese archaischen Gefühle können uns also eher in die falsche Richtung lenken. Unpassendes Verhalten wäre die Folge.

Es gibt aber auch Gefühle, die sich nicht mit den Erfahrungen der Gattung Mensch erklären lassen. Das sind z. B. die eigentlichen Bauchentscheidungen, die uns im täglichen Umgang mit anderen Menschen und bei der Arbeit nützliche Dienste erweisen. Dazu gehört das Gefühl der Sympathie und Antipathie ebenso wie das Gefühl, das tut mir gut oder das schadet mir. Bei Menschen, die viel entscheiden müssen, geht es nicht ohne das untrügliche Gespür für richtig oder falsch. Das kann ich aus eigener Anschauung feststellen. Meistens reichen 30 bis 50 % der möglichen wichtigen Informationen, um das Gefühl entstehen zu lassen, „da habe ich genau richtig entschieden".

Wenn wir ehrlich sind, wissen wir häufig nicht, warum wir uns für die eine oder andere Alternative entschieden haben. Viele Menschen haben gelernt, ihre Bauchentscheidung zu akzeptieren, ohne sie zu hinterfragen. Wenn man gelernt hat, dass die Intuition uns besser führt als der Verstand, wird man damit auch keine Probleme haben.

Der Psychologe Prof. Gerd Gigerenzer hat sich mit den Bauchentscheidungen intensiv beschäftigt und sein Buch mit „Die Intelligenz des Unbewussten und die Macht der Intuition" untertitelt. Er schreibt:

„Selbst Bücher, die das Loblied rascher Urteilsfindung singen, weichen der Frage aus, wie Bauchgefühle entstehen" [154]

Seine Definition erklärt aber den Ursprung dieser Gefühle genauso wenig:

„Bauchgefühle sind das, was wir erleben. Sie tauchen rasch im Bewusstsein auf, wir verstehen nicht ganz, warum wir sie haben, aber wir sind bereit, nach ihnen zu handeln.“ [155]

Gigerenzer kommt allerdings zu einem überraschenden Ergebnis:

„Intuitionen, die sich nur auf einen einzigen guten Grund stützen, sind in der Regel zutreffend, wenn es darum geht, die Zukunft vorherzusagen, diese Zukunft aber schwer vorhersehbar und die relevante Information beschränkt ist.“ [156]

Wie ist das möglich? Prof. Gigerenzer bietet keine Hypothese an, um sich die Macht der Intuition erklären zu können. Er bleibt an der beschreibenden Oberfläche hängen. Intuition ist ein genauso wenig erforschter Teil unserer Persönlichkeit wie das Unterbewusstsein. Wir können uns nur einen sehr kleinen Teil rational erklären. Ich sehe nicht, wie wir das ändern könnten.

Psychologisches Modell vom Unterbewusstsein

Das psychologische Modell vom Unterbewusstsein wird dazu genutzt, alle Ursachen für menschliches Verhalten, die wir nicht verorten bzw. verstehen können, scheinbar zu erklären. Mittlerweile ist das menschliche Unterbewusstsein zu einem eigenständigen Raum unbestimmter Größe und unklarer Regeln geworden. Ich werde das Gefühl nicht los, dass der größte und wichtigste Teil unserer Persönlichkeit hier seinen eigentlichen Ursprung haben soll. Hier soll der eigentliche Ursprung unserer Willensentscheidungen liegen, unsere Ur-Instinkte verankert sein, die Quelle für kreative Prozesse sprudeln und intuitive Erkenntnisse ihre Ursache haben. Das Konzept des Unterbewusstseins macht uns frei davon, hier intensiv zu forschen und andere Erklärungsmodelle als Alternative ins Feld zu führen. Das ist unglaublich bequem. Eine große Ablage von psychischen Phänomenen mit der Aufschrift „Irrationales Handeln und Denken". Mit diesem Instrument kann die Psychologie immer behaupten, sie wüsste, was der Mensch ist. Solange wir nicht wissen, in welchem Verhältnis das Bewusstsein zum Unbewussten steht, fühlt man sich mit dem, was man aus den Beobachtungen und Befragungen weiß, noch sehr wohl.

Die Situation der Psychologie ist vergleichbar mit dem für uns sichtbaren Licht. Heute wissen wir, dass da noch viele andere für uns unsichtbare elektromagnetischen Wellen existieren, wie das ultraviolette Licht, die Radiowellen, die Röntgenstrahlung und beispielsweise die radioaktive Gammastrahlung. Wir wissen auch, dass es Tierarten gibt, die UV-Licht und die Infrarotstrahlung wahrnehmen können, weil wir entsprechende Werkzeuge zur Messung entwickelt haben. Wenn man sich den Teil des elektromagnetischen Spektrums anschaut, den wir selbst wahrnehmen können, dann ist das ein winziger Ausschnitt. Wir sehen Licht nur in einem Spektrum von etwa 380 (Violett) bis 780 (Rot) Nanometern Wellenlänge. Ein Nanometer entspricht einem milliardstel Meter (1 nm = 10^{-9}m). Das gesamte elektromagnetische Spektrum reicht aber von den niederfrequenten Wellen mit Wellenlängen, die über 1000 km (= 10^6m) lang sein können, bis zur kosmischen Gammastrahlung, die noch eine Wellenlänge unterhalb von einem billionstel Meter (1 Pikometer - 1 pm = 10^{-12}) haben.

Wir wissen außerdem, dass der sichtbare Teil des Universums nur 4 Prozent ausmacht und wir uns für die unbekannten Teile des Kosmos phantasievolle Namen ausgedacht haben: Dunkle Energie und Dunkle Materie. Die Physik ahnt heute, dass sie ein falsches Modell-Verständnis besitzt und insbesondere nicht versteht, was eigentlich die Gravitation ist. Viele Physiker und Physikerinnen gehen heute davon aus, dass wir ein verzerrtes und unvollständiges Bild unserer Wirklichkeit bekommen haben, weil wir die quantenmechanischen Verschränkungen, die dahinter liegenden Informationsprozesse, das Wesen der Zeit und die höheren Dimensionen noch nicht in der Sprache der Mathematik ausdrücken können. Die Psychologie ist sich ihrer Wahrnehmungsdefizite möglicherweise noch nicht bewusst geworden und ignoriert viele Phänomene des menschlichen Geistes, die einfach in die Schublade des Irrationalen, Paranormalen, Spirituellen oder Esoterischen gelegt und dort vergessen werden. Wir sehen uns lieber als ein berechenbares Wesen des Verstandes und klammern unsere dunkle und gefühlsmäßige Seite möglichst aus.

Ich hatte schon darauf hingewiesen, dass die Gehirnforschung den Ort unserer Willensentscheidungen ins Unbewusste verlegt hat. Einige Forscher bzw. Forscherinnen sind sogar so weit gegangen, dass sie die Willensfreiheit des Homo sapiens gänzlich in Frage stellen. Die gesellschaftliche Konsequenz daraus möchte man allerdings nicht ziehen.

Wenn wir keinen freien Willen hätten, dann dürften wir auch nicht bestraft werden, wenn wir einen Schaden angerichtet haben. Ich verurteile auch kein Raubtier, wenn es andere Tiere umbringt. Das Verhalten ist dann das Ergebnis eines biologischen Programms der jeweiligen Art. Der Homo sapiens besitzt offenbar kein solches Programm, denn jedes menschliche Individuum verhält sich in der gleichen Situation unterschiedlich. Wenn der einzelne Mensch nicht selbst gehandelt hat, wer oder was trägt dann die Verantwortung für die Folgen dieses Handelns? Wir könnten dafür natürlich eine übermenschliche Intelligenz verantwortlich machen, die wir „Gott" nennen. Diese Intelligenz wäre allwissend und allmächtig und würde unser Schicksal bis ins Detail festlegen.

Wenn das so wäre, dann hätte Moses keine Regeln in Form der „10 Gebote" erhalten müssen. Wenn Gott all unsere Lebensentscheidungen treffen würde, dann sind damit auch mögliche Regelverstöße einbezogen. Das Elend und die Ungerechtigkeiten in der Welt wären das Werk Gottes. Den Sinn dieser Entscheidungen würden wir mit unserem beschränkten Geist nicht verstehen können. Möglicherweise erschließt sich der Sinn von Naturkatastrophen, Kriegen und Gewalt erst in vielen Jahren danach, wenn wir den gesamten Prozess erkennen könnten.

Beim jährlichen Pilgerfest in Jerusalem am Berg Meron entstand 2021 wegen der Überfüllung eine Massenpanik, die viele Tote und Verletzte verursachte. Mit dem Fest erinnern sich die orthodoxen Juden an einen fehlgeschlagenen Aufstand gegen die Römer im Jahr 135 n. Chr. und an eine Epidemie, die 24.000 Tora-Schüler hinweggerafft hat. Unter den fünf Schülern, die überlebten, war auch der spätere große Mystiker Rabbi Schimon Bar Jochai, der am Lag

Baomer gestorben ist. Er wollte aber nicht, dass man um ihn trauert, sondern ein großes Fest sollte an ihn erinnern. 2021 waren etwa 100.000 Menschen gekommen. Die Gründe für das Unglück liegen auf der Hand: Der Zustrom an Menschen und das Verlassen am Ende des Festes hätten reguliert werden müssen. Der abschüssige Ausgang war nur 4 Meter breit und aufgrund des Metallbodens glitschig. Auf den Fotos konnte man außerdem erkennen, dass viele leere Plastikflaschen auf den Stufen lagen und das gefährliche Rutschen der Menschenmasse sicher noch beschleunigt hatten. Der harte Kern der Pilger hat sich von diesem Unglück allerdings nicht daran gehindert gefühlt, das Ritual zu vollenden. Die Süddeutsche Zeitung hat folgende Meinungen einiger orthodoxer Juden zitiert:

„Wenn Gott das getan hat, dann hat er es getan, um Gutes zu bewirken … Dies ist ein Zeichen für alle Juden, dass sie wieder zur Religion zurückkehren müssen … Gott gibt jedem seine Zeit, und ihre Zeit war abgelaufen … Sie starben an einem heiligen Ort, und Rabbi Schimon Bar Jochai wird dafür sorgen, dass es ihnen gut geht.“ [157]

Wenn alle so denken würden, dann bräuchte man die Frage nach den für die Katastrophe Verantwortlichen nicht zu stellen. Wenn jegliche Aktivitäten als Gottes Wirken in dieser Welt interpretiert werden müssten, dann dürfte es keine weltlichen Gerichte geben, die Menschen dafür verurteilen würden, was eine göttliche Intelligenz entschieden hat. Dann müssten wir alles, was um uns und in uns passiert, kritiklos hinnehmen. Das könnte kein Mensch lange ertragen.

Die Gläubigen haben deshalb neben Gott noch eine andere Instanz erfunden: Einen abtrünnigen Engel mit vielen verschiedenen Namen wie Luzifer, Samael, Satan oder Teufel.

Dann wäre Gott aber nicht allmächtig und jeder Mensch muss selbst die Verantwortung für seine Entscheidungen tragen. Diese Verantwortung wäre der einzelne Mensch auch nicht dadurch los geworden, indem er behaupten würde, der Satan hätte ihn angestiftet. Es ist auch wenig glaubwürdig, wenn nur dann eine freie Willensentscheidung unterstellt wird, wenn wir Gutes tun. Für die schlechten und bösen Entscheidungen machen wir dann immer andere Menschen oder die Situation verantwortlich. Wenn wir einen Freien Willen haben, dann wäre die Verantwortlichkeit nicht teilbar.

Die Gehirnforschung hat bislang keinen Ausweg aus ihrem Interpretations-Dilemma aufgezeigt. Möglicherweise, weil man dann auch ein anderes Erklärungsmodell für den menschlichen Geist in die Diskussion bringen müsste?

Wahrnehmung höhere Dimensionen

Es könnte auch sein, dass unser Gehirn nicht der Sender all unserer Gedanken ist, sondern nur ein Empfänger mit bestimmten Speichermöglichkeiten. Das Unterbewusstsein wäre dann vielleicht zu einem Teil nicht ein Bereich des biologischen Gehirns. Ein Modell, dass das Problem mit den bewussten und unbewussten Willensentscheidungen erklären könnte. Dann wäre unser Gehirn allerdings nicht die Zentralinstanz für die wir es halten. Ist das überhaupt denkbar?

Dann könnte es auch einmal passieren, dass wir Ideen von anderen

Sendern empfangen könnten. Vielleicht können deshalb Innovationen und Ideen in bestimmten Zeiten und Kulturen gleichzeitig auftauchen, ohne dass ein direkter Kontakt bestanden hätte? Auch die sogenannten parapsychologischen Phänomene wie Telepathie könnten dann vielleicht erklärt werden?

Das Gehirn wäre dann kein abgeschlossenes Informations-System sondern nur eine besondere Instanz mit besonderen Eigenschaften und Aufgaben. Die geistigen Prozesse wären dann nicht ausschließlich ein Ergebnis der Vernetzung von elektrisch angeregten neuronalen Zellstrukturen. Informationsprozesse könnten auch parallel in einem anderen Medium stattfinden. Information ist grundsätzlich weder Materie noch Energie, sondern eine eigenständige Existenzform, die sich biologischer Strukturen bedienen kann.

Die Quantenphysik hat in den letzten Jahrzehnten viele fantastische Erkenntnisse geliefert, die geeignet sind, um unser Gehirnmodell zu hinterfragen. Ich gehe auf dieses Thema detailliert im zweiten Teil meiner Trilogie zum Sinn des Ganzen ein. An dieser Stelle möchte ich aber schon einmal einen kleinen Ausflug in die Physik wagen, um zu zeigen, was alles möglich ist und was gut zur Diskussion der menschlichen Persönlichkeit passen könnte.

Verschiedene Experimente mit „verschränkten" Photonen (Lichtquanten) haben gezeigt, dass hier Informationen in Null-Zeit und ohne räumliche Beschränkungen ausgetauscht werden können. Photonen besitzen keine Masse und können sich als Träger der elektromagnetischen Kraft im ganzen Universum aufhalten und bewegen sich im sogenannten Vakuum grundsätzlich mit Lichtgeschwindigkeit. Photonen interagieren mit Materie, ohne sich selbst zu verändern.

Unser eigentliches Selbst könnte aus diesen Teilchen bestehen bzw. sie nutzen. In diesem Sinne hätten wir einen eigenen „Lichtkörper" als potenziellen Informationsraum, der zwar mit der Materie wie den Gehirnzellen interagiert, aber davon unabhängig ist. Die moderne Physik würde dann die menschliche Persönlichkeit als ein Wellenphänomen beschreiben, das in einem nicht-linearen Feld so stabil wäre wie die sogenannten Solitonen-Wellen.

Was hätte das für Konsequenzen? Der nicht-materielle Träger unseres Geistes könnte den Tod unseres Körpers überleben. Nach der Relativitätstheorie würde sich diese Struktur außerhalb der körperlichen Zellen dann auf Lichtgeschwindigkeit beschleunigen. Das Selbst-Bewusstsein würde dann eine starke Raumverzerrung wahrnehmen und kein Zeitgefühl mehr haben können.

Tatsächlich haben viele Menschen, die nach einem Herz- und Gehirntod wiederbelebt werden konnten, genau diese Erfahrungen gemacht. Seit etwa 50 Jahren hat die sogenannte Nahtodforschung tausende Erfahrungsberichte ausgewertet. Etwa 4 Prozent der Bevölkerung sollen vergleichbare Erfahrungen gemacht haben. Auf dieses Thema gehe ich im dritten Teil meiner Trilogie genauer ein. Die dortigen Erfahrungen eines „Lichttunnels" und des Gefühls der Zeitlosigkeit decken sich mit den modernen Kenntnissen der Physik, wenn wir einen materielosen Informationskörper des Menschen anerkennen würden. Dies sollten wir zumindest mal als Denkmodell akzeptieren und weiter prüfen.

Es wäre dann auch denkbar, dass wir uns zu einem späteren Zeitpunkt in einem anderen irdischen Körper materialisieren. Es gibt viele wissenschaftlich untersuchte Fälle von Kindern, die sich an ein Leben vor ihrem jetzigen Leben erinnern konnten. Auch tiefenhypnotische Sitzungen haben ähnliche Ergebnisse ergeben.

Das Thema Wiedergeburt ist ein altes Thema vieler Religionen und möglicherweise nicht nur ein Wunschgedanke, sondern Wirklichkeit. Eine Wirklichkeit, die mit den heutigen Kenntnissen über die Quantenwelt erklärbar wäre.

Was würde ein „Lebenskonzept Wiedergeburt" bedeuten können? Wenn wir wiedergeboren werden, könnten bestimmte geistige Erfahrungen und Ziele erneut ihre Wirkung entfalten und ein Lernprozess verdichtet werden. Vor diesem Hintergrund wären dann Talente ein Ausdruck der Entwicklung in einem oder mehreren früheren Leben. Bislang konnte sich niemand erklären, wie geniale Musiker wie Mozart oder Chopin zu ihren überragenden Fähigkeiten gekommen sind. Auch die Sprachbegabungen erscheinen unter einem anderen Licht. Talente sind dann die Ergebnisse früherer Lernschritte vor der Wiedergeburt. Fähigkeiten sind Ergebnisse des Lernens im hier und heute.

Dies könnte auch für unsere Lebensmotive selbst gelten. Bestimmte Fragestellungen haben sich vielleicht in den früheren Leben verdichtet und werden dann zum zentralen Thema des jetzigen Lebens gemacht. Das erklärt vielleicht dann auch, warum Kinder häufig vollkommen andere Interessen als ihr Lebensumfeld haben können. Hier wirkt sich eine Prägung aus den Leben davor aus.

Viele Menschen haben sicher auch mal ein sogenanntes „Déjà Vu" erlebt. Man hat dann den Eindruck, dass man schon einmal an einem Ort war, obwohl man weiß, dass das nicht sein kann. Das Gleiche kann uns mit einzelnen Menschen passieren, die uns vom ersten Augenblick an unglaublich vertraut sind, als wenn wir jahrelang zusammengelebt hätten. Mit dem Modell Wiedergeburt könnte man diese Ereignisse gut erklären.

Es könnte aber natürlich auch negative Wirkungen geben. Wenn jemand eine panische Angst vor Wasser hat, obwohl es dazu keinen ersichtlichen Grund gibt, dann könnte das daran liegen, dass in einem früheren Leben ernste Probleme beim Kontakt mit Wasser (bis zum Ertrinken) aufgetreten sind. Das Gleiche gilt für Feuer und beim Kontakt zu Tieren und Menschen. Wenn ich hier schlechte Erfahrungen gemacht habe, dann drückt sich das wahrscheinlich auch in meinen Ängsten aus. Da gibt es keinen prinzipiellen Unterschied zwischen diesem und dem vorigen Leben. Erinnerungen habe ich daran normaler Weise nicht. Dies beeinflusst nur unbewusste Bereiche meines Ichs und äußert sich in eher diffusen Gefühlen.

Die Möglichkeit der Wiedergeburt des Geistes bedeutet aber noch längst nicht, dass mein Leben einen Sinn bekommt, bzw. hat. Dies bedeutet erst einmal nur eine potenziell längere Erlebnis- und Lernperiode. Die kann ich nutzen oder ungenutzt lassen. Möglicherweise ist es so, dass wir uns selbst Aufgaben zur Weiterentwicklung stellen.

Die Frage, was wir hier lernen können und sollen und warum es diese „dimensionsreduzierte" Welt eigentlich gibt, das ist die eigentliche Sinnfrage. Aufgrund der gut dokumentierten Nahtoderlebnisse können wir davon ausgehen, dass sich unser Geistkörper nach dem Sterben in einer höher-dimensionierten Welt ohne Raumzeit-Bezug aufhält. Diese Welt entspricht möglicherweise dem soge-nannten Vakuumfeld der Physik, in dem sich noch keine Teilchen als Materie und Anti-Materie gebildet haben. Diese Welt besteht ausschließlich aus mehr oder weniger komplexen Wellenfunktio-nen, die sich noch nicht in der Zeit manifestiert haben und das ge-samte zukünftige Potenzial enthalten.

Ich habe in einem meiner früheren Bücher die Persönlichkeit, die sich in dieser „jenseitigen" Welt aufhält, vergleichbar mit den Wel-lenphänomenen der Quantenphysik als „Wellen-Ich" bezeichnet. Die Welt des Jenseits und das von mir so genannte Wellen-Ich lässt sich nur mit einem mathematischen Modell von mindestens 5 Di-mensionen beschreiben. Im zweiten Teil meiner Buchreihe gehe ich auf die heutigen Erkenntnisse zur Dimensionsfrage genauer ein. Mein Gedankenmodell möchte ich hier aber kurz darstellen, weil es viele Vorteile gegenüber dem psychologischen Modell des Unterbe-wusstsein hat.

Die Nahtod- und Nachtodforschung zeigt meiner Meinung nach, dass sich diese Bewusstseinsform selbst wahrnehmen kann und alle vorangegangenen Entwicklungen kennt und eine Ahnung von ver-schieden wahrscheinlichen Entwicklungsmöglichkeiten besitzt. Das „Wellen-Ich" nimmt alle Möglichkeiten ganzheitlich und unge-trennt wahr, da das Werkzeug Zeit nicht zur Verfügung steht. Durch die Überlagerung verschiedener Möglichkeiten entsteht aber ein eher unscharfes „wolkiges" Bild. Erst nach der Inkarnation als „Punkt-Ich" in der Raumzeit-Welt können sich einzelne Möglichkeiten manifestieren und damit schärfen. Das „Punkt-Ich" hat damit aus dem Potenzial des „Wellen-Ich's" ausgewählt. Jetzt entsteht aber ein Dimensionsproblem.

Mein 4-dimensionales „Punkt-Ich" lebt in unserer Raumzeit, ist sehr eigenständig und kann nicht direkt gesteuert werden. Mein mehrdimensionales „Wellen-Ich" hat offenbar nicht die Möglichkeit, mir die Aufgaben abzunehmen. Warum könnte das Sinn ergeben?

Es ergibt dann Sinn, wenn diese Dimensions-reduzierte Welt selbst einen Erkenntnis- bzw. Erfahrungsgewinn für das „höher-dimensionale" Ich bedeutet. Wenn diese Welt eine Simulation einer höher dimensionierten Welt ist, dann Lösen wir hier eventuell Probleme, die auch in der anderen Welt eine Bedeutung haben. Es ist sehr wahrscheinlich, dass wir diese Bedeutung mit unserem Verstand nicht erfassen können. Das Sinnrätsel bliebe damit im Kern ungelöst.

Eine andere Frage drängt sich auf: Wenn das alles wahr wäre, wie müsste sich dann unser Verhalten ändern und welche Werte und Ziele spielen dann eine Rolle?

Zuallererst sollten wir – so glaube ich - mehr auf unsere Intuition und weniger auf den Verstand hören. Nur so können wir die Richtung erahnen, in die wir gehen sollten.

Intuition ist ein noch sehr unverstandenes menschliches Gefühl, das oft mit den tierischen Instinkten vermischt oder sogar verwechselt wird. Ich glaube, dass die Intuition eine Wahrnehmung von Ereignissen auf einer höheren Dimensionsebene ausdrückt. Wie das zweidimensionale Strichmännchen nimmt unser „Punkt-Ich" die höhere Dimension nicht direkt wahr. Es entsteht aber ein Gefühl, das uns über diese andere Dimension informiert. Das Strichmännchen sieht natürlich nicht den Berg, aber merkt, dass es anstrengender ist, voranzukommen. Beim Weg ins Tal wäre es dann ein Gefühl der Leichtigkeit. Unsere Intuition erzeugt auch widersprüchliche Informationen. Mal fühlen wir uns „gut" oder „schlecht" dabei, was wir tun oder planen. Intuition ist damit ein Entscheidungswerkzeug, das deshalb so gut funktioniert, weil wir gefühlt eine ganzheitliche Perspektive einnehmen und sogar ein Gefühl für die zukünftigen Auswirkungen bekommen. Intuition ist im Ergebnis eine Information, die außerhalb unserer Raumzeit-Welt entsteht. Intuition belegt die permanente Verbindung zwischen „Punkt-Ich" und „Wellen-Ich". Eine sehr persönliche Verschränkung außerhalb von Raum und Zeit.

Meine Behauptung, dass ein Teil von uns in einer „Multi-Dimension" existiert und dass dies unsere eigentliche geistige Existenzform ist, ist im Übrigen eine Erfahrung, die sich aus den Erzählungen von vielen Nahtoderlebnissen ableiten lässt. Im Teil 3 meiner Trilogie zum „Sinn des Ganzen" gehe ich auf dieses Thema im Detail ein. Bemerkenswert ist, dass diese Menschen sehr häufig von einer Welt berichten, in der es keine Zeit, keine Entwicklung und keine Materie, sondern nur die in sich ruhende Ewigkeit gibt. Dies werden wir nicht in Worte fassen können und auch genauso wenig verstehen wie unser kleines Strichmännchen die dritte Raumdimension.

Welche Vorteile könnte eine dimensionsreduzierte Wirklichkeit für diese „Metawelt" haben? Welche Vorteile bietet unsere Raumzeit für ein reines Geistwesen? Was könnte man damit machen und warum wurde es vielleicht geschaffen?

Um diese Frage zu beantworten, schaue ich mir unsere bekannten Projektionssysteme an und was die Zeit damit macht. Um z. B. einen Zeitpunkt bildlich festzuhalten, machen wir uns ein Foto. Wenn ich viele Fotos zu verschiedenen Zeitpunkten mache, bekomme ich ein Abbild eines 2-dimensionalen Zeitraumes. Je nachdem, wie ich die Fotos anordne, erschaffe ich außerdem damit eine Ursache-Wirkungs-Kette. Die Zeit ist also ein Instrument, mit dem wir eine Dimension „abtasten" d. h. erfahrbar machen können, die nicht unsere eigene ist.

Technisch benutzen wir Linsen und Spiegel dazu, um eine 2-dimensionale Wirklichkeit zu erschaffen. Auch der Computer ist ein Instrument, mit dem wir „Dimensionskunststücke" vollführen. Aus einer eindimensionalen digitalen Programmiersprache entwickeln wir sogar eine virtuelle 3-D-Simulation. Diese können wir beliebig umprogrammieren und an- und abschalten. Hier können wir heute schon Gott spielen.

Unsere Welt könnte also eine Projektion aber auch eine Simulation sein. Wenn ich ein Foto mache, reduziere ich unsere vier-dimensionale Raumzeit auf nur zwei Dimensionen. Die Tiefenwirkung entsteht nur durch die Perspektive, die Schatten und unsere Erfahrung mit Tiefe bzw. Höhe. Die Zeit ist eingefroren. Ein Spiegel wirkt ähnlich wie eine Linse und schafft ein seitenverkehrtes 2-dimensionales Abbild, das viele intensiv zur eigenen Wahrnehmung nutzen. Wir können uns aber leider nie als 3-dimensionale Wesen erleben, wie das unsere Mitmenschen können. Ohne Spiegel bzw. Linsen wären wir vollkommen auf die Urteile und Mitteilungen unserer Mitmenschen angewiesen oder auf Reaktionen der Tierwelt. Ein großer Teil unseres Selbstwertgefühls entsteht durch diese Projektionen.

Nehmen wir mal an, es gibt ein besonderes Geistwesen in einer multi-dimensionalen Wirklichkeit. Ich gebe diesem Wesen keinen Namen. Wenn es mit sich selbst im Einklang steht und die vollkommene Harmonie bildet, dann ist es gleichzeitig Alles oder Nichts. Wie kann es aber sich selbst, sein Potenzial und sein wahres Wesen wahrnehmen, wenn es einzig und allein ist?

Ein vollkommenes Selbst kann sich nur wahrnehmen, wenn es sich teilt. Das Tao in Ying und Yang. Das allumfassende Feld in positive und negative Teile. Das Nichts sieht jetzt Alles und Alles sieht das Nichts. Das Gute sieht das Böse und das Böse das Gute. Es nimmt aber immer nur einen Teil seines Selbst durch den anderen Teil seines Selbst wahr. Damit kann es sich aber immer noch kein Bild von sich machen, da es keinen Abstand von sich erhält. Also schafft es die Raumzeit durch Projektion und Reduktion der Dimensionen. Dies ist ein Instrument, um das Vollkommene in Teilen abzubilden und alle Teile zusammenzusetzen und erlebbar zu machen.

Wie in einem Spiegel können jetzt alle Variationen des einzigartigen Wesens von ihm wahrgenommen werden. Jede Projektion ist aber natürlich ein einseitiges Bild. Alle Projektionen zusammen ergeben ein wahres Abbild aller potenziellen Möglichkeiten. Aber ein Abbild bleibt es doch.

Wir sind eventuell ein Teil einer Projektion. Die Zeit wäre dann das

Instrument zur Trennung – wie ein Messer, mit dem der Kuchen aufgeschnitten wird. Die Raumzeit wäre das Ergebnis der Projektion. Die Schwarzen Löcher könnten dann die Verbindungsstellen zwischen den verschiedenen dimensionierten Welten markieren und eine Art Linsensystem darstellen, um die Projektionen zu ermöglichen. Man könnte dazu auch das schwer verständliche Wort aus der Astrophysik nämlich „Ereignishorizont" verwenden, was die Sache aber auch nicht verständlicher macht. Ich nenne es „Dimensionsreduzierer".

Dieses eher esoterische Modell des Universums bringt uns für unsere Alltagsphilosophie keinen größeren Nutzen, als dass wir für unser Gottesbild wieder einen Raum erschlossen haben, den die moderne theoretische Physik für möglich hält. Wir haben aber keine Möglichkeit, dieses Modell zu belegen, da es für die Beschreibung dieser Welt außerhalb unserer Raumzeit keine Begriffe geben kann.

Dieses Modell soll auch nur zeigen, dass sich Wissenschaft und Religion nicht gegenseitig ausschließen müssen, sondern auch zusammen einen Sinn ergeben. Für das Unendliche bzw. das Vollendete werden wir aber keine Worte finden können. Es bleibt ein Mysterium und damit eine Sache des Glaubens. Wenn man annehmen würde, dass wir ein Schicksal umsetzen und keinen echten Freien Willen besitzen, dann bräuchte man hier nicht weiter zu denken. Der Sinn des Lebens wäre dann der Ablauf eines Programms. Danach sieht es aber tatsächlich nicht aus.

Die Zukunft des Menschen

Zur Frage, ob der Homo sapiens eine Zukunft hat und wie diese aussehen könnte, gehen die Meinungen sehr auseinander. Die Biologin Rosemarie Benke-Bursian meint:

„Der Mensch ist und bleibt für absehbare Zeit sich selbst der größte Feind. So besteht nach wie vor die Gefahr, dass sich der Mensch durch die Zerstörung seiner Umwelt und seiner Mitmenschen (Kriege, Ausbeutung der Ressourcen, atomarer Super-GAU) selbst ausrottet bzw. so stark dezimiert, dass ein völliger Neuanfang nötig wird." [158]

Wir wären nicht die erste Art auf dieser Erde, die ausgestorben ist, weil sie sich nicht den veränderten Umweltbedingungen angepasst hat. Wir wären aber die erste aussterbende Art, die deshalb ausstirbt, weil sie ihre eigenen Lebensbedingungen selbst so verändert hat, dass ein Überleben unmöglich geworden ist.

Wir durften einen wunderbaren Planeten besiedeln und waren so dumm, dieses nicht als Geschenk zu sehen. Wir sehen zwar die Vielfalt der Lebensformen, aber erkennen nicht, dass sie eine Einheit bilden. In der Frühzeit der Menschheitsentwicklung konnte diese Einheit mit der Natur noch gefühlt werden. Wir haben das Ergebnis Mystik genannt. Dann kam das Zeitalter der „Aufklärung" und der rationalen Erfassung der Welt (etwa ab 1700 n. Chr.). Das hat die Menschheit verwandelt: Toleranz, allgemeine Menschenrechte, Gemeinwohlorientierung des Staates, ein objektivierbares Weltbild, Bildung und Emanzipation. Das wollen wir auf keinen Fall wieder hergeben. Wir haben dafür einen hohen Preis gezahlt. Das intuitive

Wissen, die spirituelle Seite des Menschen und das Gefühl für die Einheit des Universums ist auf der Strecke geblieben.

Ich glaube, dass wir nach dreihundert Jahren Geschichte, gut beraten sind, diese nur intuitiv und emotional erfassbare andere Dimension unseres Seins, neu zu erkunden und als Teil unserer Wirklichkeit zu erfahren. Wissenschaft und Mystik schließen sich nicht gegenseitig aus. Vernunft und Intuition sind mentale Werkzeuge, die wir gemeinsam nutzen sollten. Die Innenwelt und die Außenwelt des Menschen müssen wieder zusammengebracht werden, um den Gesundungsprozess von Mensch und Natur voranzubringen.

Algorithmen mit zufälligen Abweichungen

Ich finde, dass die Indizien für eine „Schöpfung ganz besonderer Art" oder besser ein nicht-lineares Programm überwältigend sind. Ich will hier die wichtigsten Phänomene zusammenfassen:

Geburt des Homo sapiens: Der moderne Homo sapiens ist plötzlich vor 60.000 Jahren in Ostafrika aufgetaucht. Eine überzeugende Erklärung im Sinne der Evolutionsbiologie gibt es bisher nicht. Eine mögliche Erklärung wäre die These, dass außerirdische Wesen die Gene der Urmenschen manipuliert haben, um sie für ihre Interessen zu nutzen. Darauf weisen viele alten Schriften hin. Auch die gefundenen Artefakte ließen sich dann besser erklären. Im dritten Teil meiner Buchreihe gehe ich auf dieses Thema konkreter ein.

Genetischer Code: Dieser Code ist eine Programmiersprache, die für alle Lebewesen Gültigkeit hat. Das Minimalgenom besteht aus

382 komplexen Bausteinen, die sich nicht zufällig entwickeln konnten. Wer oder was diese Baupläne aktiviert bzw. blockiert, ist noch nicht erforscht.

Kooperation: Das darwinsche Prinzip vom „Überleben der Tüchtigsten" erklärt einen Teil der Evolution. Es gibt aber auch ein Prinzip zum Schutz der Schwachen. Neben dem Wettbewerb existieren auch Überlebensstrategien zur Kooperation.

Viren: Diese Programme gibt es seit Milliarden von Jahren. Das menschliche Genom ist möglicherweise zum größten Teil durch Einfluss dieser Programme entstanden.

Urknall: Unsere Welt ist vor etwa 14 Milliarden Jahren plötzlich per „Urknall" entstanden.

Dunkle Energie: Unser sichtbares Universum ist nur ein kleiner Teil neben einer unbekannten Welt aus „Dunkler Energie" und „Dunkler Materie", die ca. 96% ausmacht.

Naturkonstanten: Eine geringe Veränderung der Naturkonstanten hätte dazu geführt, dass die Welt nicht hätte entstehen können. Die Naturgesetze sind ein funktionelles intelligentes Regelwerk.

Verschränkung: Versuche zu den „verschränkten" Photonen und zum „Tunneleffekt" zeigen, dass Informationen ohne Beeinflussung durch Raum und Zeit ausgetauscht werden können. Es gibt viele Hinweise darauf, dass die Lichtgeschwindigkeit überschritten werden kann. Das sogenannte Null-Energie-Feld zeigt uns, dass außerhalb von Zeit und Materie noch eine andere Welt existiert.

Information: Nicht-materielle Informationsprozesse sind in der unbelebten und belebten Natur nachweisbar. Beispiele: Termitenstaat, Katalysator, Homöopathie. Das Medium ist noch unerforscht.

Oktavregel: Die stabilen Atome sind das Ergebnis einer Oktavregel. Der harmonische Aufbau der Materie kann kein Zufall sein.

Wir leben meiner Meinung nach in einem sogenannten nicht-linearen Programm, in dem zwar die Anfangsparameter und die Grundregeln festgelegt wurden, aber die Akteure unterschiedliche Entscheidungsmöglichkeiten haben. Dieses Programm kann theoretisch mehrfach gestartet werden und kommt dann jeweils zu unterschiedlichen Ergebnissen.

Natürlich ist das Ganze nicht so simpel programmiert wie unsere „Apfelbrotmenge" oder z. B. „Sims". Aber es kann für den Schöpfer eventuell unterhaltsam sein bzw. überraschend ausgehen. Das Erstaunliche an solchen Simulations-Programmen ist, dass sie oft aus einfachen Regeln und wenigen Entscheidungsmöglichkeiten bestehen und trotzdem komplexe Realitäten erzeugen können. Es ist also gar nicht so leicht, von irgendwelchen bekannten Zwischenergebnissen auf die dahinterstehenden Regeln zu schließen.

Der Mathematiker Gregory Chaitin (*1947) hat die „Theorie der algorithmischen Information" entwickelt und versucht damit den Code der Evolution zu entschlüsseln. Seine Idee ist, dass die Entwicklung der Natur einem „Zufallspfad durch einen Software-Raum" entspricht. [159] Er nimmt also an, dass es ein nicht-lineares Programm geben muss, das der Evolution einen Aktionsrahmen setzt, in dem der Zufall wirkt. Ein Denkansatz, der auf den Beobachtungen über die Entwicklung der lebendigen Welt aufbaut.

Wir sind noch weit davon entfernt, den Programmcode unserer Welt entschlüsselt zu haben. Aber etwas ernüchtert über die Einfachheit (und Genialität) einzelner Programmteile sind wir schon. Das Alphabet des Lebens scheint tatsächlich mit nur 4 Buchstaben auszukommen. Aber was man damit schon machen kann, das verschlägt einem die Sprache.

Auch der Aufbau der Materie ist nicht übermäßig kompliziert. Wir haben da z. B. 6 unterschiedliche Quarks und Elektronen, die zu verschiedenen Bausteinen komponiert werden können. Aus diesen Elementarbausteinen werden dann unsere Elemente zusammengesetzt.

Bewegung kommt dann in die Welt, weil diese bis auf die Edelgase in ihrer Außenhülle unvollständig sind und Verbindungen mit anderen Atomen eingehen müssen. Dieses „Bedürfnis nach Vervollständigung" gibt es offensichtlich auch in der Welt der Menschen. Wir wissen noch nicht, ob es auch hier eine Art Oktavregel gibt.

Es sieht so aus, als ob es eine gestaltende Kraft gibt, die dazu führt, dass einzellige Lebewesen zu mehrzelligen Wesen zusammenwachsen und einzelne Individuen sich zu größeren Gruppen vernetzen. Das anfängliche Prinzip des Kampfes „Jeder gegen Jeden" wird dann abgelöst durch eine vertrauensvolle Arbeitsteilung und eine vollständige Information des Gesamtsystems.

Der Sinn der „Simulation Universum" könnte darin bestehen, das zersplitterte ursprüngliche Ganze wieder zusammenzusetzen bzw.

auf einer anderen Ebene neu zu erschaffen.

Das Leben in einem Rollenspiel

Wer schon einmal ein Rollenspiel im Computer erforscht hat, wird feststellen, dass es da strukturelle Ähnlichkeiten zum eigenen Leben gibt. Am deutlichsten wird das an der erfolgreichen Rollenspielsimulation „Die Sims". Hier schafft man sich am Anfang seine eigene Persönlichkeit in Bezug auf das Aussehen und die Lebensziele. Mit dieser Grundausstattung steigt man ins virtuelle Leben ein und versucht seine Lebensziele zu verwirklichen. Im Unterschied zum wirklichen Leben wird der Grad der Bedürfnisbefriedigung regelmäßig angezeigt. Die Defizite werden penetrant angemahnt.

In der wirklichen Welt wissen wir meistens nicht genau, was unsere eigentlichen Lebensziele sind. Wenn es eine Grundausrichtung gibt, dann wird diese mit den verschiedenen Zielen in unserer Gesellschaft verglichen und bewertet. Dieser gesellschaftliche und kulturelle Filter verändert die Wahrnehmung über die Bedeutung der eigenen Lebensmotive. Wenn diese gegenwärtig keinen hohen Rang in der gesellschaftlichen Wahrnehmung und den Medien einnehmen, ist es sehr schwer, daran festzuhalten. Sie werden dann hintenangestellt und bleiben unbeachtet. Alles andere ist erst einmal wichtiger. Das kann aber fatale Folgen für die Persönlichkeitsentwicklung haben.

In einem Rollenspiel würde eine Ignoranz gegenüber den eigenen Fähigkeiten und Talenten schnell dazu führen, dass die Aufgaben (die so genannten Quests) nicht gemeistert werden können und die

Missionen nicht erfüllt werden. Im wirklichen Leben gibt es keine wahrnehmbaren „Levels" und „Quests", die man unbedingt erfüllen muss. Man kann sein ganzes Leben auch dem „Mainstream" widmen, ohne zu merken, dass man seine eigentliche Mission noch gar nicht begonnen hat. Es bleibt aber oft das Gefühl, dass da irgendetwas fehlt.

Nehmen wir mal an, unser Leben wäre tatsächlich ein Rollenspiel, um unsere Fähigkeiten zu verbessern und verschiedene Aufgaben zu bewältigen. Wir würden uns dabei von einer geistigen Stufe zur nächsten entwickeln und evolutionäre Sprünge machen. Bei diesem Spiel gebe es aber keine Anzeige für die Charaktergruppe und auch keinen Rucksack mit besonderen Gegenständen und Fertigkeiten, den ich öffnen könnte. Es gibt aber Personen im Spiel, die Wünsche äußern und Aufgaben definieren. Es gibt vielleicht auch Aufgaben, die mein höheres Selbst mir gestellt hat.

Geschaffene Computerwesen und -welten gehorchen strengen Programmierregeln. Die Intelligenz dieser Wesen beschränkt sich bisher auf die Fähigkeit aus Fehlern zu lernen und auf ein Gedächtnis. Es können also aufgestellte Regeln wieder verändert werden. Sie besitzen aber noch nicht die Fähigkeit zur Selbsterkenntnis im Sinne eines Ich-Bewusstseins. Dann könnten virtuelle Wesen ihre Programmierung erkennen und bewerten, aber noch nicht ändern.

Die virtuellen Welten des Computers werden in einer unglaublichen Geschwindigkeit ausgebaut. Diese Welten können genutzt werden, um spielerisch Erfahrungen mit verschiedenen Rollen zu machen. Die Gefahr ist aber auch nicht von der Hand zu weisen, dass wir uns in dieser Welt dann wohler fühlen als in der wirklichen Welt. Das hätte fatale Folgen.

Wenn jemand eine virtuelle Welt im Computer programmiert und es den einzelnen Programmbestandteilen erlaubt, sich mal für die eine oder andere Richtung zu entscheiden, dann wäre dies auch ein „programmierter freier Wille". Es bestehen zwar Entscheidungsmöglichkeiten, die sind aber durch Regeln eingeschränkt. Die Computerwesen wären frei und auch nicht frei. Im Unterschied zu den Computerspielen der alten Generation, die einem linearen vorherbestimmten Ablauf folgten, tragen die in einem bestimmten Rahmen autonomen und intelligenten neuen Bewohner der Computerwelten dazu bei, dass der Ablauf vom Programmierer nicht im Detail vorausgesagt werden kann. Die Komplexität nimmt nämlich mit der Zahl der Entscheidungsmöglichkeiten stark zu.

Viele Computerspiele sind heute schon so programmiert. Sie entwickeln etwas weiter, was mit der so genannten Apfelbrotmenge einmal angefangen hat. Diese fantastische Computergrafik entsteht aus einfachen nichtlinearen Regeln, die vielfach wiederholt werden und Formen erzeugen, die in der Natur in ähnlicher Form vorkommen. Mit etwas komplexeren Gleichungen werden heute auch natürliche Oberflächen in der Computerwelt erzeugt. Das heißt aber noch nicht, dass wir damit die Funktionsweise der Natur verstanden hätten.

Das Geheimnis dieser Programme besteht darin, dass bei der selbst bezogenen Vervielfältigung der einzelnen Programminhalte zufällige Entscheidungsschritte eingeplant werden. Der Programmierer kann dann selbst nicht mehr vorhersagen, was nach einer bestimmten Zeit daraus wird. Er muss das Programm ablaufen lassen und dann zuschauen. Meistens erreichen diese Programme irgendwann einen Gleichgewichtszustand, bei dem sie sich nicht mehr verändern und wo man das Ergebnis beschreiben kann. Startet man das Programm aber mit den Anfangsbedingungen neu, so kann in einer bestimmen Bandbreite etwas ganz anderes entstehen, manchmal sogar das Gegenteil.

Es scheint, dass unsere Welt ähnlich nicht-linear programmiert ist. Einen großen Teil der Regeln, nach denen die Welt sich verändert, glauben wir zu kennen.

Im zweiten Teil meiner Trilogie zum „Sinn des Ganzen" untersuche ich deshalb die wissenschaftlichen Erkenntnisse zum Makro- und Mikrokosmos. Auch hier zeigt sich, dass die Welt als Ganzes nach einfachen Regeln programmiert erscheint und bestimmte Freiheitsgrade erlaubt. Die Komplexität des Lebens hat eine Entsprechung auf der Ebene des Universums. Es gibt viele Hinweise zur Mehrdimensionalität unserer Welt und einer quantenphysikalischen Verschränkung auf der Ebene der Elementarteilchen.

Die Physik hat trotz ihrer unbestreitbaren Erfolge viele offene Fragen formuliert und befindet sich aktuell in einem Krisenmodus. Damit wird auch die rein analytische Sicht grundsätzlich in Frage gestellt. Es sieht danach aus, als wenn sich die Physik von einer Teilchenwissenschaft zu einer Wissenschaft über Wellenphänomene entwickelt, um die Wirklichkeit richtig beschreiben zu können. Auch der Mensch besitzt diesen mehrdimensionalen Wellencharakter und nutzt einen mentalen Zugang zu einer Welt der Materie- und Zeitlosigkeit. Diese Welt hat die Quantenphysik als Vakuum-

oder Nullenergiefeld entdeckt. Eine Welt, die nach völlig anderen Gesetzmäßigkeiten funktioniert als unsere Raumzeit. Möglicherweise hat die Physik das sogenannte Jenseits vermessen, ohne den Bezug zu uns Menschen zu erkennen?

Natürlich sind wir ein Teil des Ganzen. Ein Teil des Universums. Gebildet aus Atomen und Quanten. Auf die folgenden interessanten Fragen gehe ich deshalb im zweiten Teil meiner Buchreihe zum Sinn des Ganzen ein („Der Algorithmus des Universums"):

- Was ist das Wesen unserer materiellen Welt? Was wissen wir über die uns umgebene **Materie**? Welche Rolle spielt die Energie, die **Zeit** und unser Bewusstsein darin?

- Warum passt die **Gravitation** nicht zu den übrigen elementaren Kräften? Warum messen wir lieber Teilchen als die gleichen Phänomene als Wellenform?

- Was bedeuten Schwarze Löcher für unser Verständnis der Welt? Gibt es die **Dunkle Energie** und Dunkle Materie wirklich?

- Wie sind die **Naturkonstanten** und -gesetze zu erklären? Schöpfung oder Zufall?

- Was bedeutet die quantenmechanische „**Verschränkung**" von Elektronen und Photonen für unser Weltbild?

- Gibt es mehr als 4 **Dimensionen**? Wie könnten wir beispielsweise eine 5. Dimension erkennen und was kann das für unser Leben in der Raumzeit bedeuten?

- Gibt es einen Bereich, in dem keine **Zeit** vergeht? Kann es sein, dass unser Geist diesen Bereich in der Meditation und vielleicht nach dem Tode erkunden kann? Ist die Zeit eine physikalische Größe oder möglicherweise ein Instrument für die geistige Entwicklung?

- Hat die Quantenphysik die Quelle der spirituellen Erfahrungen der Menschen entdeckt, ohne es zu merken?

Verwendete Literatur

1 Benke-**Bursian**, Rosemarie: „Evolution", Komet-Verlag, München 2009

2 **Bischof**, Marco: „Biophotonen – Das Licht in unseren Zellen", Verlag Zweitausendeins, Frankfurt a. M. 1995

3 **Bonhoeffer**, Tobias (Herausgeber): „Zukunft Gehirn – Ein Report der Max-Planck-Gesellschaft", C.H.Beck-Verlag, München 2011

4 **Bryson**, Bill: Eine kurze Geschichte von fast allem", München 2005

5 **Bublath**, Joachim: „Die neue Welt der Gene", Droemersche Verlagsanstalt, München 2003

6 **Fischer**, Ernst Peter: „Das große Buch vom Menschen", Droemer-Verlag, München 2014

7 **Frankl**, Viktor E.: „Der Mensch vor der Frage nach dem Sinn", München 1979

8 **Friedrich**, Marc / Mattias Weik: „Der größte Crash aller Zeiten", ebook Köln 2019

9 **Fuchs**, Helmut, Andreas Huber: "Die 16 Lebensmotive", München 2002

10 **Gaarder**, Jostein: „Sofies Welt", Hanser-Verlag, München 1993

11 **Goleman**, Daniel: „Emotionale Intelligenz", München 1995

12 **Hahne**, Peter: "Schluss mit euren ewigen Mogelpackungen! Wir lassen uns nicht für dumm verkaufen", E-Book Bastei Lübbe, Köln 2018

13 **Harari**, Yuval Noah: „21 Lektionen für das 21. Jahrhundert", e-Book München 2018

14 **Harari**, Yuval Noah: „Eine kurze Geschichte der Menschheit", e-Book München 2013

15 **Holzhausen**, Ingrid: „Weisheit der Völker", München 2000

16 **Horx**, Matthias: „Das Buch des Wandels – Wie Menschen Zukunft gestalten", Deutsche Verlagsanstalt, München 2009

17 **Klein**, Stefan: "Die Glücksformel", Hamburg 2004

[18] **Klein**, Stefan: „Alles Zufall - Die Kraft, die unser Leben bestimmt", Hamburg 2004

[19] **Knauß**, Ferdinand: „Merkel am Ende: Warum die Methode Angela Merkels nicht mehr in unsere Zeit passt", E-Book Finanzbuch-Verlag, München 2018

[20] **Knoblauch**, Hüger, Mocker: „Dem Leben Richtung geben", Frankfurt 2003

[21] **Koechlin**, Florianne: „Zellgeflüster – Streifzüge durch wissenschaftliches Neuland", Lenos-Verlag, Basel 2005

[22] **Konfuzius**: „Gespräche und Lebensphilosophie", eBook e-art-now 2014

[23] **Laotse**: „Tao Te King - Das Buch vom Sinn und Leben", eBook Berlin 2016

[24] **Lesch**, Harald / Klaus Kamphausen: „Wenn nicht jetzt, wann dann? Handeln für eine Welt, in der wir leben wollen", eBook München 2018

[25] **Lobo**, Sascha: „Realitätsschock - Zehn Lehren aus der Gegenwart", eBook Köln 2019

[26] **Loewer**, Barry (Hrsg.): „Philosophie in 30 Sekunden", Kerkdriel 2016

[27] **Lovelock**, James: „Novozän - Das kommende Zeitalter der Hyperintelligenz", eBook München 2020

[28] **Marx**, Karl: Das Kapital - Kritik der politischen Ökonomie", Dietz-Verlag, Berlin 1972

[29] **Mason**, Paul: „Klare, lichte Zukunft - Eine radikale Verteidigung des Humanismus", eBook Berlin 2019

[30] **Platon**: „Gesammelte Werke", eBook 2016

[31] **Rackete**, Carola: „Handeln statt Hoffen - Aufruf an die letzte Generation", eBook München 2019

[32] **Reich**, Wilhelm: „Die Entdeckung des Orgon", Kiepenheuer & Witsch, Berlin 1970

[33] **Rifkin**, Jeremy: „Das Biotechnische Zeitalter", Bertelsmann Verlag, München 1998

[34] **Schirrmacher**, Frank: „EGO - Das Spiel des Lebens", eBook München 2013

[35] **Schwanitz**, Dietrich: „Bildung – Alles, was man wissen muss",

Frankfurt 1999

[36] **Sun Tsu**: „Die Kunst des Krieges", eBook eClassica 2011

[37] **Thaler**, Richard H. /Cass R.Sunstein: „Nudge - Wie man kluge Entscheidungen anstößt", eBook Berlin 2009

[38] **Tomkins**, Peter / Christopher Bird: „Das geheime Leben der Pflanzen", Scherz-Verlag, München 1973

[39] **Traufetter**, Gerald: „Intuition – Die Weisheit der Gefühle", Rowohlt-Verlag, Hamburg 2009

[40] **Weidenfeld**, Ursula: „Regierung ohne Volk: Warum unser politisches System nicht mehr funktioniert", E-Book Berlin Mai 2017

[41] **Wohlleben**, Peter: „Das geheime Leben der Bäume", München 2015

Quellenverzeichnis

[1] Jostein Gaarder: „Sofies Welt", Hanser-Verlag, München 1993. Seite 11 ff

[2] Sascha Lobo: „Realitätsschock - Zehn Lehren aus der Gegenwart", eBook Köln 2019, Seite 146

[3] Ursula Weidenfeld: „Regierung ohne Volk: Warum unser politisches System nicht mehr funktioniert", E-Book Berlin Mai 2017, Seite 156

[4] Ursula Weidenfeld: „Regierung ohne Volk: Warum unser politisches System nicht mehr funktioniert", E-Book Berlin Mai 2017, Seite 12

[5] Frank Schirrmacher: „EGO - Das Spiel des Lebens", eBook München 2013, Seite 40

[6] James Lovelock: „Novozän - Das kommende Zeitalter der Hyperintelligenz", eBook München 2020, Seite 143

[7] Christoph von Eichhorn: „Kryptowährung-Fatale Gier nach billiger Energie", Süddeutsche Zeitung 29.04.2021

[8] Spektrum der Wissenschaft 04/2018: „Ausweg aus dem Bankenmonopol", Seite 21

[9] Marc Friedrich und Matthias Weik: „Der größte Crash aller Zeiten", E-Book, Bastei Lübbe Verlag, Köln 2019, Seite 15

[10] Marc Friedrich und Matthias Weik: „Der größte Crash aller Zeiten", E-Book, Bastei Lübbe Verlag, Köln 2019, Seite 19

[11] Carola Rackete: „Handeln statt Hoffen - Aufruf an die letzte Generation", eBook München 2019, Position 1482

[12] Vgl. Start-Webseite von „fridaysforfuture.de"

[13] Carola Rackete: „Handeln statt Hoffen - Aufruf an die letzte Generation", eBook München 2019, Position 1385

[14] Marc Friedrich und Matthias Weik: „Der größte Crash aller Zeiten", E-Book, Bastei Lübbe Verlag, Köln 2019, Seite 153

15 Vgl. Marc Friedrich und Matthias Weik: „Der größte Crash aller Zeiten", E-Book, Bastei Lübbe Verlag, Köln 2019, Seite 214

16 Ferdinand Knauß: „Merkel am Ende: Warum die Methode Angela Merkels nicht mehr in unsere Zeit passt", E-Book Finanzbuch-Verlag, München 2018, Positionen 109 und 111

17 Ebd. Position 3099

18 Ursula Weidenfeld: „Regierung ohne Volk: Warum unser politisches System nicht mehr funktioniert", E-Book Berlin Mai 2017, Seite 281

19 Marc Friedrich und Matthias Weik: „Der größte Crash aller Zeiten", E-Book, Bastei Lübbe Verlag, Köln 2019, Seite 387

20 Christian Rath: Klatsche aus Karlsruhe für deutsche Klimapolitik", Hannoversche Allgemeine 30.04.2021

21 Matthias Horx: „Das Buch des Wandels – Wie Menschen Zukunft gestalten", Deutsche Verlagsanstalt, München 2009, Seite 211

22 Sascha Lobo: „Realitätsschock - Zehn Lehren aus der Gegenwart", eBook Köln 2019, Seite 281

23 Yuval Noah Hahari: „Eine kurze Geschichte der Menschheit", München 2013

24 Yuval Noah Hahari: „21 Lektionen für das 21.Jahrhundert", München 2018, E-Book-Version

25 Yuval Noah Hahari: „Eine kurze Geschichte der Menschheit", München 2013, Seite 13

26 Ebd. Seite 37

27 Ebd. Seite 48

28 Ebd. Seite 201

29 Ebd. Seite 53

30 Ebd. Seite 98

31 Yuval Noah Hahari: „21 Lektionen für das 21.Jahrhundert", München 2018, E-Book-Version, Position 2256

32 Yuval Noah Hahari: „Eine kurze Geschichte der Menschheit", München 2013, Seite 108

33 Ebd. Seite 104

34 Ebd. Seite 165

35 Ebd. Seite 166

36 Ebd. Seite 293

37 Ebd. Seite 298

38 Ebd. Seite 385

39 Ebd. Seite 404

40 Yuval Noah Hahari: „21 Lektionen für das 21.Jahrhundert", München 2018, E-Book-Version, Position 465

41 Yuval Noah Hahari: „Eine kurze Geschichte der Menschheit", München 2013, Seite 462

42 Ebd. Seite 475

43 Ebd. Seite 477

44 Yuval Noah Hahari: „21 Lektionen für das 21.Jahrhundert", München 2018, E-Book-Version, Position 983

45 Yuval Noah Hahari: „Eine kurze Geschichte der Menschheit", München 2013, Seite 507

46 Yuval Noah Hahari: „21 Lektionen für das 21.Jahrhundert", München 2018, E-Book-Version, Position 1438

47 Ebd. Position 3806

48 Yuval Noah Hahari: „Eine kurze Geschichte der Menschheit", München 2013, Seite 17

49 Ebd. Seite 198

50 Ebd. Seite 463

51 Ebd. Seite 478

52 Yuval Noah Hahari: „21 Lektionen für das 21.Jahrhundert", München 2018, E-Book-Version, Position 4799

53 Ebd. Position 5487

54 Ebd. Position 3617

55 Yuval Noah Hahari: „Eine kurze Geschichte der Menschheit", München 2013, Seite 506

56 Yuval Noah Hahari: „21 Lektionen für das 21.Jahrhundert", München 2018, E-Book-Version, Position 2437

57 Bill Bryson: Eine kurze Geschichte von fast allem", München 2005

58 Ebd. Seite 554

59 Ebd. Seite 562

60 Ebd. Seite 576

61 Ebd. Seite 601

62 Rosemarie Benke-Bursian: „Evolution", Komet-Verlag, München 2009, Seite 295

63 Vgl. Bryan Sykes: „Die sieben Töchter Evas: Warum wir alle von sieben Frauen abstammen", Bastei Lübbe Verlag, Februar 2009

64 Rosemarie Benke-Bursian: „Evolution", Komet-Verlag, München 2009, Seite 312

65 Ernst Peter Fischer: „Das große Buch vom Menschen", Droemer-Verlag, München 2014, Seite 138 f

66 Thorwald Ewe: „Geschöpfe des Feuers", Bild der Wissenschaft 12/2017, Seite 19

67 Angelika Franz: „Das Gehirn des Neandertalers", Bild der Wissenschaft 3/2019, Seite 77

68 Elke Polomski: „Der Affe im Menschen", Hörzu-Wissen

69 „Nicht menschliche Gene in unserer DNA gefunden", www.forschung-und-wissen,de, 16.02.2016

70 Thomas Suddendorf: „Schlaue Köpfe", Spektrum Spezial Hirnforschung 4/19, Seite 41

71 Bild der Wissenschaft 3/1998 Seite 53

72 Stefan Klein: "Die Glücksformel", Hamburg 2004

73 Karl Marx: „Das Kapital – Kritik der politischen Ökonomie", Dietz-Verlag, Berlin 1972, Seite 120 und 123

74 Viktor E. Frankl: „Der Mensch vor der Frage nach dem Sinn", München 1979, Seite 58

75 Vgl.: Helmut Fuchs, Andreas Huber: "Die 16 Lebensmotive", München 2002

[76] Corinna Hartmann: „Die Facetten unserer Persönlichkeit", Spektrum der Wissenschaft- Die Woche 38/2020, Seite 53

[77] Ebd. Seite 56

[78] Viktor E. Frankl: „Der Mensch vor der Frage nach dem Sinn", München 1979, Seite

[79] Vgl. Stefan Klein: Alles Zufall – Die Kraft, die unser Leben bestimmt", Rowohlt-Verlag, Hamburg 2004

[80] Nassim Nicholas Taleb: „Der Schwarze Schwan", München 2008, Seite 95

[81] Ismene Kolovos: „Wie das Gehirn den Schlaf nutzt", Bild der Wissenschaft 6/2019, Seite 14

[82] Isabelle Arnulf: „Träumen Blinde in Farbe?", Gehirn & Geist 12/2020

[83] Johann Grolle: „Warum träumt der Mensch?", Spiegel Online 12.03.2021

[84] Ebd.

[85] Vgl. Rupert Sheldrake: „Sieben Experimente, die die Welt verändern könnten", Goldmann-Verlag, München 1994

[86] Vgl. Lexikon der Psychologie zum Begriff „Selbst": https://www.spektrum.de/lexikon/psychologie/selbst/13845

[87] Klaus Wilhelm: „Mein innerer Kern", Psychologie heute 05/2019, Seite 74

[88] Tobias Bonhoeffer (Herausgeber): „Zukunft Gehirn – Ein Report der Max-Planck-Gesellschaft", C.H.Beck-Verlag, München 2011, Seite 268

[89] Charles Darwin: „Die Entstehung der Arten", Hamburg 2008, Seite 562 f

[90] Charles Darwin: „Die Entstehung der Arten", Hamburg 2008, Seite 568

[91] Charles Darwin: „Die Entstehung der Arten", Hamburg 2008, Seite 577

[92] Charles Darwin: „Die Entstehung der Arten", Hamburg 2008, Seite 583

93   Richard Dawkins: „Der Gotteswahn", Berlin 2007, Seite 166

94   Richard Dawkins: „Der Gotteswahn", Berlin 2007, Seite 226

95   Spiegel online 31.01.2006

96   Jeremy Rifkin: „Das Biotechnische Zeitalter", Bertelsmann Verlag, München 1998, Seite 305

97   Spiegel online 17.02.05

98   Bild der Wissenschaft 17.04.2000

99   Rosemarie Benke-Bursian: „Evolution", Komet-Verlag, München 2009, Seite 151

100   Marco Bischof: „Biophotonen – Das Licht in unseren Zellen", Verlag Zweitausendeins, Frankfurt a. M. 1995, Seite 426

101   Wilhelm Reich: „Die Entdeckung des Orgon", Kiepenheuer & Witsch, Berlin 1970, Seite 330

102   Wilhelm Reich: „Die Entdeckung des Orgons – Band II", Kiepenheuer & Witsch, Köln 1974

103   „Jagd war auch Frauensache", Bild der Wissenschaft 1/2021, Seite 9

104   Rosemarie Benke-Bursian: „Evolution", Komet-Verlag, München 2009, Seite 351

105   David Quammen: „Wie Viren unsere Welt prägen", National Geographic 2/2021, Seite 57

106   Ebd. Seite 68

107   Ebd. Seite 71

108   Patrick Forterre: „Die wahre Natur der Viren", Spektrum der Wissenschaft 8/2017, Seite 36 und 38

109   Daniel Bojar: „Virobiom – Nützliche Bakterienkiller", Spektrum der Wissenschaft 6/2020, Seite 42

110   Aus dem Interview der Welt vom 10.03.2020 mit der Virologin Karin Moelling

111   Ebd.

112   Joachim Bublath: „Die neue Welt der Gene", Droemersche Verlagsanstalt, München 2003, Seite 200

[113] Wunder des Wissens 8/2007 – Seite 30

[114] Julia Merlot: „Mini-Genom aus dem Labor", Spiegel Online 24.03.2016

[115] Joachim Bublath: „Die neue Welt der Gene", Droemersche Verlagsanstalt, München 2003, Seite 223

[116] Spiegel online 25.12.2004

[117] Geo kompakt 7/2006: „Der Mensch und seine Gene", Seite 83

[118] Spiegel online 1.06.2002

[119] Spiegel online 8.06.01

[120] Interview von Anne-Ev Ustorf mit Prof. Norbert Sachser, Psychologie heute 12/2018, Seite 28

[121] Wolfgang Stieler: „Intelligenz neu gedacht", Technology Review 8/2018, Seite 30

[122] Max Polonyi: Ein Geist, den wir kennen", Interview mit Jane Goodall, Spiegel 31/2020

[123] Gehirn&Geist 11/2017, Seite 7

[124] Vgl. Chip Wissen 4/2019, Seite 73

[125] Rosemarie Benke-Bursian: „Evolution", Komet-Verlag, München 2009, Seite 340

[126] Vgl. Wikipedia

[127] Welt am Sonntag 14.07.2019: „Schmerzen der Erbsen".

[128] Dpa 3.08.2000

[129] Peter Wohlleben: „Das geheime Leben der Bäume", München 2015, Seite 22

[130] Peter Tomkins / Christopher Bird: „Das geheime Leben der Pflanzen", Scherz-Verlag, München 1973, Einbandtext.

[131] Martin Rasper: „Können Bäume denken?", Bild der Wissenschaft 3/2019, Seite 17 und 18

[132] Ebd. Seite 23

[133] Vgl. Raum & Zeit 5/2018: "Wie Pflanzen die Welt sehen", Seite 8

134 Florianne Koechlin: „Zellgeflüster – Streifzüge durch wissenschaftliches Neuland", Lenos-Verlag, Basel 2005, Seite 187

135 Spiegel online 18.01.2004

136 Spiegel online 7.04.2004

137 Spiegel online 2.01.2006

138 Spiegel online 14.05.2005

139 Focus 4/2006, Seite 110

140 Vgl. Wissen 2019: „Supersinne", Seite 12 ff

141 HÖRZU Wissen Nr. 3/2017, Seite 72 ff

142 Fabienne Delfour: „Das Innenleben der Delfine", Gehirn & Geist 12/2019,

143 Onur Güntürkün: „Federvieh mit Köpfchen", Spektrum der Wissenschaft 1/2021, Seite 30 ff

144 Gehirn & Geist 2/2021, Seite 52

145 Florianne Koechlin: „Zellgeflüster – Streifzüge durch wissenschaftliches Neuland", Lenos-Verlag, Basel 2005, Seite 184

146 Rupert Sheldrake: „Das schöpferische Universum - Die Theorie des morphogenetischen Feldes", München 2013

147 Ilja Prigogine: „Dialog mit der Natur-Neue Wege naturwissenschaftlichen Denkens", München 1981

148 Frank Schirrmacher: „EGO - Das Spiel des Lebens", eBook München 2013, Seite 159

149 Daniel Goleman: „Emotionale Intelligenz", München 1995, Seite 367

150 Gerald Traufetter: „Intuition – Die Weisheit der Gefühle", Rowohlt-Verlag, Hamburg 2009, Seite 311

151 Laura Kutsch: „Intuition-Die Stimme aus dem Inneren", Spektrum der Wissenschaft Kompakt 1/2021, Seite 53

152 Frank Luerweg: „Von Kopf- und Bauchmenschen", Psychologie heute compact, Seite 26

[153] Krech, Crutchfield u.a.: "Grundlagen der Psychologie", Hemsbach 2008, Band 5, Seite 60

[154] Gerd Gigerenzer: Bauchentscheidungen - Die Intelligenz des Unbewussten und die Macht der Intuition", Goldmann-Verlag, München 2008, Seite 56

[155] Ebd. Seite 57

[156] Ebd. Seite 163

[157] Peter Münch: „Um Gottes Willen – Massenpanik am Berg Meron", Süddeutsche Zeitung 3.05.2021

[158] Rosemarie Benke-Bursian: „Evolution", Komet-Verlag, München 2009, Seite 351

[159] Jordana Cepelewicz: „Algorithmen üben Evolution", Spektrum der Wissenschaft – Die Woche 7/2019, Seite 40